Frutas y Postres

SALVAT

Dirección editorial:
Francesc Navarro

Producción editorial:
M.ª Carmen Rius

Diseño de cubiertas:
Proforma

Equipo editorial:
Miguel Barrachina, Juana Bignozzi, M.ª Dolores Bordas,
Carmen de Celis, Pilar Giralt, Pedro Gómez, Elena de Grau,
Antonia Kerrigan, Ana M.ª Lloret, Ana M.ª Pérez, Susana Morcillo,
María Pérez de Nanclares, Joaquin Palomares y Esteban Riambau.

Realización:
Equipo editorial de Time-Life Books

Asesor principal:
Richard Olney

Fotógrafos principales:
Tom Belshaw, John Cook, Alan Duns, John Elliot, Bob Komar,
R. Manchón/Archivo Salvat y Aldo Tutino.

Consejo asesor:
Néstor Luján, coordinador
Juan M.ª Arzak, Luis Bettonica, Paul Bocuse,
Xavier Domingo y Manuel Gorostiza.

ISBN: 84-345-9660-1 (Obra completa)
ISBN: 84-345-9666-0 (Volumen 6)

Depósito Legal: B-31.746-1999
Impreso en CAYFOSA - Santa Perpètua de Mogoda (Barcelona)
Impreso en España - Printed in Spain

PRIMERA PARTE

Frutas

ÍNDICE

PRIMERA PARTE

Frutas

Una amplia gama de tesoros naturales

Para los botánicos, un fruto es un órgano vegetal, formado a partir del ovario de una flor. Para la mayoría, la fruta es a la vez la imagen y la realidad de las riquezas de la tierra, una prueba de que la vida es buena y la naturaleza es generosa. La fruta es tal vez el más accesible de todos los alimentos. Rara vez requiere cocción, y en todo caso su preparación es mínima. Debemos cavar y remover la tierra para procurarnos las hortalizas, labrar y sembrar para conseguir los cereales, sudar para obtener nuestro pan, pero no hay asociación de trabajos serviles con la fruta; en la imaginación popular, todo lo que debemos hacer es tomarla y comerla. No tiene nada de extraño que el símbolo de la abundancia, desde los tiempos clásicos, haya sido un cuerno repleto de frutas maduras.

En Occidente, sin embargo, siempre ha habido una cierta ambivalencia acerca de esta generosidad. Nos cuentan los mitos griegos que la diosa Perséfone fue condenada a vivir en el Averno después de comer parte de una granada que allí crecía. Y fue, después de todo, un mordisco dado a una manzana lo que condujo a la expulsión de Adán y Eva de los Jardines del Edén. Pero, por más sospechas que haya engendrado, la exuberancia de los sabores exquisitos de la fruta hace que sea difícil resistirse a ella.

Las páginas siguientes equivalen a un curso completo sobre la preparación, presentación y cocción de las frutas. Primero, una serie de orientaciones ilustradas aportan información básica sobre toda la gama de frutas, desde la manzana hasta la exótica papaya.

Esta guía concluye con una sección sobre los frutos secos, que son simplemente frutas con una cáscara protectora, y que poseen una tradición culinaria tan larga como la de sus parientes de carnes más blandas. El resto de la introducción consiste en descripciones fase por fase, acerca de la manera de pelar, vaciar y preparar la fruta para cocerla o comerla con un mínimo de desperdicio, y cómo preparar las cremas y acompañamientos que tanto realzan los platos a base de fruta. A menudo, desde luego, la mejor manera de tratar la fruta no es cocerla, sino presentarla en la mesa de la manera más atractiva posible. El primer capítulo trata de estas preparaciones sin cocción: cómo transformar unas frutas cuidadosamente escogidas y mezcladas con un poco de almíbar de azúcar, en una ensalada llena de colorido *(pp. anterior y 1230)*, cómo se combinan las frutas y el queso; cómo se preparan los sorbetes y las gelatinas. El segundo capítulo está dedicado a los postres cocidos hechos con frutas, desde las peras escalfadas en vino tinto hasta exquisitos suflés y creaciones de múltiples capas, como el Diplomático de la p. 1270. El tercer capítulo muestra cómo emplear las frutas, incluidas las secas, en la cocina salada. Se describen sopas, salsas y rellenos a base de frutas y frutos secos, con todo detalle, así como preparaciones tales como el pato a la naranja *(p. 1306)* y la codorniz con uvas *(p. 1308)*.

Y cada capítulo va acompañado de una cuidada selección de recetas de frutas, obtenidas de todos los lugares del mundo y que representan la literatura y las tradiciones culinarias del pasado, así como las mejores fuentes contemporáneas.

En cada preparación, y en cada receta, la finalidad ha consistido en realzar el carácter esencial de una fruta, en vez de enmascararla, ya que el arte de cocinar las frutas estriba en facilitar a la naturaleza una pequeña ayuda juiciosa, en vez de taparla por medio de artificios.

Desde luego, en la creación de las frutas de que hoy disponemos, la naturaleza ha recibido ya cierta ayuda. La fruta ha formado parte de la dieta humana desde que los primeros hombres empezaron a comerla; todavía degustamos los frutos silvestres, y quienes tienen acceso a ellos no necesitan recomendación para recolectarlos y comerlos, pero la mayoría de nuestras frutas han sido cultivadas asiduamente durante largo tiempo. Las excavaciones arqueológicas han aportado pruebas que demuestran que, hace ya 8.000 años, había manzanos a los que se les confiaba una producción de fruta mucho mayor que la de sus parientes silvestres; los plátanos, por su parte, tienen un historial por lo menos tan largo como éste. La mayoría de las otras frutas pueden contar con varios milenios de antepasados de cultivo, e incluso las plantas del Nuevo Mundo, como las piñas, han sido perfeccionadas en los pocos siglos transcurridos desde que los españoles las descubrieron. Las deliciosas especies que adornan las mesas modernas son tanto el fruto de una generación tras otra de selección cuidadosa y reproducción controlada, como los descendientes de las plantas silvestres que primero las produjeron. El resultado ha sido un maravilloso incremento de frutas disponibles, y del número de variedades de cada especie.

Las manzanas son el ejemplo más sobresaliente del trabajo creador de los horticultores a través de los siglos. El historiador romano Plinio conocía una docena de variedades, los europeos de la Edad Media unas cuantas docenas, y cada siglo de cultivo añadió sus perfeccionamientos con un ritmo creciente, hasta que, en 1911, la *Encyclopaedia Britannica* pudo asegurar la existencia de 2.000 variedades provistas de nombre. Hoy en día, este número es mucho mayor y crece con tanta rapidez que resulta imposible evaluarlo con exactitud. Pero no todo representa mejoras, ya que muchas variedades modernas persiguen más bien las ventajas que ofrecen al cultivador y al comerciante, que su calidad intrínseca. A menudo, crear frutas para conseguir un color, una forma y un tamaño uniformes obra en detrimento de su sabor. Por otra parte, muchas de las variedades más antiguas han desaparecido con el paso del tiempo; según Plinio, los horticultores romanos habían conseguido producir una variedad de manzana sin pepitas, cosa que no se ha repetido desde entonces. No obstante, la selección de excelentes manzanas que tenemos hoy a nuestra disposición es, probablemente, mucho más extensa que en cualquier otro momento de la historia, y lo mismo cabe decir acerca de otras muchas frutas.

De hecho, la historia de la fruta es la historia de una proliferación regular de especies y variedades. Una de las fuentes más prolíficas del mundo, en cuestión de frutas, fue China, con su larga historia como sociedad organizada y sus límites geográficos, que en todo momento abarcaban climas templados, subtropicales y tropicales. Los plátanos fueron cultivados primero en el sudeste asiático, que formó parte de los dominios de los emperadores chinos entre los años 8000 y 7000 a. J.C.; hay pinturas murales que indican que el plátano pudo haberse extendido hasta la India en fecha tan lejana como el siglo XVII a. J.C. En el siglo XVI, fueron trasplantados con gran éxito en Centroamérica y el Caribe, fuente de la mayoría de los plátanos que se comen actualmente en Europa.

También los agrios, desde la naranja hasta el agridulce kumquat, se cultivaron primero en China y el sudeste asiático. Gracias a los esfuerzos de cultivadores muy activos, se desplazaron gradualmente hacia Occidente. Las naranjas llegaron a la India en los comienzos de la era cristiana, y a Italia poco después. Se extendieron a través del norte de África hasta España, y en el siglo XVI los españoles las llevaron al nuevo mundo, estableciendo naranjales en Florida, México, Suramérica, y finalmente California. Cada nueva zona aportó alguna contribución a estas frutas.

Los albaricoques, los melocotones, y posiblemente también las ciruelas, son de origen chino. Estas frutas siguieron las rutas comerciales hacia el oeste, hasta Samarcanda y más allá, viajando hasta las faldas del Cáucaso, donde Armenia limita con el norte de Persia en una zona favorable de arroyos y huertas. Desde allí, el jardín del mundo antiguo, estas frutas se desplazaron todavía más hacia el oeste, hasta el sur de Europa y el litoral mediterráneo.

La propia zona del Mediterráneo fue también el origen de muchas frutas. En tiempos antiguos, los dátiles, los higos y las almendras desempeñaron un papel importante, que todavía representan hoy, tanto en la dieta como en el comercio de aquellas costas y las de Asia Menor. En fechas más recientes, en la Edad Media, se cultivaron los melones en Italia, posiblemente a partir de la familia de las calabazas; y una nueva variedad, muy distintiva por cierto, el melón Cantalupo Ogen, fue producido en el *kibbutz* del mismo nombre en Israel, a principios de la década de 1960. En general, los frutos que crecían en la Europa de finales de la Edad Media y del Renacimiento fueron todos ellos comunes para las antiguas civilizaciones de Grecia y Roma. El descubrimiento del Nuevo Mundo, y la contemporánea expansión del comercio en las regiones tropicales del globo, produjeron un gran incremento en el número de frutos conocidos por los europeos. Durante siglos, la mayoría de estas frutas fueron saboreadas tan sólo por los viajeros; los visitantes de la India podían escribir con admiración acerca de los mangos que habían probado, pero no había posibilidad de que estos frutos sobrevivieran a un viaje de varios meses, en tanto que las semillas y los injertos de los mismos no prosperaban en latitudes europeas. Sin embargo, a partir del siglo XVII se realizaron grandes esfuerzos, con mejoras en las técnicas y equipo de jardinería, que posibilitaron amplios cultivos de invernadero, si bien resultaban muy caros. Luis XIV de Francia, cuya afición a las frutas exóticas sólo podía compararse con su capacidad para hacer frente a las alarmantes facturas que éstas producían, alentó a los horticultores reales para que cultivasen todo lo que fuese tropical, desde las piñas, hasta las granadillas, pero no siempre con un éxito completo.

Sin embargo, la gente corriente tuvo que esperar hasta que los buques de carga, después los barcos frigoríficos especiales y, finalmente, el transporte por vía aérea les aportaron todo tipo de productos tropicales a precios que no representaran un lujo inaccesible.

La fruta en el menú

Dentro de la estructura de una comida, la fruta aparece tradicionalmente como parte del postre, tanto si se trata de una simple ensalada de frutas como de un plato compuesto. Sin embargo, la fruta no debe quedar necesariamente restringida a este papel. Como entrada, el pomelo, el melón, los higos y las almendras tiernas no son algo inusual; las granadas, los melocotones o las ciruelas aliñadas con vinagreta son unas alternativas menos conocidas. La fruta fresca o los frutos secos forman parte a menudo de un plato principal, y la fruta con queso puede servir como final de una comida sencilla o también de un menú más formal.

Desde luego, el vino elegido para acompañar la fruta dependerá del lugar que ocupe ésta en el menú, así como de la naturaleza de la misma. Si empieza una comida con fruta, un vino blanco vivo, joven y todavía repleto de su propia fruta (un Sancerre del valle del Loira, por ejemplo) será más apropiado que un vino más complejo, cuya sutileza pueda quedar superada por la combinación de dulzura y acidez en la fruta. Este dulzor deberá también ser tenido en cuenta cuando asocie un vino con un plato principal; un conejo braseado con ciruelas, por ejemplo, que contiene un elemento frutal sustancioso. Un tinto fresco y afrutado (un tinto Saint-Joseph del Ródano, por ejemplo, o un Bourgueil del valle del Loira) se acomodará mejor a su sabor dulce que un vino más viejo o un vino que presente una estructura más compleja. Con el queso, punto de la comida que generalmente se reserva para los vinos de más calidad, es mejor restringir la fruta a las manzanas, las peras y los frutos secos; éstos últimos forman una excelente alianza, a la vez, con los quesos y con el vino.

Para completar la comida, le bastará con verter lo que quede del vino tinto en una copa de fresas. Si el vino es un poco pasado, conocerá uno de los mejores matrimonios entre fruta y vino, ya que el vigor de la fruta fresca reanimará al vino, y éste intensificará el sabor de la fruta. Otro milagro ocurrirá si vierte un tinto joven y afrutado sobre bayas silvestres, puesto que cada fruta realzará a la otra.

Las mejores parejas para un postre de fruta más convencional son los vinos llamados «nobles», como un gran Sauternes francés o un Tokay Aszu húngaro, ambos elaborados con uvas atacadas por el hongo *Botrytis cinerea*. Su vigorosa fragancia casa perfectamente con casi cualquier fruta, pero la combinación de un buen Sauternes y un postre de manzanas posee un encanto inimitable. Recuerde, sin embargo, que cualquier postre servido con ellos debe ser menos dulce que el vino en sí, y preferiblemente ha de estar menos frío; servir el vino con un sorbete de fruta, por ejemplo, no haría justicia al vino ni tampoco al helado.

Los melones: frescos y refrescantes

En un día caluroso, una tajada de melón muy frío es tan refrescante como una bebida helada, lo cual no tiene nada de sorprendente, ya que la pulpa del melón contiene casi un 95% de agua. Cultivada durante miles de años en Egipto, esta fruta capaz de saciar cualquier sed no llegó a Europa hasta el siglo XV.

La voluminosa sandía, con su pulpa crujiente y escarlata y sus semillas negruzcas, es muy diferente de los melones. Estos últimos se dividen, a grandes rasgos, en tres categorías: los melones muscados o reticulados, los cantalupos, y los melones de invierno, que maduran tardíamente.

Los melones muscados, como el de Castilla, se distinguen por un dibujo en forma de malla, en relieve, sobre su corteza. Los cantalupos pueden tener una apariencia estriada y rugosa, o bien una corteza lisa. Dos variedades bien conocidas del melón cantalupo son el Charentais y el Ogen; ambos suelen ser de pequeño tamaño, lo que permite servir una mitad como porción individual. Tanto los melones cantalupo como los muscados, tienen una pulpa verde o anaranjada, muy aromática. Los melones de invierno, como el de España, tienen una pulpa pálida, con menos aroma que los anteriores, pero debido a que maduran lentamente las variedades de invierno pueden guardarse durante mucho más tiempo que los otros tipos. Para elegir un buen melón, sospese varios en la mano y elija el más pesado en relación con su tamaño. Los melones cantalupos y muscados deben ser también fragantes y levemente blandos alrededor de la base.

Las frutas de carne firme, las favoritas del huerto

La manzana es, sin duda, el miembro más popular de la familia de frutas de carne firme. La antepasada de muchas manzanas actuales fue, probablemente, una manzana pequeña e incomestible, pero la manzana ha respondido tan espléndidamente al cultivo a través de los siglos, que hoy en día existen más de 3.000 variedades con nombre propio y de excelente sabor.

Las manzanas varían considerablemente en color, sabor y textura. Su piel puede ser verde y cérea como la Granny Smith, veteada de rojo como la Starking Delicious, moteada como una Cox's Orange Pippin, o parda y de piel áspera como la reineta. Su pulpa puede ser crujiente o blanda, ácida o dulce. La mayoría de manzanas son apropiadas para la cocción, tanto en platos dulces como en salados. Las variedades más firmes, tales como las reinetas o las Cox, conservan su textura tras la cocción. Cualquiera que sea la variedad, elija manzanas de piel impecable.

A diferencia de su pariente más popular, la manzana, el níspero no se encuentra durante todo el año en el comercio; sin embargo, el árbol crece en estado silvestre en toda Europa. En tamaño y forma, el níspero se parece a una manzana pequeña, con piel de color amarillo pardusco y un extremo abierto, coronado por cálices. Tiene una característica poco corriente, ya que sólo puede comerse cuando la pulpa, blanca o verde, se torna parda y empieza a arrugarse, de 2 a 3 semanas después de recolectado el fruto.

Los nísperos del Japón crecen en la zona mediterránea. Esta fruta amarilla, anaranjada o de color rojo pardusco tiene una pulpa jugosa y ligeramente ácida. Al compararlos, elija frutas de consistencia firme, de buen color y cierta madurez.

Las manzanas silvestres y los membrillos, muy diferentes en aspecto entre sí, tienen usos similares en la cocina. Si bien ambos son demasiado ácidos para comerlos crudos, su elevado contenido en pectina los hace apropiados para confituras, gelatinas y conservas. Elija manzanas silvestres que tengan la piel de color vivo y sin arrugas. El aromático membrillo (que está en su punto cuando la piel es dura, vellosa y dorada) puede también cocerse u hornearse. Su pulpa firme, de sabor levemente ácido, pasa del amarillo al rosado al cocerse. El membrillo suele ser utilizado en pequeñas cantidades para realzar el sabor de otras frutas cocidas.

La pera es un rival de la manzana en cuanto a popularidad, pero se trata de una fruta más temperamental. Su temporada es más breve y, aunque la piel es a veces dura, la carne se estropea con bastante facilidad.

Al igual que las manzanas, las peras se han cultivado extensamente para producir miles de variedades con nombre propio. Las mejores peras han aparecido en tiempos relativamente recientes; por ejemplo, la fantástica Doyenné du Comice hizo su primera aparición en 1849. Esta fruta varía considerablemente en su apariencia, desde la alargada pera Conference, que tiene una piel verde oscura con numerosas manchas de color óxido y una pulpa de un rosado cremoso, hasta la Comice, ancha, ovalada y de color amarillo pálido, con pulpa amarilla. La Williams, similar en color a la Comice, tiene una especie de cintura; la Beurré Hardy es una pera redonda, con piel áspera y bronceada, y la pulpa rosada. En muchas recetas para manzanas, éstas pueden ser sustituidas por peras.

Una gama de frutas con hueso

Con la excepción del mango, una fruta tropical, y del dátil, que se cultiva especialmente en Oriente Medio, las frutas con hueso (es decir, las provistas de una semilla central, leñosa) florecen en las regiones templadas del globo. Abundan diferentes variedades e híbridos de las frutas con hueso pero todas ellas tienen en común una carne pulposa y una piel fina. Debido a su blandura, las frutas maduras con hueso deben manejarse con cuidado, y es mejor consumirlas el mismo día de su compra. Pueden conservarse, sin embargo, 1 semana en lugar fresco. Los melocotones y las nectarinas están emparentados, pero en tanto que las pieles de los melocotones poseen un suave vello, las nectarinas tienen la piel lisa (como las ciruelas) y generalmente son más dulces que los melocotones. Ambas frutas tienen una pulpa jugosa, que puede ser blanca, amarilla anaranjada o roja. La pulpa de estas frutas puede adherirse al hueso central o estar separada.

Al igual que el melocotón, su pariente de mayor tamaño, el albaricoque tiene una pulpa que oscila del color blanco al anaranjado, y el hueso puede estar adherido o bien suelto. Cuando están maduros, los albaricoques tienen una piel de un color anaranjado dorado oscuro. El sabor cálido e intenso de esta fruta se presta tanto a platos dulces como salados, y complementa muy adecuadamente los sabores del cordero y el cerdo.

Las cerezas se clasifican en tres tipos: dulces, agrias y agridulces. Estas últimas son híbridas y se denominan Duke o Royale. Pueden ser de piel roja o negra. Las cerezas dulces de postre pueden ser de piel roja, negra o pálida, y tener una carne firme como las variedades Bigarreau o Heart, o bien blanda y suculenta como las Geans. Entre las cerezas agrias, o guindas, la más popular es la morello oscura. En tanto que las cerezas agrias sólo son adecuadas para las preparaciones culinarias, los otros tipos pueden comerse cru-

dos o cocidos. Cualquiera que sea la variedad, elija cerezas de consistencia firme y seca.

La ciruela es otra fruta con hueso que tiene muchas variedades. La damascena (una ciruela pequeña, de color azul negruzco y con piel recia) es demasiado agria para comerla cruda, pero es excelente en confituras y conservas. La victoria (una fruta ovalada, de piel amarilla o roja, con una pulpa dulce y jugosa) es una de las ciruelas más populares. Las claudias, uno de los tipos más antiguos de ciruela, son más pequeñas y blandas; también tienen un aroma más penetrante que las otras variedades. Las claudias verdes tienen una piel amarilla verdosa, así como su carne; las doradas, como la pequeña, blanda y fragante mirabelle, son de un color amarillo dorado. Deliciosas crudas, las ciruelas también pueden hornearse en tartas, guisarse o formar pasta en los platos de carne. Por otra parte, ciruelas que poseen pulpa más firme son excelentes para conservas.

Las variedades de dátiles incluyen los tipos blandos, semisecos o secos. Los más deliciosos son los dátiles blandos frescos, carnosos y de color dorado o rojizo, de piel lisa y reluciente. Su pulpa mantecosa es muy nutritiva y armoniza bien con otras frutas y frutos secos. Los dátiles son deliciosos rellenos con crema de queso, o bien cocidos en platos de carne.

El mango es la mayor y más pesada de las frutas con hueso, ya que llega a pesar de 150 g a 1 kg. Los mangos son ovalados, con una protuberancia en la parte superior, o bien tienen forma arriñonada. Cuando están maduros, sus pieles lisas pueden ser verdes, amarillas, anaranjadas, rojas, o una combinación de estos colores. En su mejor punto, la carne del mango, de color anaranjado pálido, es dulce y aromática. El mango maduro es delicioso en ensaladas de frutas, *mousses* y helados; las frutas verdes sin madurar se utilizan para elaborar *chutneys* y otros condimentos.

Una guía de bayas y uvas

La familia de las frutas pequeñas y blandas incluye las grosellas, las uvas, los arándanos y una amplia gama de bayas diferentes. Estas frutas deben consumirse como máximo dos días después de compradas. Manténgalas esparcidas en bandejas, en un lugar fresco y aireado. La mayoría de estas bayas se asocian con la primavera, en especial el fresón. Sin embargo, este fruto de buen tamaño y color rojo vivo, con su pulpa dulce y jugosa y su fragancia peculiar, nos acompaña tan sólo desde 1821, ya que resultó de un cruce casual entre dos variedades silvestres.

Las frambuesas, las moras silvestres y las moras Logan, tienen un estrecho parentesco entre sí. De las tres, la aterciopelada frambuesa es la más fragante y dulce. Se suelen comer crudas y su zumo transparente y de intenso color rosado puede colorear y aromatizar numerosos postres. Las moras silvestres crecen en muchas partes de Europa; las variedades cultivadas, más grandes y dulces, son apropiadas como postres. Estas moras pueden comerse crudas, o bien cocidas con otras frutas en tartas y compotas. La mora Logan, que se considera un híbrido entre la frambuesa y la mora silvestre, posee las ventajas de ambas.

El uso de los arándanos agrios en una salsa condimentada para aves o caza, es bien conocido. Demasiado amargo para degustarlo crudo (excepto aplastado, como un condimento), el arándano agrio es también delicioso cocido en empanadas y tartas. Para que sus pieles no se endurezcan, cueza estas bayas antes de edulcorarlas. Debido a sus pieles de consistencia cérea, los arándanos agrios se conservan frescos durante más tiempo que la frutas blandas, aproximadamente 1 semana si

se refrigeran. El arándano americano puede cocerse de la misma manera o consumirse crudo.

Las grosellas rojas y blancas tienen un sabor delicado, y unas pieles traslúcidas y brillantes. A menudo se escarchan, sumergiéndolas en clara de huevo y azúcar, o bien se utilizan para adornar cremas y gelatinas.

Las uvas espinas, miembros de la familia de la grosella, presentan considerables diferencias en tamaño y aspecto. Sus pieles son lisas, plumosas o vellosas, y sus colores oscilan del verde pálido al rojo oscuro. Las uvas espinas todavía verdes constituyen la mejor opción para elaborar una salsa picante que se equilibra muy bien con los pescados grasos. Las uvas espinas del Cabo no son propiamente uvas espinas, sino que pertenecen a la familia del tomate. Estas frutas relucientes y de color anaranjado dorado, envueltas en un cáliz con aspecto de papel, no comestible, tienen un sabor agridulce que se aviene con otras frutas, crudas o cocidas. Dentro de sus cáscaras, las bayas se conservarán en lugar fresco durante algunas semanas.

Las uvas de mesa se dividen en variedades blancas o negras. Las uvas negras varían de color desde el rojo al azul negruzco con una pátina polvorienta; entre las uvas blancas figuran las de piel verde, dorada o ambarina. Entre las uvas de postre más populares se encuentran las Italia blancas, las Almería sin pepitas, la Hamburgo negra, una dulce variedad de invernadero, y la Chasselas dorada, una uva de rico sabor y fino aroma. A diferencia de otras frutas blandas, las uvas frescas se conservan muy bien; secas, pueden refrigerarse y conservarse hasta 2 meses.

La familia de los agrios, globos llenos de zumo

Los frutos agrios cubren una gama de sabores que oscila desde los más ácidos hasta los más dulces. Hay tan sólo unos pocos tipos básicos de estas frutas, pero siglos de cultivo y cruces han producido numerosas variedades; los que aquí ilustramos son tan sólo una selección de los más comunes. Con la excepción de los limones, que se conservarán hasta 1 mes, los frutos agrios maduros deben consumirse a los pocos días de su compra.

Las naranjas, las mandarinas y los kumquats tienen su origen en China. Las primeras variedades de naranja conocidas en Europa eran agrias, como la naranja de Sevilla, la cual, además de utilizarse para hacer confituras, presta su sabor a platos de carnes y de caza. Las naranjas dulces empezaron a adquirir popularidad en Europa en los siglos XVI y XVII. Hoy se cultivan extensamente en la zona mediterránea, en Israel, en África y en Estados Unidos.

Entre las variedades dulces más populares, se cuentan las naranjas ovaladas, tales como la Jaffa Shamoutt, las variedades de piel lisa, muy jugosas, como la Valencia y la Navel, que tiene segmentos bien definidos y se distingue por la naranja en embrión incrustada en un extremo de la fruta. Las naranjas sanguinas tienen la piel y la pulpa roja o veteada de rojo, y un sabor entre dulce y amargo.

Elija naranjas firmes, ligeramente brillantes y, al igual que con cualquier otro cítrico, evite todas las que muestren decoloraciones, magulladuras o bien partes blandas o resecas. El alto contenido en azúcar y ácido de las naranjas las convierte en la fruta más refrescante para comer cruda, pero su pulpa, su cáscara y su zumo se utilizan ampliamente en cocina.

La satsuma y la clementina son otras tantas variedades de mandarina, una fruta de piel suelta similar en aroma y aspec-

to a una pequeña naranja dulce. Las clementinas tienen una piel de color rojo vivo anaranjado y una pulpa jugosa; las satsumas tienen la piel y la pulpa más pálidas y su aroma es menos intenso.

Los kumquats parecen pequeñas naranjas doradas, con una piel delgada y tierna. Son los únicos frutos agrios que se comen enteros y la dulzura de la piel equilibra la acidez de la pulpa. A menudo, se utilizan cocidos en platos agridulces.

El zumo de los agrios contiene diferentes proporciones de azúcar y ácidos, predominando el azúcar en la mayoría de las frutas. Sin embargo, limones y limas contienen una mayor proporción de ácidos (sobre todo ácido cítrico), que impide comerlos crudos, pero les da un carácter valiosísimo en la cocina.

Los limones, por tener un sabor más suave y por su misma disponibilidad, son los más útiles de ambos frutos. Su zumo realza muchas salsas diferentes, y su cáscara aromática es a la vez un aromatizante y una guarnición. El ácido del zumo de limón ayuda a impedir que ciertas frutas, como las manzanas y las peras, se ennegrezcan una vez peladas.

Hay muchas variedades de limón, pero la diferencia principal entre ellas radica en la textura de su piel. Los limones de piel fina, relativamente pesados para su tamaño, suelen ser ser más jugosos que las variedades de piel rugosa.

El pomelo es uno de los miembros más jóvenes de la familia de los agrios, ya que se vendió comercialmente por primera vez en la década de 1880. Su pulpa y su gruesa piel pueden ser amarillas o de un color rosado; los pomelos de pulpa rosada son más dulces que los amarillos, pero su sabor no es tan intenso. El tangelo, de piel muy rugosa, es un híbrido del pomelo y la mandarina, y puede sustituir al primero en cualquier plato.

Frutas blandas: sabores y texturas

Las frutas de carnes blandas y profusión de granos o semillas, desde el cremoso plátano al vistoso caqui, se prestan a la preparación de *mousses*, helados, sorbetes y gelatinas. En algunas de estas frutas, como la papaya, las semillas están acumuladas en el centro; en otras, como por ejemplo la guayaba, se distribuyen a través de la carne. Las primeras variedades de plátano contenían unas semillas amargas y de color oscuro, pero cuando esta fruta apareció comercialmente en Occidente, a finales del siglo XIX, la propagación selectiva las había eliminado virtualmente.

Para comerlas crudas, todas las frutas aquí presentadas deben comprarse maduras y consumirse lo antes posible. La mayor de estas frutas de semilla y carne blanda, la papaya, parece un melón alargado. La pulpa rosada o anaranjada de la fruta madura tiene un sabor similar al del melón, y puede ser tratada de la misma manera. Las papayas verdes pueden rellenarse y hornearse como plato salado, pero la pulpa también se puede utilizar en sopas y platos al curry. El jugo de la papaya constituye una excelente marinada; al igual que las hojas de la planta, contiene una enzima que ablanda la carne.

La actinidia o kiwi (que recibe este segundo nombre por el ave nacional de Nueva Zelanda, su principal centro de cultivo) es conocida también como uva espina china. La pulpa de un verde vivo y las pequeñas semillas negras comestibles suelen comerse directamente con una cuchara, a partir de la piel; el dibujo atractivo de las semillas al cortar la carne, hace que el kiwi constituya una guarnición útil para muchos postres.

El caqui Sharon, de Israel, una de las numerosas variedades de este tipo de fruta, tiene las semillas dispuestas en forma de estrella. Es el único caqui que puede

comerse cuando su consistencia es firme.

La chirimoya es un miembro de una extensa familia de frutas. Tiene forma de corazón y una piel escamosa o llena de protuberancias y su sabor recuerda ligeramente el de la piña. A pesar de su apariencia correosa, su piel es frágil y hay que manejar la fruta cuidadosamente. La carne, dulce y blanca, puede comerse directamente con cuchara desde la piel, o bien tamizarla a fin de obtener una crema natural.

Así como la uva espina china no es una uva espina, tampoco el higo chumbo es un higo. Se le conoce en general como higo chumbo y tiene en su piel núcleos de espinas parecidos a pelos; en realidad es la baya comestible de un cactus. El higo chumbo debe tocarse con cautela, hasta haber extraído su piel espinosa. Pelada y cortada, su carne, dulce y muy jugosa, es deliciosa.

El verdadero higo es uno de los frutos cultivados más antiguos. Hay unas 700 variedades conocidas. Generalmente, los higos son blancos o de un negro purpúreo, pero también pueden tener la piel verde, dorada, roja o parda. También la pulpa varía en color y sabor. Es mejor comerlos crudos.

La guayaba es una fruta muy aromática, con una pulpa blanda y granulada y una piel lisa o rugosa, que puede ser blanca, amarilla, verde, roja o púrpura. La pulpa puede comerse cruda, en compota o reducida a puré. Las guayabas también pueden partirse por la mitad y rellenarse con una preparación dulce o salada.

Los plátanos desarrollan todo su aroma cuando su piel amarilla aparece moteada de marrón. Sin embargo, para cocerlos utilice frutos ligeramente verdes. Es frecuente añadir plátano a platos cocidos salados, pero también es exquisito como postre.

Una selección de frutos dulces y agrios

Algunas frutas desafían la simple clasificación. Los litchis tienen una semilla central, como las frutas con hueso, pero la pulpa queda contenida en una corteza parecida al papel. Las granadillas y las granadas están llenas de semillas, pero a diferencia de otras frutas con semillas, cada una de las suyas queda rodeada por una bolsa de pulpa jugosa. La piña no es una fruta, sino varias, reunidas por la fusión de unas 100 flores separadas; y el ruibarbo es el tallo de una hoja.

La dulce pulpa de la piña adquiere un intenso aroma al madurar la fruta. Cuando compre una piña, golpee su base: un sonido sordo y sólido indica madurez. La fruta madura puede guardarse en la nevera de 2 a 3 días.

La granadilla, cuando está madura, tiene una piel de color pardo purpúreo, con cráteres. Su fragancia realza los sabores de ciertas bebidas y postres fríos. Los litchis están en su mejor punto cuando las pieles tienen un color rojo oscuro y parecen ligeramente arrugadas. Añádalos crudos a ensaladas, o escálfelos en almíbar y sírvalos fríos. Las granadas están en su mejor punto cuando la piel es firme y presenta un color vivo. Las semillas de esta fruta, de un color rosado traslúcido, adornan platos dulces o salados, y su zumo presta un sabor delicado a sopas y gelatinas.

Los tallos de ruibarbo, finos y rosados, son deliciosos en compota o en empanadas. Unas finas rodajas de ruibarbo crudo dan un sabor intenso a las ensaladas. El ruibarbo se conserva hasta 2 semanas en un lugar fresco.

Los frutos secos: un recurso versátil

Los verdaderos frutos secos se componen de una sola semilla o fruto con una cáscara dura que debe golpearse para extraerla. Sin embargo, la extensa familia de los frutos secos incluye toda semilla o fruto con una almendra o grano comestible dentro de una cáscara dura o quebradiza. En su mayoría, los frutos secos se conservan varios meses en un recipiente herméticamente cerrado.

El coco está protegido por una cubierta fibrosa. Al comprar un coco, verifique que la cáscara no esté resquebrajada, y sacúdalo para comprobar que contiene líquido. La pulpa dulce del coco se utiliza como aromatizante y guarnición, en tanto que su leche puede añadirse a bebidas refrescantes.

Las nueces presentan una ligera pátina húmeda en sus cáscaras cuando están en su mejor punto. Con su sabor pronunciado, las nueces son apropiadas para servirse crudas y cocidas. La rica y aceitosa nuez de Brasil y la dulce avellana son ingredientes útiles en pastelería y confitería. Lo mismo puede decirse de la almendra, que a menudo se muele para emplearla en pastas y rellenos. Las almendras amargas suelen destilarse para obtener una esencia aromatizante. La pacana, emparentada con la nuez, entra en la preparación de tartas y pasteles.

La castaña tiene muchas aplicaciones culinarias, tanto en platos dulces como salados. Su pulpa harinosa puede cocerse y reducirse a puré para postres y rellenos. Las castañas se conservarán hasta 2 semanas en un recipiente herméticamente cerrado, guardado en lugar fresco.

Los frutos secos más pequeños (piñones, pistachos, anacardos y cacahuetes) pueden machacarse para servir de base a diversas salsas, tostarse para servir como aperitivo, o bien utilizarse como guarnición.

A cada fruta su preparación

La fruta fresca requiere muy poca preparación preliminar. Una vez lavada o pelada, y despojada de tallos, huesos o corazones, está a punto para servir. Para conservar su aspecto y con fines de economía, el objetivo del cocinero consiste en eliminar estas partes indeseables de modo que la pulpa quede intacta, sin el menor estropicio. La técnica más efectiva para lograr este fin varía según la naturaleza de las frutas, tal como se muestra aquí y en la p. 1220.

Para retirar las pieles de frutas firmes como las manzanas y las papayas verdes, muchos cocineros utilizan un cuchillo pequeño y bien afilado, y otros recurren a un mondador. Las pieles de las mandarinas, las ciruelas, los melocotones y los albaricoques pueden requerir un ablandamiento en agua hirviendo antes de extraerlas. Sin embargo, ciertas frutas, tales como las granadillas, las guayabas y los nísperos, son tan blandas y pulposas que pelarlas es virtualmente imposible; la mejor manera de disfrutar de estas variedades consiste en partirlas por la mitad y comer su pulpa con una cuchara.

La tarea de extraer corazones, huesos o pepitas sin estropear la carne se facilita con instrumentos tales como un vaciador de manzanas o bien un vaciador de cerezas, que extraerá el hueso dejando la cereza intacta. Las uvas pueden despojarse también de sus pepitas sin partirlas, insertando el extremo de un cuchillo pequeño y puntiagudo en el lado del pedúnculo.

Los mejores utensilios para cualquiera de estas tareas son los de acero inoxidable. Algunas frutas, como las que contienen tanino (manzanas, melocotones y plátanos, por ejemplo) se ennegrecen cuando quedan expuestas al aire. Estas frutas deben frotarse con medio limón, pasarlas por un plato con zumo de limón o sumergirlas en agua acidulada con zumo de limón apenas hayan sido peladas. No obstante, puesto que todas las frutas frescas son vulnerables una vez cortadas o peladas, lo mejor es preparar cada variedad prácticamente en el momento de ir a degustarla.

Pelar frutas de pulpa firme

Pelar una papaya. Para pelar frutas de pulpa firme, como manzanas, peras o las papayas verdes aquí ilustradas, sostenga la fruta firmemente con una mano y, empleando un mondador o un cuchillo pequeño, pele hacia usted, para extraer la piel en tiras longitudinales *(arriba).*

Manejar frutas blandas

Pelar un mango. Para pelar una fruta de pulpa blanda, como un mango, sosténgala en la palma de la mano. Con un cuchillo, haga una incisión longitudinal en la piel para dividirla en cuatro secciones. Sujete cada sección de piel entre el pulgar y la hoja del cuchillo, y arránquela.

Extraer el corazón de un fresón

Vaciar un fresón. Ponga los fresones en un colador y lávelos con agua fría. Utilizando la punta de un cuchillo, extraiga las hojas en la parte superior de la fruta; el corazón fibroso de ésta saldrá al mismo tiempo. En frutos poco maduros, retuerza ligeramente el pedúnculo para extraer el corazón.

Separar bayas delicadas

Quitar el tallo de las grosellas. Sostenga un racimo de grosellas, aquí grosellas rojas, sobre un plato. Sitúe las púas de un tenedor en la parte superior del racimo. Empuje cuidadosamente hacia fuera, trabajando a lo largo del tallo *(arriba)*; las bayas caerán en el plato, intactas.

Pelar un higo chumbo

Desprender la piel. Asegure la fruta con un tenedor y utilice un cuchillo afilado para cortar ambos extremos. Para pelar la fruta, haga un corte a lo largo de un costado. Mantenga la fruta inmóvil con el tenedor y utilice el cuchillo para separar la piel de la pulpa.

Extraer pieles muy adheridas

Blanquear una nectarina. Para despegar las pieles de ciruelas, melocotones o, como aquí, nectarinas, sumerja la fruta breves segundos en agua hirviendo; escúrrala y cúbrala con agua fría. Con un cuchillo, corte la piel en el extremo del pedúnculo, para separarla de la pulpa, y extráigala en tiras.

Pelar una actinidia o kiwi

Arrancar la piel. Utilice un cuchillo afilado para cortar los dos extremos de la actinidia. Con la uña de un dedo o la punta de un cuchillo, corte la piel marrón y arránquela en tiras. Extraiga de la misma manera las pieles de los litchis, de color pardo y consistencia semejante al papel.

Desfibrar el ruibarbo

Extraer las tiras fibrosas. Corte y tire las hojas y la base de un tallo de ruibarbo. Empezando por un extremo sostenga la firme piel exterior entre el pulgar y la hoja de un cuchillo, y arranque esta piel en tiras *(arriba)*.

Trocear una piña

1 **Retirar la piel y las púas.** Con un cuchillo, corte la parte superior de una piña. Recorte la base. Clave un tenedor en la parte superior de la fruta para mantenerla inmóvil. Emplee el cuchillo para retirar la corteza en tiras verticales. Con la punta del cuchillo, retire los «ojos» incrustados en la pulpa.

2 **Retirar el corazón y cortar en dados.** Con el cuchillo, parta la fruta por la mitad, a un extremo del corazón, en sentido longitudinal. Separe el corazón de la sección restante, y resérvelo. Corte las secciones de pulpa en dados.

Utilizar un vaciador de manzanas

Vaciar manzanas. Ponga agua acidulada en un cuenco. Utilice un cuchillo pequeño o un mondador para pelar la manzana. Para extraer el corazón, sostenga la fruta con una mano y hunda un vaciador a través del extremo del pedúnculo, hacia la base; extraiga el corazón y tírelo. Coloque la manzana en el cuenco.

Extraer los huesos de las cerezas

Quitar los huesos de las cerezas. Coloque las cerezas en un colador y lávelas con agua fría. Quitando los tallos a medida que trabaja, ponga verticalmente cada cereza en la base del aparato. Al cerrar éste, su púa empujará el hueso a través de la fruta y lo sacará por la parte inferior.

Vaciar de semillas el melón

Quitar las semillas. Para extraer las semillas de un melón o una papaya, corte la fruta por la mitad; aquí, un melón ogen. Con una cuchara metálica, extraiga la masa de semillas, así como la membrana adherida a las mismas, en cada mitad de melón.

Segmentar un pomelo

Desprender los segmentos. Con un cuchillo afilado, corte el pomelo por la mitad y corte también alrededor del núcleo blanco central; retírelo. Con un cuchillo curvado y dentado, corte a través de la membrana que separa cada segmento. Pase el cuchillo alrededor de la pulpa del pomelo, para sacar los segmentos.

Separar la carne del hueso

Extraer el hueso. Para sacar los huesos de frutas tales como melocotones, ciruelas, nectarinas o, como aquí, albaricoques, corte a lo largo del surco natural de la fruta, con un cuchillo afilado, y separe cuidadosamente ambas mitades. Utilizando la punta del cuchillo, desprenda el hueso *(arriba)*.

Vaciar las granadillas

Extraer la pulpa. Utilice un cuchillo pequeño y afilado para cortar la parte superior de cada granadilla. Con una cucharilla, saque la pulpa y las semillas comestibles para colocarlas en un cuenco *(arriba)*. Tire la piel.

Cuatro procedimientos para reducir las frutas a puré

Las frutas aplastadas o tamizadas para reducirlas a puré son a la vez una salsa y un ingrediente versátil para cualquier clase de postres y platos salados, desde las sopas hasta los sorbetes.

Las frutas pueden reducirse a puré con un tamiz, un pasapurés o una batidora, pero el mejor instrumento para esta tarea dependerá del tipo de fruta. Las bayas o frutas silvestres enteras, y las frutas de pulpa blanda peladas (la granadilla y los plátanos, por ejemplo) se reducen a puré crudas. Como son muy blandas, estas variedades se disgregan fácilmente si se pasan a tavés de un tamiz de nilón, que retendrá todas las pieles o semillas *(derecha)*. La pulpa de la piña, con su textura crujiente, también puede reducirse a puré cruda, pero requiere un tratamiento más vigoroso; el mejor aparato es una batidora o un robot eléctrico *(extremo derecha)*. Para conferirle una textura más fina, pase el puré resultante por un pasapurés o tamícelo.

Muchas frutas son demasiado firmes o fibrosas para reducirlas, crudas, a puré. Las manzanas, los membrillos, las peras y el ruibarbo, cortados en rodajas o por la mitad según los casos, deben ablandarse primero mediante un breve escalfado. Al cocerse, las frutas desprenderán sus jugos, de modo que el único humectante adicional que se necesita es una cucharada de agua o un trozo de mantequilla, para evitar que las frutas se adhieran a la cacerola.

Una vez la fruta cocida, el líquido depositado en la cacerola deberá tirarse; pero si lo desea, puede reservar estos zumos para alargar el puré. Las manzanas, peras y membrillos previamente ablandados se reducen fácilmente a puré pasándolos por un tamiz o pasapurés. El ruibarbo, a causa de sus fibras resistentes, se reduce más fácilmente a puré, pasándolo por el disco mediano de un pasapurés *(extremo derecha)*. La acción de las cuchillas, al presionar el ruibarbo a través del disco metálico, romperá estas fibras y se obtendrá un puré de textura fina.

Tamizar bayas

Tamizar frambuesas. Seleccione las bayas, aquí frambuesas. Elimine todos los tallos y hojas de las fresas o de las uvas espinas. Ponga la fruta, por pequeñas tandas cada vez, en un tamiz de nilón colocado sobre un cuenco. Utilizando una mano de mortero, presione la fruta a través del tamiz para reducirla a puré.

Reducir una piña a pulpa

Triturar trozos de piña. Pele una piña, extraiga el corazón y corte la pulpa en trozos de tamaño regular *(p. 1219)*. Póngalos en un robot eléctrico *(arriba)* o batidora, por pequeñas cantidades. Trabaje la fruta a breves intervalos, hasta conseguir un puré homogéneo.

Ablandar frutas de pulpa firme

Reducir manzanas a puré. Pele manzanas y extraiga su corazón *(p. 1220)*. Córtelas en rodajas y cuézalas con mantequilla o 1 cucharada de agua, hasta que se ablanden. Tire el liquido. Para obtener un puré fino, pase la fruta por un tamiz de malla. Para obtener un puré más espeso, utilice un pasapurés.

Pasar el ruibarbo por un pasapurés

Reducir ruibarbo a puré. Pula el ruibarbo *(p. 1219)*, corte los tallos en trozos de 5 cm y póngalos en una cacerola de fondo grueso con la mitad de su peso de azúcar y un trozo de mantequilla. Cueza, con la cacerola tapada y a fuego lento, de 20 a 30 minutos, hasta ablandarlo. Escúrralo y páselo por un pasapurés.

Tres cremas básicas

Las cremas que aquí presentamos se basan en una fina amalgama de yemas de huevo, azúcar y leche, espesada a fuego lento.

La crema inglesa *(derecha; receta, p. 1226)* es un acompañamiento tradicional para las tartas y budines de fruta. Se prepara añadiendo leche previamente escaldada (es decir, calentada hasta que se formen pequeñas burbujas en la superficie) a una mezcla de yemas de huevo y azúcar. Esta mezcla se calienta luego, lentamente, hasta que adquiera la consistencia deseada.

Incrementando las proporciones de yemas de huevo y azúcar con relación a la leche, y congelando el resultado en una heladera, se puede preparar un helado *(receta, p. 1226)* delicioso tanto con fruta cruda como cocida.

La crema bávara o bavaresa *(derecha abajo; receta, p. 1227)*, una crema inglesa ligada y cuajada con gelatina, enriquecida con crema de leche batida y moldeada, puede servirse con salsas de fruta y fruta fresca o escalfada. Puesto que la gelatina cuaja apenas empieza a enfriarse, obtener una crema untuosa depende del cálculo exacto del tiempo.

En primer lugar, prepare una crema inglesa y consérvela al calor mientras bate la crema de leche. A continuación disuelva gelatina e incorpórela, removiendo, a la crema inglesa tibia. Puede utilizar gelatina en polvo o en hojas. Para preparar la gelatina en hojas, remoje éstas en agua fría de 15 a 30 minutos, y después caliéntelas con un poco de agua hasta que se disuelvan. Una vez incorporada la gelatina, la crema se remueve sobre hielo y agua, hasta que empieza a cuajarse. La crema batida se añade cuando la crema básica tiene una consistencia similar a la suya; finalmente la mezcla se vierte en un molde y se refrigera.

Al igual que la crema bavaresa, la crema pastelera *(p. siguiente, abajo; receta, p. 1227)* es esencialmente crema inglesa espesada, pero en este caso el agente espesante es harina. Puede enriquecer la crema pastelera incorporándole claras de huevo batidas a punto de nieve o bien crema de leche batida, después de la cocción.

La crema inglesa

1 **Batir yemas y azúcar.** Separe los huevos y reserve las claras para otro uso. Bata en un cuenco las yemas con azúcar. Al cabo de unos 10 minutos de batido, la mezcla estará cremosa y casi blanca. Siga batiendo hasta que al dejar caer un poco de esta mezcla desde el batidor, forme una cinta a través de la superficie.

2 **Verter la leche.** A fuego medio, escalde leche en un cazo, junto con un poco de vainilla si lo desea. Retire la vainilla y vierta poco a poco la leche caliente sobre la mezcla de yemas y azúcar *(arriba)*, batiendo sin cesar lentamente.

La crema bávara o bavaresa

1 **Añadir gelatina.** Prepare una crema inglesa, cuélela sobre otra cacerola y coloque ésta en un baño María. Bata crema de leche hasta que forme picos blandos. Espolvoree gelatina sobre un poco de agua caliente; cuando haya absorbido el líquido, retire la cacerola del baño María, y agréguele la gelatina, removiendo.

2 **Añadir la crema de leche.** Remueva hasta que la gelatina se disuelva y vierta la mezcla en un cuenco dispuesto sobre otro mayor con hielo. Remueva a menudo. Cuando la mezcla haya cuajado ligeramente, retírela del cuenco con hielo y añada la crema de leche. Mezcle a fondo, viértalo todo en un molde aceitado y refrigere.

3 Cocer la crema. Transfiera la mezcla a una cacerola de fondo grueso y colóquela a fuego lento. Remueva continuamente la crema con un movimiento en forma de ocho, para distribuir el calor a través de la mezcla, y lleve la crema por debajo del punto de ebullición *(arriba)*. No la deje hervir.

4 Enfriar la crema. Cuando la crema cubra uniformemente la cuchara, deje de remover y retire la cacerola del fuego. Póngala inmediatamente sobre un cuenco con hielo *(arriba)*, para evitar que la crema se espese más; siga removiéndola durante unos 5 minutos más.

5 Colar la crema inglesa. Para eliminar todos los grumos, cuele la crema a través de un tamiz dispuesto sobre un cuenco *(arriba)*. Sírvala inmediatamente, o bien consérvela tibia colocando el cuenco en un baño de agua caliente. Si desea servir la crema fría, remuévala sobre hielo.

La crema pastelera

1 Mezclar los ingredientes. Mezcle con una cuchara en un cuenco grande, azúcar y yemas de huevo, hasta que la mezcla se espese y blanquee. Tamice encima harina gradualmente, a la que habrá añadido 1 pizca de sal *(arriba)*, remueva hasta incorporarla por completo.

2 Verter la leche. Escalde leche con una vaina de vainilla. Retire la vainilla y, removiendo constantemente, vierta la leche sobre la mezcla de harina y huevo, formando un chorro delgado. Transfiera la mezcla a una cacerola de fondo grueso. Lleve a ebullición, a fuego medio, removiendo vigorosamente *(arriba, izquierda)*. Reduzca el fuego y remueva durante 2 minutos, hasta que la mezcla se espese *(arriba, derecha)*. Cuele la crema pastelera y déjela enfriar, removiéndola de vez en cuando para evitar que se forme una película en la superficie.

Las aplicaciones de la fruta en la cocina

Esta tabla muestra el mejor empleo de las frutas de temporada. Sabor y textura, forma, color y jugosidad son factores que es necesario considerar al decidir qué se debe hacer con una fruta particular. De acuerdo con los círculos negros de la tabla, muchas frutas pueden utilizarse de modo intercambiable, y diferentes variedades pueden mezclarse con éxito en una sola presentación. En realidad, el atractivo especial de las ensaladas y las preparaciones escalfadas conocidas como compotas, radica en las numerosas oportunidades que facilitan para las combinaciones imaginativas.

Cualquier fruta reducible a pulpa es apropiada para un puré, el cual puede servirse tal cual, o bien utilizarse como base para salsas, *mousses*, postres helados y sopas. Algunas variedades, como las frambuesas y los kiwis, se reducen fácilmente a puré cuando están crudas, pero otras frutas, como las peras y las manzanas, es mejor ablandarlas mediante una cocción preliminar. El grado de madurez puede dictar si la fruta ha de ser cocida o no antes de reducirla a puré.

La mayoría de frutas son excelentes para emplearlas en empanadas, tartas y otras preparaciones. Los buñuelos y otras especialidades fritas, sin embargo, quedan mejor con variedades de carne firme. Freír un plátano envuelto en pasta, por ejemplo, crea una mezcla intrigante de texturas crujientes y blandas. También es posible preparar buñuelos con frutas muy líquidas, naranjas por ejemplo, pero el resultado final será mucho menos apetitoso.

Los miembros de la familia de los agrios sobresalen en aquellas preparaciones que utilizan con acierto su cáscara aromática y sus zumos copiosos. Naranjas, limones, pomelos, limas y mandarinas contribuirán a dar un toque refrescante a las cremas, suflés, sorbetes y gelatinas moldeadas.

Cualesquiera que sean los méritos especiales de una fruta, esta tabla ofrece una guía rápida de referencias para obtener el máximo partido.

Cómo utilizar la tabla. Busque la fruta que desee utilizar en la parte superior de la tabla; y después elija el tratamiento culinario adecuado en las opciones marcadas por círculos en la columna debajo de esa fruta. También puede seleccionar una preparación a partir de la columna a la izquierda. La hilera de círculos a la derecha de esta columna indicará las frutas más adecuadas.

	MELONES		FRUTAS DE PULPA FIRME				FRUTAS CON HUESO					
	MELÓN	SANDÍA	MANZANA	NÍSPERO DEL JAPÓN	PERA	MEMBRILLO	ALBARICOQUE	CEREZA	DÁTIL	MANGO	MELOCOTÓN/NECTARINA	CIRUELA
ENSALADAS CRUDAS	●	●	●	●	●		●	●		●	●	●
PURÉS CRUDOS	●						●	●		●	●	●
PURÉS ASADOS			●		●	●	●			●		●
COMPOTAS	●		●	●	●	●	●	●		●	●	●
EMPANADAS Y TARTAS			●	●	●	●	●	●	●	●	●	●
ALBÓNDIGAS			●				●	●			●	●
BUÑUELOS	●		●		●		●	●		●	●	●
SUFLÉS CALIENTES			●		●		●	●			●	●
POSTRES HELADOS	●		●		●		●	●	●	●	●	●
GELATINAS MOLDEADAS												
SOPAS	●		●		●		●	●			●	●

BAYAS Y UVAS

MORA SILVESTRE	GROSELLA NEGRA	ARÁNDANO AMERICANO	UVA ESPINA DEL CABO	ARÁNDANO AGRIO	UVA ESPINA	UVA	MORA LOGAN	FRAMBUESA	GROSELLA ROSA	FRESÓN/FRESA
●	●	●			●	●	●	●	●	●
●					●	●	●	●	●	●
●	●	●	●	●	●				●	
●	●	●	●	●	●	●	●	●	●	
●	●	●		●	●		●	●	●	●
		●			●					●
●	●	●			●		●	●	●	●
●	●	●			●		●	●	●	●
						●		●		●
●	●						●	●	●	●

AGRIOS

POMELO	KUMQUAT	LIMÓN	LIMA	NARANJA	MANDARINA	TANGELO
●	●			●	●	●
●	●			●	●	●
●		●	●	●	●	●
		●		●	●	
●	●	●		●	●	●
●	●	●		●	●	●

FRUTAS DE PULPA BLANDA

PLÁTANO	CHIRIMOYA	HIGO	GUAYABA	ACTINIDIA O KIWI	PAPAYA	CAQUI	HIGO CHUMBO
●				●	●		
●	●	●		●	●	●	●
		●	●				●
●		●	●	●	●	●	●
●		●	●	●			
●		●		●			
●							
●				●			
					●		

VARIOS

LICHTI	GRANADILLA	PIÑA	GRANADA	RUIBARBO
●		●		
●	●	●	●	
	●	●		●
●		●		●
		●		●
		●		●
	●	●		●
	●	●		●
	●			
	●	●		●

Recetas

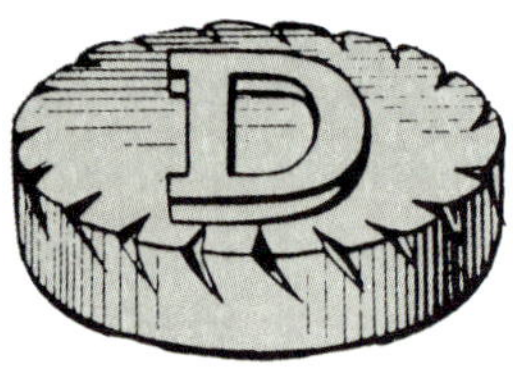

Helado de crema

Para aromatizar este helado con vainilla o fruta, siga las instrucciones dadas para la crema inglesa a la vainilla o de fresas.

Para unos 60 cl

Yemas de huevo	8
Azúcar	125 a 150 g
Leche	60 cl

Bata las yemas de huevo y el azúcar con una batidora de varillas (la cantidad dependerá de si desea obtener un helado más o menos dulce) en un cuenco, hasta que la mezcla se espese y blanquee y forme una cinta que vaya perdiendo su forma lentamente al dejarla caer desde la batidora. Escalde la leche y añádala gradualmente a la mezcla, sin dejar de remover. Transfiera la mezcla a una cacerola de fondo grueso, póngala en un baño María, o directamente a fuego muy lento, y remueva y cueza la mezcla sin dejarla hervir, hasta que revista la cuchara. Cuele la crema a través de un tamiz dispuesto sobre un cuenco, y remuévala de vez en cuando hasta que se enfríe. Refrigere la crema en una heladora, o bien en cubiteras metálicas en el congelador durante 3 horas. Si utiliza las cubiteras, transfiera la preparación a un cuenco cada 30 minutos, y bátala para darle una consistencia homogénea.

Crema inglesa

Para reducir la fruta a puré consulte las explicaciones que se ofrecen en la p. 1221.

Para unos 60 cl

Yemas de huevo	6
Azúcar refinado	100 g
Leche	60 cl

Bata en un cuenco los huevos y el azúcar con una batidora de varillas, hasta que la mezcla blanquee y forme una cinta al dejarla caer. Escalde la leche y añádala lentamente a la mezcla de huevo, sin dejar de remover.

Transfiera la mezcla a una cacerola de fondo grueso. Cueza la crema a fuego lento y remuévala continuamente con una cuchara de madera, describiendo la forma de un ocho. No hierva la crema. Cuando la crema revista la cuchara, retire inmediatamente la cacerola del fuego y colóquela en un cuenco con cubitos de hielo, a los que habrá añadido un poco de agua, para detener la cocción y evitar que la crema se corte. Para conferirle una consistencia homogénea, siga removiéndola durante 5 minutos hasta que se enfríe ligeramente. Cuele la crema para que no queden grumos. Para conservarla caliente, transfiérala a un baño María y remuévala de vez en cuando. Si desea una crema fría, vuelva a colocar el cuenco con la crema colada sobre el hielo, y remuévala ocasionalmente hasta que esté suficientemente fría.

Crema inglesa a la vainilla. Ponga 1 vaina de vainilla en el cazo de la leche escaldada, tape y deje en infusión 20 minutos, antes de retirar la vainilla. La vainilla puede enjuagarse y utilizarse de nuevo. Puede sustituir 2 ó 3 cucharadas de azúcar refinado por la misma cantidad de azúcar vainillado.

Crema inglesa de fresas. Incorpore removiendo 30 cl de puré de fresas a la crema preparada una vez enfriada; puede añadir más puré de frambuesas al gusto. Puede utilizar también otras bayas y frutas blandas reducidas a puré, para aromatizar la crema.

Crema bávara o bavaresa

Para 1,5 l, aproximadamente	
Yemas de huevo	8
Azúcar	200 g
Leche escaldada, en infusión con una vaina de vainilla durante 20 minutos y colada	50 cl
Agua caliente	4 cucharadas
Gelatina en polvo	15 g
Crema de leche espesa	45 cl

Prepare una crema inglesa con las yemas de huevo, el azúcar y la leche aromatizada con vainilla, siguiendo el método descrito en la receta de la crema inglesa de la p. 1226. Cuele la crema cocida sobre una cacerola limpia y resérvela caliente en un baño María, removiéndola de vez en cuando.

Bata la crema de leche hasta que forme picos blandos. Vierta el agua caliente en un cuenco pequeño y espolvoree la superficie con la gelatina en polvo. Cuando la gelatina haya absorbido el agua y adquirido una textura esponjosa, retire del baño María la cacerola que contiene la crema inglesa y remueva en ella la gelatina disuelta.

Siga removiendo hasta que la gelatina se haya disuelto, y seguidamente vierta la preparación en un cuenco colocado sobre otro lleno con hielo y agua. Remueva frecuentemente. Cuando la mezcla haya adquirido la consistencia de una crema de leche ligeramente batida, retírela del cuenco de hielo y agua y agréguela a la crema de leche, amalgamando ambas. Vierta esta mezcla en un molde de 1,75 l de capacidad ligeramente aceitado y resérvelo unas 4 horas en la nevera, hasta que cuaje. Desmoldee la crema sobre una fuente de servicio.

Crema pastelera

Crème pâtissière

Esta crema puede aligerarse añadiéndole claras de huevo batidas a punto de nieve, o bien crema de leche batida.

Para 75 cl	
Azúcar	125 g
Yemas de huevo	5 ó 6
Harina	40 g
Sal	
Leche	50 cl
Vaina de vainilla (opcional)	5 cm

Mezcle el azúcar y las yemas de huevo con una cuchara durante 10 minutos, hasta que la mezcla blanquee y se espese. Tamice la harina con 1 pizca de sal e incorpórela gradualmente a la mezcla de yemas de huevo.

Lleve a ebullición la leche con la vainilla, si la utiliza, déjela en infusión unos 10 minutos, y seguidamente retire la vainilla. Sin dejar de remover, vierta la leche caliente sobre la mezcla de huevos formando un chorrito delgado. Transfiera la preparación a una cacerola y, removiendo vigorosamente, cuézala a fuego medio hasta que alcance el punto de ebullición. Reduzca el fuego y cueza unos 2 minutos. Cuele la crema pastelera y déjela enfriar, removiéndola de vez en cuando para evitar que se forme una película en la superficie. Esta crema puede conservarse tapada en la nevera durante 2 días.

1

Las frutas frescas
Aprisionar su aroma y sabor

Preparar un almíbar de azúcar

Combinar frutas en una ensalada

Acompañamientos para el queso

Helados y sorbetes

Una gelatina de varias capas

Atractivas por su forma, vívidas en sus colores y repletas de sabor, las frutas se nos ofrecen desde el árbol, el matorral o la parra, sin requerir preparación, o como máximo muy poca. Para los postres más simples a base de fruta, el único esfuerzo necesario es el de seleccionar los mejores ejemplares, así como los más frescos, y presentarlos de modo que ostenten todas sus virtudes. Una macedonia de frutas frescas constituye un postre perfecto de por sí, pero también puede acompañar una sola fruta con algún alimento que la realce. Una manzana un poco ácida, por ejemplo, resultará más sabrosa si la acompaña con un trozo de queso como el cheddar o el parmesano tierno y un racimo de uvas se complementa perfectamente con un ricotta, requesón, queso de cabra, o cualquier otro queso blanco y blando. Las fresas son todavía más suculentas cuando se recubren con un poco de crema de leche o se humedecen con un vaso de vino tinto, o bien se acompañan con requesón moldeado en forma de corazón, en un postre clásico denominado *coeurs à la crème (p. 1236).*

Así como las frutas casan perfectamente con crema de leche, queso u otros ingredientes, también es cierto que armonizan con diferentes especies de frutas. Las ensaladas de frutas ofrecen innumerables oportunidades para explorar tales afinidades. Una ensalada puede incluir cualquier surtido de frutas de su agrado, ligadas todas ellas por un almíbar ligero. Unas bolas de melón de tono pastel, una mezcla de bayas de colores vivos y una composición tropical de trozos de mango y de papaya son unas pocas entre muchas opciones. Sin embargo, puede preparar una ensalada con una fruta; en la ensalada de naranjas de la p. 1232, por ejemplo, se ha aprovechado toda la fruta, excepto las pepitas. Las rodajas de naranja, recubiertas de azúcar, exudan zumos abundantes que constituyen un perfecto aliño, mientras que la cáscara de la fruta se corta en tiras finas para obtener una guarnición aromática.

Además de los platos que utilizan frutas enteras, muchas preparaciones se obtienen a partir de frutas que han sido reducidas a puré. Ligado con crema de leche, un puré se convierte en un postre suntuoso, y edulcorado con un almíbar y después helado, se transforma en un sorbete refrescante *(p. 1238).* Para algunos postres, la única parte de fruta que se requiere es su zumo. El líquido copioso que producen las naranjas, por ejemplo, podrá transformarse en gelatina de vibrante sabor y color. Moldeada, la gelatina cuaja para adquirir una transparencia centelleante. Tratada como punto de partida para un postre más complicado, puede alternarse con trocitos de fruta y gelatinas de otros sabores, para lograr un efecto espectacular.

Un molde que ya contiene uvas peladas y fresones partidos intercalados entre capas de gelatina de naranja y gelatina aromatizada con vino, recibe el refuerzo de otro cucharón de gelatina de naranja. Otras uvas y más gelatina de vino completarán el conjunto que seguidamente se refrigerará hasta que cuaje, y se desmoldeará antes de servirlo *(p. 1240).*

Orquestar matices y texturas

La simplicidad es el secreto de una buena ensalada de frutas. La ensalada aquí presentada se basa en pequeñas frutas silvestres (frambuesas, arándanos americanos, fresas silvestres, grosellas rojas y grosellas negras) mezcladas con bolas de melón para lograr un contraste de textura, color y sabor. Puede preparar otras ensaladas a partir de frutas de una misma familia. En cualquier caso, para que las frutas conserven su color y textura, pélelas y córtelas en el último momento, pasándolas por zumo de limón para evitar que se ennegrezcan. A menudo, las ensaladas de fruta no se aliñan más que con la mezcla de zumos de fruta que contienen, tal vez con la adición de zumo de naranja o de lima. Sin embargo, un complemento útil para una ensalada de frutas es un almíbar de azúcar *(recuadro, p. siguiente; receta, p. 1244)*. Los almíbares de azúcar tienen muchas aplicaciones en la cocina de las frutas; los almíbares ligeros o medianos son a la vez aliños y líquidos para escalfar, los almíbares más espesos se utilizan como glaseados. En cualquier caso, el azúcar se hierve con agua a fuego muy vivo; al hervir, el almíbar pasa a través de sucesivas fases de concentración y consistencia, desde una salsa ligera y que se vierte fácilmente hasta un caramelo oscuro y muy espeso. Puesto que cada fase viene marcada por un aumento en la temperatura del almíbar, el método más conveniente para determinar la densidad de un almíbar es el que consiste en observar las lecturas en un pesajarabes colocado en el recipiente del almíbar.

Para realzar el sabor del almíbar, puede añadirle cáscara de limón o pieles de fruta antes de cocerlo, colándolo después. Cuando el almíbar haya adquirido la consistencia requerida, puede aromatizarlo con zumo de limón o con un licor. Enfríe el almíbar antes de agregarlo a la ensalada de frutas, ya que si está caliente podría empezarlas a cocer. Las ensaladas de fruta quedan mejor presentadas si se sirven en platos de cristal o en cortezas muy frías de piña, pomelos o naranjas, o bien en las mitades de melón aquí presentadas; la pulpa extraída de la fruta que sirve de recipiente forma parte de la ensalada.

1 **Aromatizar con limón.** Utilizando un cuchillo pequeño y afilado, corte finamente la cáscara de 1 limón. Cueza la cáscara de limón con azúcar y agua hasta obtener un almíbar de azúcar medio *(recuadro, p. siguiente)*. Retire el almíbar del fuego y déjelo enfriar. Agréguele el zumo de 1 limón *(arriba)*.

2 **Colar el almíbar.** Cuele el almíbar por un tamiz dispuesto sobre un cuenco de buen tamaño *(arriba)*. Tire la cáscara de limón que quede en el tamiz. Parta por la mitad melones *(p. 1220)*, en este caso ogen, y extraiga las semillas.

3 **Hacer bolas de melón.** Con ayuda de una cucharilla especial, extraiga la carne del melón. Para impedir que las bolas se ennegrezcan, déjelas caer inmediatamente en el cuenco de almíbar. Raspe la pulpa restante en las mitades de melón, para obtener unos recipientes. Frote el interior con cuartos de limón y refrigere.

4 **Añadir las bayas.** Lave fresas silvestres y arándanos americanos; limpie a fondo las frambuesas para eliminar todo rastro de polvo. Extraiga los corazones de las fresas; lave las grosellas y arándanos, y arránqueles los pedúnculos *(p. 1218)*. Agregue estas frutas a las bolas de melón que se encuentran en el almíbar.

Un almíbar de azúcar para múltiples usos

1 **Disolver el azúcar.** En una cacerola de fondo grueso, añada azúcar al agua. Remueva poco a poco a fuego medio, para disolver el azúcar. Utilice un pincel sumergido en agua caliente para eliminar los cristales de azúcar que se adhieran a las paredes de la cacerola *(arriba);* estos cristales podrían cristalizar el almíbar.

2 **Comprobar la temperatura.** Deje de remover el almíbar apenas se haya disuelto el azúcar. Caliente un pesajarabes en un cuenco con agua caliente, y colóquelo en el almíbar. Aumente el fuego y lleve el almíbar a ebullición.

3 **Detener la cocción.** Hierva el almíbar 1 minuto aproximadamente, hasta que alcance 102° en el pesajarabes. Coloque inmediatamente la cacerola en un cuenco con agua helada para impedir que el almíbar prosiga su cocción.

5 **Servir la ensalada.** Llene cada mitad de corteza de melón con ensalada de frutas y vierta el almíbar por encima con una cuchara. Sirva un recipiente por persona. Si es necesario, puede llenar las cáscaras de antemano y conservarlas tapadas durante unas horas; el almíbar mantendrá la fruta en buenas condiciones.☐

Ensaladas de naranjas dulces o saladas

La pulpa jugosa de las frutas agrias dulces o semidulces, tales como las mandarinas, los pomelos o las naranjas aquí ilustradas, proporciona una excelente base para ensaladas dulces o saladas, obteniéndose sabores y texturas contrastantes. En la preparación de esta página y la siguiente, las naranjas cortadas en rodajas finas y maceradas en azúcar, se adornan con tiras finas de cáscara y fragmentos de caramelo. La ensalada salada *(recuadro, derecha, abajo; receta, p. 1245)*, también basada en rodajas de naranja, se recubre con cebolla picada y aceitunas negras enteras, y se aliña con aceite de oliva.

Por su atractiva sencillez, ambas ensaladas dependen de la cuidadosa preparación de las naranjas. Elija una variedad de pulpa firme pero jugosa, por ejemplo unas navel. Para no aplastar la fruta, lo que es esencial para impedir que el zumo se pierda al cortar las naranjas, la corteza y la piel blanca se retiran en secciones verticales. Este método de pelar asegura que los gajos de la naranja no se estropeen.

Si lo desea, en el caso de la ensalada salada, puede extraer la cáscara y la piel blanca a la vez con un cuchillo. Para la ensalada dulce, la cáscara debe extraerse primero en tiras enteras, largas y delgadas, con la ayuda de un mondador, para obtener una juliana con la que adornará el postre. El sabor agrio de la corteza equilibra el almíbar dulce de la ensalada, preparado bañando las rodajas de naranja en azúcar durante un par de horas, para que exuden su zumo. Una guarnición de caramelo *(receta, p. 1244)*, ya esté fragmentado, como aquí, o dispuesto en un enrejado de hebras muy finas aportará otro elemento al conjunto de sabores y texturas.

Los agrios son particularmente adecuados para la confección de ensaladas saladas, ya que el zumo se mezclará con un aliño de aceite para obtener una especie de vinagreta. Para no enmascarar los sutiles sabores de la ensalada, prepare siempre un aliño ligero, utilizando tan sólo un poco de aceite de oliva, como aquí, o bien aceite de oliva y zumo de limón.

1 **Pelar la cáscara de las naranjas.** Utilizando un mondador, extraiga cuidadosamente la cáscara de cada naranja, trabajando en secciones desde la base hasta la parte superior *(arriba)* para conseguir unas tiras largas, delgadas y enteras. Descarte toda parte de cáscara que no pueda extraerse en un solo trozo.

2 **Cortar la juliana.** Coloque las tiras de cáscara de naranja sobre una superficie de madera o una tabla de trinchar. Con un cuchillo pequeño y afilado, utilizando los dedos para guiar la hoja, corte finamente cada tira de cáscara, en sentido longitudinal. Reserve.

Una sorprendente ensalada de naranjas salada

1 **Añadir las cebollas.** Pele naranjas y córtelas en rodajas *(fase 5, arriba)*. Disponga las rodajas en capas, en una fuente de servicio poco profunda. Deshuese unas aceitunas negras. Pique cebollas y espárzalas sobre las rodajas de naranja *(arriba)*.

2 **Aliñar la ensalada.** Disponga las aceitunas negras deshuesadas sobre la cebolla picada. Condimente la ensalada con sal y pimienta de Cayena, y alíñela con un poco de aceite de oliva *(arriba)*. Sírvala muy fría, como entrada o para acompañar el pescado.

3 Extraer la piel blanca. Utilice el cuchillo para retirar la piel blanca que se adhiere a la base y la parte superior de cada naranja. Corte cuidadosamente la piel blanca restante en secciones, trabajando de arriba a abajo y alrededor de la fruta *(arriba).*

4 Blanquear la juliana. Lleve a ebullición un cazo de agua. Agregue las tiras de cáscara y cuézalas a fuego lento durante 3 minutos, para ablandarlas y atenuar su sabor amargo. Vierta el agua y la juliana en un colador *(arriba),* y escurra las tiras.

5 Cortar las naranjas en rodajas. Corte cada naranja en rodajas. Con la punta del cuchillo, corte la fibra central y extraiga las pepitas. Disponga una capa de rodajas de naranja en una fuente de servicio y espolvoréelas con azúcar. Repita la operación alternando capas de naranja y azúcar. Deje reposar unas 2 horas.

6 Verter el caramelo. Prepare un caramelo oscuro *(p. 1244),* sin remover, hasta que adquiera una coloración ambarina rojiza. Para una guarnición de fragmentos de caramelo, viértalo sobre una superficie de mármol aceitada. Para conseguir hebras, déjelo caer desde una cuchara para formar un enrejado.

7 Romper el caramelo. Cuando el caramelo esté frío, utilice una maza o un rodillo para romperlo en pequeños fragmentos *(arriba).* Si ha hecho hebras de caramelo, levántelas cuidadosamente de la superficie aceitada, con los dedos o con una espátula pequeña.

8 Adornar la ensalada de naranja. Disponga la juliana de cáscara de naranja blanqueada sobre las rodajas de naranja y después espolvoree la juliana con trozos de hebras de caramelo *(arriba).* Enfríe la ensalada de naranjas antes de servirla.☐

La incomparable asociación de fruta y crema de leche

Tan armoniosamente se combinan la fruta fresca y la crema de leche, que una y otra parecen hechas para convivir. El contundente sabor de una queda perfectamente equilibrado por el sabor dulce de la segunda.

En su fórmula más sencilla, la combinación puede consistir en una fruta entera con un recubrimiento de crema de leche batida. En la presentación de la derecha, unos higos maduros, cortados y abiertos decorativamente para que parezcan flores, se coronan con un poco de crema de leche batida fría y se rocían con un puré de frambuesas recién preparado.

Un puré de fruta representa también el punto de partida para los postres ingleses tradicionales denominados *fools*, que no son más que mezclas aterciopeladas de fruta y crema de leche. En la segunda preparación, unas moras se recubren con una mezcla de puré de estas frutas edulcorado y cuidadosamente mezclado con crema de leche espesa batida.

Las bayas son particularmente atractivas en esta clase de postre, debido a sus colores vistosos y su zumo abundante. Sin embargo, puede utilizar cualquier otra fruta reducida a puré, fresca o cocida *(p. 1221)*, y edulcorada al gusto. Si lo prepara con una fruta ácida, por ejemplo piña, ruibarbo o uvas espinas, mezcle siempre el puré con una cantidad generosa de azúcar antes de ligarlo con la crema batida, para evitar que se corte. Cualquiera que sea el tipo de fruta utilizado, refrigere el postre 2 horas antes de servirlo, para que la mezcla adquiera una cierta consistencia.

Estos postres pueden adornarse con más crema batida, bayas o rodajas de fruta, o bien con cáscara de naranja o de limón finamente rallada. Sírvalos acompañados con pastas secas.

Higos maduros con una salsa color rubí

1 **Preparar los higos.** Utilizando un cuchillo pequeño y afilado, corte los pedúnculos de higos frescos y maduros. Haga un pequeño corte en el extremo del pedúnculo de cada higo y después, comenzando por el lugar donde haya hecho este corte, arranque con el cuchillo la piel a tiras *(arriba)*.

2 **Abrir los higos.** Haga una incisión en forma de cruz en la parte superior de cada higo pelado *(arriba)*, llegando casi hasta la base de la fruta. Utilizando pulgares e índices, oprima simultáneamente cada cuarta parte desde la base, con lo que los higos se abrirán como una flor.

Un postre suntuoso de moras

1 **Agregar el azúcar.** Reduzca a puré moras frescas y maduras, pasándolas por un tamiz colocado sobre un cuenco. Espolvoréelas con azúcar refinado al gusto *(arriba)* y remueva concienzudamente hasta que ambos ingredientes se amalgamen.

2 **Incorporar la crema de leche.** Utilice una batidora de varillas para batir crema de leche espesa hasta que forme picos blandos. Con una cuchara, incorpore cuidadosamente el puré de moras, a pequeñas dosis, a la crema batida *(arriba)*. Remueva la mezcla hasta que adquiera una consistencia homogénea y una coloración regular.

3 **Batir la crema de leche.** Reduzca a puré frambuesas frescas *(p. 1221)*, y resérvelo. Vierta crema de leche espesa en un cuenco grande y bátala con una batidora de varillas hasta que forme picos blandos. No se exceda en el batido, ya que la crema se tornaría mantecosa.

4 **Servir el postre.** Vierta el puré de frambuesas en una jarrita. Disponga los higos en platos individuales, coloque un poco de crema de leche batida en el centro de cada higo y vierta encima la salsa de frambuesas *(arriba)*. También puede incorporar la crema de leche al puré y verter la mezcla con una cuchara sobre los higos.☐

3 **Servir el postre.** Espolvoree moras frescas con azúcar. Divida las moras en platos individuales o, como aquí, en copas. Con una cuchara, reparta la mezcla de puré y crema sobre las moras *(arriba)*; si lo desea, termine colocando una capa decorativa encima *(derecha)*. Refrigere el postre unas 2 horas y sírvalo.☐

Fruta y queso, un matrimonio perfecto

La fruta y el queso poseen una afinidad natural. Sus sabores y texturas contrastantes constituyen un final adecuado para cualquier comida. La elección de la fruta que ha de emparejarse con tal o cual queso depende, en última instancia, del gusto personal, pero es una norma útil la de tener en cuenta que las frutas de pulpa firme se complementan con los quesos de pasta dura, en tanto que las frutas blandas casan con los quesos blandos o cremosos. Las manzanas y las peras son excelentes con el cheddar, el edam o el gruyere, o bien con quesos azules, por ejemplo el cabrales, el roquefort y el stilton. Las uvas, verdes o negras, pueden servirse con quesos de pasta blanda como el brie y el camembert, o con los tipos semiblandos, entre otros el taleggio, el saint-nectaire, el reblochon y el münster.

Las bayas frescas y enteras, incorporadas a una mezcla cremosa de queso crema o requesón, crema de leche batida y azúcar, constituyen unos postres sencillos pero deliciosos. Un puré de fresas, grosellas u otras frutas blandas también puede ligarse con la mezcla de queso y crema para obtener una *mousse* aterciopelada.

El requesón y el queso crema son también una base adecuada para postres moldeados con fruta. Los clásicos *coeurs à la crème* aquí ilustrados se preparan vertiendo una mezcla de requesón, crema de leche batida, azúcar y claras de huevo a punto de nieve en moldes en forma de corazón, los cuales se dejan escurrir durante toda una noche *(receta, p. 1246)*. Una vez extraídos de sus moldes, los corazones se rodean de fresas silvestres.

Puede utilizar formas diferentes en vez de los corazones, así como un molde grande en vez de varios individuales, pero es esencial que éstos tengan orificios para escurrir los jugos, de modo que el líquido del peso pueda escurrirse gradualmente; de lo contrario, la mezcla no adquiriría la firmeza necesaria. Para un resultado todavía más consistente, puede mezclar el requesón o el queso crema con yemas de huevo batidas con azúcar, incorporando crema de leche espesada con gelatina antes de agregar las claras de huevo batidas *(receta, p. 1246)*.

1 **Preparar los moldes.** Forre los moldes (aquí, los moldes de forma de corazón tradicionales para los *coeurs à la crème*) con muselina. Oprima bien la muselina contra los bordes de los moldes con los dedos de una mano, y con la otra alise la tela *(arriba)*, de modo que las formas, una vez desmoldeadas queden perfectamente lisas.

2 **Tamizar el queso.** Bata crema de leche espesa hasta que forme picos blandos. Con una cuchara de madera, pase un queso blando, aquí requesón, a través de un tamiz de nilón, para deshacer todos los grumos *(arriba)*.

Un surtido de combinaciones clásicas

Fruta fresca servida con queso. Para terminar una comida sencilla, presente un cestillo lleno de fruta, junto con la tabla de quesos. Saboree cada tipo de fruta con un queso complementario; aquí, las manzanas Red Delicious, Cox y Granny Smith forman pareja con el cheddar; las peras Conference con el gorgonzola, y las uvas verdes y sin pepitas con el brie. Sirva la fruta y los quesos a temperatura ambiente, acompañados por una barra de pan y una botella de vino.

3 **Incorporar la crema de leche.** Bata claras de huevo a punto de nieve. Mezcle gradualmente la crema de leche batida con el queso tamizado *(arriba)*. Agregue azúcar refinado al gusto y después incorpore las claras de huevo batidas a la mezcla de queso y crema de leche.

4 **Llenar los moldes.** Cuando la mezcla esté homogénea, colóquela con una cuchara en los moldes forrados. Alise la superficie de la mezcla con el dorso de la cuchara. Ponga los moldes en una bandeja y déjelos en la nevera toda la noche, para que la mezcla de queso cuaje y se escurra a través de los orificios de los moldes.

5 **Desmoldear los corazones.** Invierta cada molde sobre la fuente de servicio; dispóngalos formando un círculo, con las puntas de los corazones hacia el interior. Levante los moldes con precauciones. Desprenda cuidadosamente la muselina de los corazones, los cuales habrán quedado marcados con el dibujo de los orificios.

6 **Servir los «coeurs à la crème».** En el momento de servir, ponga unas fresas silvestres frescas en el centro del círculo de corazones, y distribuya más fresas alrededor *(izquierda)*. Sirva cada corazón rodeado por fresas y vierta crema de leche sobre ellas.□

Un sorbete con un toque tropical

Los sorbetes de fruta se cuentan entre los refrescos más deliciosos. Los sorbetes son fáciles de preparar. Basta mezclar zumo o pulpa de fruta con un almíbar de azúcar y helar la mezcla en cubiteras metálicas poco profundas en el congelador de una nevera.

Cualquier fruta que pueda reducirse a puré, o de la que se extraiga el zumo con facilidad, puede utilizarse para confeccionar un sorbete o granizado. Las frutas de sabor ácido e intenso son particularmente adecuadas. En esta preparación se mezcla zumo de piña y naranja para tener un sorbete exquisito que se sirve en la corteza helada de una piña *(receta, p. 1247)*.

La base de un sorbete suele ser un almíbar de azúcar medio *(p. 1231)*. Si el aromatizante elegido es zumo de fruta, la proporción de almíbar y zumo será de dos tercios y un tercio respectivamente. Para realzar su sabor, puede preparar el almíbar de azúcar con zumo de fruta, como aquí, en vez de agua, pero ello no afectará a la proporción del almíbar de azúcar respecto al zumo de fruta en el sorbete.

Si agrega puré de fruta a un almíbar de azúcar, emplee volúmenes iguales de puré y almíbar. Enfríe el almíbar antes de agregarlo al puré de fruta, pues de lo contrario afectaría al sabor fresco de ésta. Un puré de bayas, como frambuesas, moras silvestres, fresas silvestres, grosellas rojas y grosellas negras, constituye siempre un buen granizado. Puede preparar sorbetes más exóticos a base de ruibarbo, melón, mangos, granadillas o membrillos, siempre reducidos a puré.

Aparte de las variaciones de sabor, puede preparar un sorbete de textura más o menos fina. Cuando el sorbete líquido está en el congelador, se forman cristales de hielo allí donde el líquido entra en contacto con la parte metálica de la cubierta. Para conseguir una congelación uniforme, las zonas heladas han de removerse periódicamente dirigiéndolas hacia el centro. Esta operación también agrega aire, el cual impide la formación de cristales de gran tamaño. Para obtener un sorbete todavía más homogéneo, puede agregar clara de huevo batida, la cual introducirá más aire en la mezcla.

1 **Preparar una piña.** Corte el tallo de la base de la piña. Utilizando un cuchillo largo y afilado, corte la base, dejando una superficie plana. Sosteniendo el cuchillo hacia abajo, corte la parte superior de la piña, con sus hojas, para formar una tapa con la que cubrirá el sorbete al llevarlo a la mesa *(arriba)*.

2 **Cortar el interior de la piña.** Procurando no perforar la corteza, haga un corte alrededor de la circunferencia interior de la piña, llegando hasta la mitad de la altura de la misma. Haga otro corte circular alrededor del corazón fibroso que se encuentra en el centro *(arriba)*.

6 **Añadir zumo de naranja.** Mezcle un poco de zumo de piña con azúcar y agregue el corazón. Hierva la mezcla hasta que adquiera una consistencia almibarada. Déjela enfriar. Exprima naranjas y agregue su zumo al de la piña restante *(arriba)*. Retire el corazón de la piña del almíbar enfriado, y mezcle éste con los zumos.

7 **Llenar las cubiteras.** Con un cucharón, vierta la mezcla en cubiteras metálicas poco profundas. Colóquelas en el congelador. Refrigere la corteza de la piña y su tapa en el congelador, al mismo tiempo.

3 **Cortar porciones.** Para dividir la pulpa en porciones que se extraigan fácilmente, haga cortes radiales en la pulpa de la piña, partiendo del corte circular interior hacia el exterior *(arriba)*. Con la otra mano, sostenga la piña mientras la corta.

4 **Extraer la pulpa de la piña.** Con una cuchara, retire las porciones de piña y dispóngalas en un cuenco *(arriba)*. Haga cortes circulares alrededor del borde y el corazón de la mitad inferior de la fruta. Corte y extraiga las porciones de pulpa; raspe alrededor de la corteza hasta vaciarla, dejando el corazón en el centro.

5 **Extraer la pulpa de la tapa.** Corte la base del corazón. Extráigalo y resérvelo. Con una cuchara, raspe la pulpa de la tapa de la piña, y agréguela al cuenco. Transfiera la pulpa a un tamiz de nilón colocado sobre otro cuenco. Con una mano de mortero, presione la pulpa para extraer el zumo *(p. 1221)*. Tire la pulpa.

8 **Remover el sorbete.** Al cabo de 1 hora, retire las cubiteras del congelador. Utilice un tenedor para remover la mezcla parcialmente helada, llevando los bordes helados hacia el centro y aplastándolos en el liquido. Vuelva a poner las cubiteras en el congelador. Remueva una o dos veces más durante las 3 horas siguientes.

9 **Servir el sorbete.** Cuando el sorbete esté apenas firme, al cabo de unas 4 horas, retirelo del congelador. Coloque verticalmente la corteza de piña en un cuenco con hielo picado, y con una cuchara introduzca dentro el sorbete *(arriba)*. Vuelva a colocar la tapa de la piña y sirva inmediatamente.□

Frutas aprisionadas en gelatina

Una gelatina de fruta fresca, preparada mezclando zumo de fruta y gelatina, tiene un aspecto fresco y límpido, y constituye un postre delicioso que se derrite en la boca. Una gelatina con un solo perfume, cuajada y servida en un cuenco de cristal, es de lo más sencillo de preparar. Sin embargo, el poder cuajante de la gelatina también permite obtener grandes artificios culinarios.

Esencialmente, hay dos maneras de obtener un efecto ornamental con una gelatina: utilizando un molde de forma elaborada, o bien creando dibujos y texturas al alternar distintas capas contrastantes de gelatina y frutas. Para obtener un conjunto elaborado de capas de gelatina y fruta, es mejor utilizar un molde sencillo adornado con unos surcos. Un molde metálico es el que dará el mejor resultado. El metal responde rápidamente a cualquier cambio de temperatura y, si el molde se refrigera previamente, la gelatina cuajará inmediatamente, en tanto que la preparación podrá desmoldearse fácilmente sumergiendo breves momentos el molde en un cuenco con agua caliente.

La espectacular gelatina superpuesta que aquí presentamos, se crea suspendiendo uvas peladas y rodajas de fresón entre capas alternas de gelatina de vino tinto y gelatina de naranja *(receta, p. 1244)*. Para obtener unas capas con unos perfiles definidos, cada piso del conjunto debe dejarse cuajar antes de agregar la siguiente capa gelatinosa. Para esta presentación, se utilizaron 500 g de uvas sin pepitas y 500 g de fresones.

También puede preparar un conjunto de diferentes capas de gelatina utilizando varias gelatinas de fruta diferentes, alternándolas en capas de colores contrastantes.

En lugar de vino tinto, puede utilizar coñac o jerez para aromatizar la gelatina, y, para conseguir un efecto más claro y traslúcido, puede añadir vino blanco o rosado, o bien champaña.

Para aplicar las frutas correctamente, cada trozo se asegura entre dos broquetas largas y se sumerge en gelatina parcialmente cuajada antes de colocarlo en el molde. El revestimiento de gelatina mantiene la fruta en su lugar e impide que se mueva al agregar la siguiente capa de gelatina líquida.

Las mejores frutas para aromatizar gelatinas son las que producen zumos transparentes y de color vivo, por ejemplo las bayas y las naranjas. Para lograr una gelatina transparente y brillante cuele el zumo de fruta a través de una muselina. Las frutas que han de quedar en suspensión aprisionadas en la gelatina deben tener la firmeza suficiente para conservar su forma; además de las uvas y fresones aquí utilizados, unos gajos de mandarina y unos dados de melón son también apropiados para este tratamiento. Evite las piñas, las papayas, los kiwis y los higos, ya que estas frutas contienen una enzima que descompone la gelatina y, por lo tanto, no son apropiadas para estas preparaciones, a no ser que se cuezan antes para desactivar la enzima.

4 **Pelar las uvas.** Pele las uvas, una a una; aquí se emplean uvas sin pepitas. Empezando por el punto donde se ha extraído previamente el pedúnculo, levante la piel de cada uva con la punta de un cuchillo pequeño, y arranque la piel a tiras *(arriba)*. Si utiliza uvas con pepitas, córtelas por la mitad a lo largo y retire las pepitas con la punta del cuchillo. Disponga las uvas peladas en un cuenco aparte.

5 **Cortar los fresones.** Lave brevemente los fresones y séquelos cuidadosamente sobre papel de cocina. Pula los fresones *(p. 1218)*. Con un cuchillo pequeño y afilado, corte cada fresón a lo largo en rodajas finas *(arriba)*. Si utiliza fresas, puede dejarlas enteras si lo prefiere.

1 **Remojar la gelatina.** Remoje hojas de gelatina en agua fría de 15 a 30 minutos, hasta que estén flexibles. Retírelas *(arriba)* y colóquelas en una cacerola pequeña de fondo grueso. Cubra las hojas con agua fría y ponga a fuego lento. Caliente la gelatina unos 5 minutos, hasta que se disuelva. Retire la cacerola del fuego.

2 **Preparar el zumo de naranja.** Exprima el zumo de varias naranjas y déjelo reposar 30 minutos; durante este tiempo, subirán pequeños fragmentos de pulpa a la superficie del zumo. Forre un tamiz con varias capas de muselina humedecida y colóquelo sobre un cuenco; pase el zumo por el tamiz *(arriba)*. Tire la pulpa.

3 **Añadir gelatina y almíbar.** Vierta la gelatina disuelta en una cacerola que contenga almíbar de azúcar tibio *(p. 1231)* y remueva a fondo. Vierta vino tinto en un cuenco. Removiendo para ligar los líquidos, vierta la mitad del almíbar sobre el vino, y la mitad restante en el cuenco que contiene el zumo de naranja.

6 **Disponer la primera capa.** Para acelerar el proceso de cuajado, coloque un molde ranurado para gelatina en un cuenco grande lleno de hielo. Vierta una pequeña cantidad de gelatina de vino en el molde. Hágalo girar *(arriba, izquierda)* hasta que la gelatina recubra la base, y después incline el molde formando un ángulo más pronunciado *(arriba, derecha)* para que la gelatina cubra las paredes del molde; éste debe tener una profundidad suficiente para que las uvas queden cubiertas.▶

7 **Disponer las uvas sobre la gelatina.** Ponga un poco de la gelatina de vino tinto en un cuenco pequeño, colocado sobre otro con hielo. Cuando la gelatina haya empezado a cuajarse y tenga una consistencia almibarada, sujete una uva entre dos broquetas muy finas, y sumérjala en la gelatina. Deposite la uva cuidadosamente revestida sobre la capa de gelatina en la base del molde. Repita el proceso *(arriba)* con más uvas, hasta formar un círculo.

8 **Cubrir las uvas.** Con un cucharón, vierta más gelatina de vino procedente del cuenco grande, con cuidado y regularidad, sobre las uvas *(arriba),* hasta que éstas queden apenas cubiertas por una capa fina de gelatina. Para que esta capa cuaje, traslade cuidadosamente el molde a la nevera. Al cabo de unos 15 minutos, cuando la capa presente un cuajado regular, retire el molde de la nevera y colóquelo de nuevo en un cuenco grande con hielo.

10 **Disponer los fresones.** Utilizando dos broquetas, al igual que con las uvas, sumerja cada rodaja de fresón en la gelatina de naranja; coloque las rodajas de fresón, una junto a otra, en la franja de gelatina de naranja parcialmente cuajada, que cubre las paredes del molde *(arriba).*

11 **Terminar la segunda capa.** Cuando haya completado el círculo de rodajas de fresón, disponga más rodajas en el centro del molde, sumergiéndolas primero en el cuenco pequeño de gelatina. Vierta gelatina de naranja sobre la fruta *(arriba)* para completar la capa. Refrigere 15 minutos.

12 **Completar el conjunto.** Vierta en el molde gelatina de vino procedente del cuenco grande; hágalo girar hasta que ésta cuaje en torno a las paredes. Sumerja uvas en la gelatina de vino; dispóngalas alrededor de las paredes.

9 **Añadir la gelatina de naranja.** Vierta un poco de gelatina de naranja en un cuenco pequeño colocado sobre otro con hielo. Cuando tenga una consistencia almibarada, vierta con un cucharón una pequeña cantidad de gelatina en el molde *(arriba, izquierda);* seguidamente, inclínelo rápidamente *(arriba, derecha),* para que la gelatina recubra las paredes hasta una profundidad de unos 2,5 cm. Siga haciendo girar el molde hasta que la gelatina empiece a cuajar alrededor de las paredes.

13 **Desmoldear y servir.** Refrigere la gelatina 4 horas. Pase la punta de un cuchillo alrededor del borde y sumerja el molde en agua caliente. Sostenga sobre éste un plato invertido, gire los dos a la vez *(arriba)* y retire el molde. Refrigere antes de servir *(derecha).*□

Recetas

Jarabe (almíbar) de azúcar

Las proporciones indicadas a continuación dan un almíbar de azúcar medio. Para obtener un almíbar de azúcar ligero, calcule 250 g de azúcar por cada 60 cl de agua.

Para unos 75 cl	
Azúcar	350 g
Agua	60 cl

Ponga el azúcar y el agua en una cacerola de fondo grueso y coloque ésta a fuego medio. Remueva poco a poco hasta que el azúcar se haya disuelto. Pase por las paredes de la cacerola un pincel sumergido en agua, de vez en cuando, para disolver todos los cristales de azúcar que puedan haberse adherido a los costados. Cuando el azúcar se haya disuelto, deje de remover y avive el fuego para llevar el almíbar a ebullición. Hierva rápidamente por espacio de 1 a 2 minutos.

Almíbar aromatizado con limón. Añada la cáscara de 1 limón finamente pelada al azúcar y el agua antes de hervirlos, y cuando el almíbar haya hervido y se haya enfriado, mezcle con él el zumo del limón. Cuele el almíbar antes de utilizarlo.

Caramelo claro. Reduzca la cantidad de agua citada a 5 cucharadas, y cuando el almíbar haya alcanzado el punto de ebullición, siga cociendo rápidamente hasta que toda el agua se haya evaporado y el almíbar adquiera un color de miel dorado, o hasta que lea en el pesajarabes la temperatura de 160 a 170°. Si utiliza el pesajarabes, sumérjalo en agua caliente para evitar que se rompa al entrar en contacto con el almíbar hirviendo. Coloque inmediatamente la cacerola en un cuenco de agua helada.

Caramelo oscuro. Reduzca la cantidad de agua como para el caramelo claro, cueza rápidamente y durante algún tiempo más que para el caramelo claro, hasta que el almíbar adquiera un color ambarino, o hasta que observe en el pesajarabes 165° ó 177°.

Gelatina de naranja

Para alternar capas de gelatina con frutas, vea las explicaciones de las pp. 1240 a 1243. Si desea aromatizar la gelatina con vino en vez de naranja, sustituya el zumo de naranja por 60 cl de vino, y siga las instrucciones que se dan abajo. Si emplea vino tinto obtendrá una gelatina opaca.

Para unos 75 cl	
Zumo de naranja recién exprimido y dejado reposar 30 minutos	60 cl
Hojas de gelatina remojadas en agua fría de 15 a 30 minutos (o 15 g de gelatina en polvo, disuelta en 3 cucharadas de agua caliente en un cuenco refractario)	8
Almíbar de azúcar medio caliente *(p. 1244),* preparado con 60 g de azúcar y 10 cl de agua	15 cl

Ponga las hojas de gelatina ablandadas en una cacerola pequeña de fondo grueso y cúbralas con agua. Coloque la cacerola a fuego lento durante unos 5 minutos, hasta que las hojas de gelatina se hayan disuelto y el líquido de la cacerola esté límpido; seguidamente, retire la cacerola del fuego. Si utiliza gelatina en polvo, coloque el cuenco que contiene la gelatina disuelta sobre una cacerola de agua caliente a fuego lento durante unos 3 minutos, hasta que el líquido esté límpido y seguidamente retire del fuego.

Forre un tamiz con una capa doble de muselina humedecida y colóquelo sobre un cuenco grande. Cuele el zumo de naranja sobre el cuenco grande y tire la pulpa.

Remueva la gelatina disuelta en el almíbar de azúcar caliente. Removiendo a fondo para amalgamarlos, vierta la mezcla de gelatina y almíbar caliente en el zumo de naranja colado.

Para acelerar el proceso de cuajado, disponga el cuenco que contiene la gelatina de naranja en otro cuenco más grande con hielo. Remueva la gelatina constantemente hasta que adquiera una consistencia almibarada y empiece a espesarse; seguidamente, transfiera con una cuchara la gelatina a un molde muy frío y refrigérela 4 horas como mínimo. Para asegurarse que la gelatina haya cuajado, retire el molde de la nevera e inclínelo; si la gelatina se mantiene firme, está a punto y puede desmoldearse.

Para desmoldear la gelatina, pase la punta de un cuchillo alrededor del molde y seguidamente sumérjalo en agua caliente. Invierta una fuente sobre el molde. Sostenga firmemente el molde contra la fuente y, con un movimiento rápido, invierta ambos a la vez. Levante el molde y, si la gelatina no sale del mismo, dé una buena sacudida al molde y a la fuente; notará que la presión en el molde varía, al desprenderse de él la gelatina. Refrigere brevemente la gelatina antes de servirla, para que la superficie presente una consistencia firme.

Ensalada de naranjas con cebolla y aceitunas

Munkaczina

Para preparar esta ensalada de naranjas consulte las explicaciones de la p. 1232.

Para 2 personas	
Naranjas peladas	2
Cebolla finamente picada	1
Aceitunas negras deshuesadas	12
Pimienta de Cayena	¼ de cucharadita
Sal	¼ de cucharadita
Aceite de oliva	3 cucharadas

Corte las naranjas en rodajas finas, extraiga y tire todas las pepitas y la piel blanca del centro de cada rodaja. Disponga un lecho de rodajas de naranja en el fondo de una fuente poco honda; cúbralas con la cebolla picada. Sobre la cebolla, disponga una capa de aceitunas, espolvoree éstas con pimienta de Cayena y sal, y rocíelas con aceite de oliva.

ELIZABETH DAVID
SPICES, SALT AND AROMATICS IN THE ENGLISH KITCHEN

Melón relleno al estilo leonés

Para pelar los melocotones consulte las explicaciones de la p. 1219.

Para 4 personas	
Melón de invierno, sin el sombrero ni las pepitas, pulpa retirada cuidadosamente y corteza reservada	1
Melocotones pelados, deshuesados y picados	2
Plátanos picados	2
Guindas deshuesadas y picadas	200 g
Limones, zumo colado	2
Naranjas, zumo colado	2
Vermut blanco dulce	2 cucharadas
Licor de naranja	4 cucharadas
Azúcar	3 cucharadas

Mezcle la pulpa del melón con los restantes ingredientes y rellene con esta mezcla la corteza del melón. Refrigere antes de servir.

JOSÉ GUTIÉRREZ TASCÓN
LA COCINA LEONESA

Corazón a la crema

Coeur à la crème

Esta receta sirve para preparar una crema firme y riquísima, que puede cuajar en un molde grande en forma de corazón o en varios moldes más pequeños. Para prepararla, es esencial utilizar moldes con agujeros para que pueda escurrirse el exceso de líquido del requesón. La autora sugiere sustituir el requesón por suero fresco bien escurrido, o yogur, pero no utilice quesos grasos blandos, ya que su textura sería demasiado pegajosa.

Si sirve el *coeur à la crème* con peras, añada jengibre confitado troceado, unos 6 trozos, y utilice almíbar de jengibre en lugar de azúcar para endulzar el requesón y las yemas de huevo: 4 cucharadas para empezar, un poco más si lo desea.

Para 4 personas	
Requesón	250 g
Huevos, yemas separadas de las claras	2
Azúcar vainillado	60 g
Gelatina en polvo	15 g
Crema de leche espesa (o 12 cl de crema de leche espesa y el resto de crema de leche ligera)	25 cl

Tamice el requesón si fuese necesario, para obtener una textura homogénea. Mézclelo con las yemas de huevo y el azúcar. Disuelva la gelatina en 6 cucharadas de agua muy caliente (pero no hirviendo) en un cuenco, removiendo hasta obtener una consistencia homogénea, y déjela reposar hasta que esté casi fría. Agregue la crema de leche a la gelatina disuelta y bata hasta obtener una consistencia firme. Incorpore cuidadosamente la mezcla de requesón, de modo que quede bien ligada pero tan ligera como sea posible. Finalmente, bata las claras de huevo hasta que estén firmes y agréguelas a la mezcla de requesón.

Enfonde un molde de 75 cl de capacidad o varios moldes pequeños, con una muselina doblada previamente humedecida y arrugada. Incorpore la mezcla a cucharadas, golpeando el molde sobre la mesa para que la mezcla se distribuya en las partes curvadas. Lleve los extremos de la muselina sobre el conjunto y ponga los moldes en la nevera. Desmoldee antes de servir y rodee con frutas blandas o escalfadas.

JANE GRIGSON
JANE GRIGSON'S FRUIT BOOK

Corazón de queso a la crema

Coeur à la crème

Para preparar los corazones de queso consulte las explicaciones de la p. 1236. Si no consigue crema de leche muy espesa, bata crema de leche ligera hasta que forme picos blandos, antes de mezclarla con el queso. Puede sustituir el queso crema por igual cantidad de queso fresco. También puede utilizar moldes individuales en vez de un molde grande; en Francia, éstos tienen tradicionalmente forma de corazón. Los moldes deben estar perforados para que el queso o el requesón puedan escurrirse.

Para 4 personas	
Queso crema o fresco	250 g
Crema de leche muy espesa	30 cl
Azúcar refinado	2 cucharadas
Claras de huevo batidas a punto de nieve	2
Fresas o frambuesas	
Crema de leche ligera	30 cl

Pase el queso a través de un tamiz de nilón de malla fina y mézclelo con la crema de leche espesa. Incorpore el azúcar removiendo y luego cuidadosamente, pero a fondo, las claras de huevo. Vierta la mezcla en un molde forrado con una muselina, colóquelo sobre un plato sopero y déjelo en la nevera toda la noche, para que se escurra. Antes de servir, desmoldee el corazón en una fuente grande, disponga a su alrededor las fresas o las frambuesas, y vierta sobre él la crema de leche ligera.

MARGARET COSTA
MARGARET COSTA'S FOUR SEASONS COOKERY BOOK

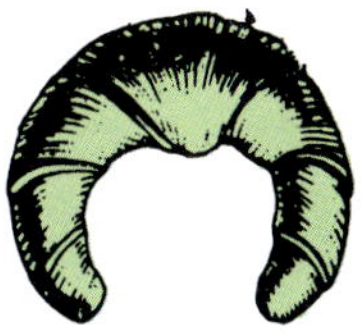

Sorbete de piña

Granité à l'ananas

Para preparar una piña a fin de elaborar un sorbete, consulte las explicaciones de la p. 1238.

Después de haber vertido el granizado en la corteza de piña, puede ponerlo en el congelador durante 1 hora aproximadamente para que adquiera un poco más de firmeza; sin embargo, si se congela totalmente, pierde toda su calidad.

Para 4 personas	
Piña grande madura	1
Azúcar	170 g
Naranjas, zumo colado	3

Corte y tire la base de la piña. Corte circularmente la parte superior de la piña para obtener una tapa y, seguidamente, extraiga su pulpa. Ponga la pulpa en un cuenco y reserve la tapa.

Para extraer toda la pulpa del interior de la piña, emplee un cuchillo largo, afilado y puntiagudo para cortar alrededor del borde de la fruta, hasta una mitad de su altura, manteniendo siempre la hoja muy cerca de la corteza, pero procurando no atravesarla. Corte otro círculo alrededor del corazón fibroso y haga incisiones, a modo de radios, entre ambos círculos. Utilice una cuchara para extraer los trozos de pulpa de piña, y póngalos en el cuenco junto con la pulpa de la tapa. Repita este proceso con la mitad inferior de la piña. Raspe alrededor del corazón hasta extraer toda la pulpa y hasta que la corteza ya no tenga adherida más pulpa. Corte la base del corazón fibroso con la punta del cuchillo y despréndalo lo más limpiamente posible. Reserve la corteza de la piña.

Machaque la pulpa de la piña con una mano de mortero y después, para extraer el máximo de zumo posible, pásela por un tamiz colocado sobre un cuenco. Mezcle unos 25 cl del zumo de piña con el azúcar y hierva la mezcla hasta obtener un almíbar. Cuando se haya enfriado, mézclelo con el resto del zumo de piña y el de naranja. Con una cuchara, transfiera la mezcla a cubiteras metálicas poco hondas e introdúzcalas en el congelador, junto con la corteza y la tapa de la piña. Al cabo de 1 hora, saque las cubiteras del congelador y remueva la mezcla, raspando todas las partes heladas que se forman en el fondo y las paredes de las cubiteras, y aplastando estos fragmentos en el líquido. Vuelva a meter las cubiteras en el congelador y repita este proceso un par de veces durante las 3 horas siguientes, hasta que el sorbete tenga una consistencia algo firme pero todavía semilíquida al removerlo. Con una cuchara, llene la corteza de piña enfriada con el sorbete, y sírvala.

RICHARD OLNEY
FRENCH MENU COOKBOOK

Melón con sorbete al oporto y frambuesas

Melon avec sorbet au porto et framboises

Para preparar sorbetes, consulte las explicaciones de la p. 1238.

Con menos azúcar del indicado en la receta, este sorbete puede transformarse en una entrada estival.

Para 6 personas	
Melones cantalupo, maduros, cortados por la mitad y sin las semillas	3
Frambuesas	1 kg
Oporto	75 cl
Limones, zumo colado	2
Agua	35 cl
Granos de pimienta verde	1 cucharadita
Tira de cáscara de naranja	5 cm
Tira de cáscara de limón	5 cm
Azúcar	3 cucharadas
Hojas de menta	

Mezcle en un cazo el oporto, el zumo de 1 ½ limones, el agua, los granos de pimienta, la cáscara de naranja y limón, y 1 cucharada de azúcar. Lleve a ebullición y cueza durante 5 minutos. Cuele y deje enfriar. Congele el sorbete en una heladera o en el congelador, retirándolo varias veces durante este proceso para removerlo.

Reduzca a puré la mitad de las frambuesas en una batidora, con el zumo del ½ limón restante y 2 cucharadas de azúcar. Cuele. Pruebe y añada más azúcar si fuese necesario.

Llene cada mitad de melón con 2 bolas de sorbete. Recubra ligeramente el sorbete con la salsa de frambuesas. Adorne los melones con las frambuesas restantes y las hojas de menta.

WOLFGANG PUCK
WOLFGANG PUCK'S MODERN FRENCH COOKING

2
Cocinar con frutas: postres
De lo más sencillo a lo espectacular

La fruta es tan fácil de manipular y responde tan bien a una diversidad de tratamientos, que ante el cocinero se presenta un dilema agradable: crear postres sencillos que conserven la forma y la estructura naturales de la fruta, o bien someter ésta a modificaciones más imaginativas.

Si desea mantener la fruta intacta, basta cocerla brevemente o bien envolverla. El escalfado, que se efectúa con un calor leve y húmedo, es un método ideal para cocer una sola fruta o bien una selección de ellas, como en las compotas de la p. 1252. En esta colorida combinación de diferentes variedades, cada fruta se sumerge en vino, almíbar o una mezcla de ambos sólo el tiempo suficiente para ablandarla y el líquido de escalfado se convierte en una salsa para el plato terminado. Antes de escalfarlas, las frutas pequeñas y de pulpa blanda, pueden envolverse en una pasta para obtener unas albóndigas consistentes *(p. 1254).*

En el vivo calor del horno o de la sartén, estos recubrimientos de pasta no sólo preservan la fruta, sino que la transforman en un postre sustancioso. La pasta quebrada, utilizada para recubrir una manzana o una pera, por ejemplo, se horneará para obtener un envoltorio dorado *(p. anterior).* Un recubrimiento de pasta semilíquida a base de harina, leche, huevos y azúcar mantiene blandos y jugosos los trozos de fruta fresca o seca en el horno *(p. 1260),* mientras que una pasta más ligera para freír de harina, yemas de huevo y cerveza forma una cobertura crujiente alrededor de unas rodajas de piña fritas, previamente recubiertas con *frangipane (p. 1264),* o alrededor de otras frutas, tales como plátanos.

Aun en el caso de que desee utilizar frutas enteras, éstas pueden sufrir cambios impresionantes. Así, para confitarlas o glasearlas, la pulpa de la fruta o los frutos secos se impregna gradualmente con azúcar, para obtener un dulce muy duradero que conserva toda la apariencia exterior del espécimen original *(p. 1266).*

Otros postres cocidos conservan solamente el sabor o aroma esenciales de la fruta, contenidos en su piel y zumos, o en su pulpa reducida a puré. Estas preparaciones suelen caracterizarse por su textura excepcionalmente ligera o cremosa, oscilan desde los suflés calientes aromatizados con corteza de naranja o limón *(p. 1256)* hasta las *mousses* y cremas frías que conservan su forma al desmoldearse, y pueden emplearse para componer postres multicolores *(pp. 1268-1275).*

Una dosis generosa de crema de leche se vierte sobre una manzana envuelta por una corteza crujiente de pasta quebrada. El corazón de la manzana ha sido extraído, y se ha rellenado con una mezcla de mantequilla, canela y azúcar, posteriormente la manzana se ha envuelto en pasta y horneado hasta obtener un tono dorado *(p. 1258).*

Escalfar en almíbar y vino

Uno de los métodos más sencillos y agradecidos para cocer fruta fresca consiste en escalfar ésta en líquido que apenas se agite. Además de ablandar la fruta, el líquido de escalfado se convierte en una salsa ligera para acompañarla, que puede reducir para concentrarlo.

El líquido de escalfado en cuestión no es más que agua azucarada o almíbar de azúcar *(p. 1231)*. Cuando se agrega vino tinto o blanco al almíbar de azúcar, los aromas se incrementan notablemente y, en el caso del vino tinto, un nuevo elemento de color viene a realzar notablemente el plato.

Casi todas las frutas pueden escalfarse en almíbar, pero las peras, los albaricoques, los melocotones y las ciruelas, cuya textura es lo bastante porosa para absorber el aroma y el color del vino, son las más adecuadas para un escalfado en un almíbar mezclado con vino. El vino empleado debe ser joven y de cuerpo, y si es tinto ha de tener un color vivo. Elija siempre un vino de calidad para añadirlo al almíbar; la cocción concentrará su aroma y un vino de baja calidad estropearía el sabor del resultado final.

Al escalfar, el líquido de cocción nunca debe llegar a la ebullición. Si desea que el aroma de la fruta predomine, agregue el vino al finalizar la cocción, como aquí con estas peras Comice *(receta, p. 1281)*. Para intensificar el sabor del vino y obtener un color más oscuro, mezcle el vino con el almíbar de azúcar al iniciar la cocción. Cueza la fruta muy lentamente, para permitir que sus aromas y el vino se amalgamen. Puesto que la acidez del vino ayuda a mantener la fruta firme e impide su desintegración, el escalfado puede durar hasta 3 horas.

Para asegurar una cocción lenta, emplee una cacerola de fondo grueso, del tamaño justo para mantener las frutas en su debida posición. El almíbar de vino reducido puede aromatizarse con especias, como clavos o nuez moscada, o bien la barra de canela aquí utilizada. La fruta escalfada y su salsa pueden servirse calientes, o bien prepararse de antemano y servirse frías.

1 **Preparar las peras.** Agregue zumo de limón a un cuenco de agua y resérvelo. Con un mondador o un cuchillo pequeño y afilado, pele cuidadosamente peras de pulpa firme, aquí Comice. Deje los pedúnculos unidos a la fruta. Deposite las peras peladas en el cuenco de agua; el zumo de limón evitará que se ennegrezcan.

4 **Reducir el almíbar.** Con una espumadera, retire las peras de la cacerola y colóquelas verticalmente en una fuente de servicio *(izquierda)*. Retire la canela. Reduzca el líquido en la cacerola, hirviéndolo a fuego vivo *(arriba)*, hasta que tenga consistencia almibarada.

2 **Escalfar las peras.** Hierva azúcar, agua y una barra de canela para preparar el almíbar. Ponga las peras en una cacerola de fondo grueso. Agregue el almíbar y la canela; tape la cacerola. Escalfe las peras a fuego lento unos 40 minutos, hasta que se ablanden, dándoles la vuelta de vez en cuando y rociándolas con el líquido del escalfado. Pruebe su consistencia insertando una broqueta o un tenedor en sus bases: si se introduce fácilmente, las peras están cocidas.

3 **Verter vino.** Vierta vino, aquí un vino tinto de cuerpo, sobre las peras escalfadas en la cacerola. Siga cociendo las peras a fuego lento 5 minutos más, removiéndolas cuidadosamente en el líquido de escalfado con una cuchara de madera, para que absorban parte del aroma y color del vino.

5 **Servir las peras.** Con un cucharón, vierta el almíbar sobre las peras para recubrirlas con esta salsa brillante. Sirva las peras calientes o frías, acompañadas con crema de leche si lo desea y pastas secas.☐

Compotas para todas las estaciones

Uno de los grandes clásicos de la cocina de las frutas es la compota. Cuando las frutas se escalfan suavemente en un almíbar de azúcar, tiene lugar una armoniosa mezcla de sabores al dar paso la acidez de la fruta a una agradable amalgama de sabores ácidos y dulces. Las frutas deben cocerse el tiempo suficiente para ablandarlas, pero no hasta el punto de reducirlas a puré.

Puede utilizar cualquier tipo de fruta para una compota, ya sea sola o bien mezclándola con otras variedades. Algunas frutas muy ácidas, como el ruibarbo, las uvas espinadas o los membrillos, difícilmente pueden comerse sin este tratamiento. Entre otras variedades (por ejemplo, ciruelas y albaricoques), elija ejemplares que no sean demasiado maduros.

Las frutas secas, como ciruelas, albaricoques y pasas de Esmirna, son también adecuadas para las compotas. Deben remojarse antes de escalfarlas, para que se hinchen y se ablanden.

En esta preparación *(receta, p. 1281)* se mezclan ciruelas y kumquats, predominando el sabor dulce de las ciruelas.

Para una compota variada, elija frutas cuyos sabores se complementen entre sí. En la compota de frutas frescas de la página siguiente *(recuadro)*, peras, nectarinas, ciruelas, cerezas, uvas y arándanos americanos, forman un conjunto de colores vivos. Cada fruta debe encalfarse, pero todas deben quedar similarmente blandas, por lo que las diferentes frutas exigirán distintos tiempos de cocción. Las frutas de gran tamaño, como las peras o los melocotones, requieren entre 10 y 40 minutos. Compruebe la consistencia de la fruta escalfada con una broqueta. Las frutas pequeñas, como cerezas y uvas, necesitan solamente de 2 a 3 minutos de escalfado, mientras que las muy blandas, por ejemplo las moras, no requieren más que una breve inmersión en el almíbar caliente.

Cuando haya cocido toda la fruta, el líquido de escalfado puede aromatizarse con cáscara de limón, tiras de cáscaras de frutas o bien con especias como canela o clavo.

1 **Escalfar ciruelas secas.** Ponga ciruelas secas en un cuenco y cúbralas con agua fría; remójelas toda la noche. Transfiera las ciruelas y su líquido a un cazo; añada más agua, si fuese necesario. Lleve a ebullición y cueza a fuego lento unos 10 minutos, hasta que estén blandas e hinchadas. Déjelas enfriar en su jugo.

2 **Preparar los kumquats.** Lave los kumquats y séquelos. Con un cuchillo afilado, corte transversalmente las frutas sin pelar, en rodajas delgadas y regulares. No las presione al cortarlas, ya que perderían demasiado zumo. Extraiga las pepitas con la punta del cuchillo.

3 **Deshuesar las ciruelas.** Vierta las ciruelas remojadas en un colador colocado sobre un cuenco. Reserve su líquido. Con un cuchillo pequeño y afilado, practique una incisión longitudinal en cada ciruela. Separe la pulpa *(arriba)* y extraiga el hueso.

4 **Escalfar los kumquats.** Vierta cantidades iguales del jugo reservado de las ciruelas y de zumo de naranja recién exprimido en una cacerola esmaltada. Añada miel y lleve el líquido a ebullición. Reduzca el fuego y añada las rodajas de kumquats *(arriba)*. Cueza a fuego lento unos 5 minutos, hasta que los kumquats se ablanden.

Una mezcla multicolor

1 **Escalfar las frutas grandes.** Pele, vacíe y deshuese peras, nectarinas y ciruelas *(p. 1219)*; reserve las pieles. Prepare un almíbar de azúcar medio *(receta, p. 1244)*. Escalfe cada vez un solo tipo de fruta; aquí, se agregan mitades de nectarinas a medias peras en un cuenco. Agregue las ciruelas al almíbar y lleve a ebullición.

2 **Escalfar las frutas pequeñas.** Agregue las frutas pequeñas, aquí cerezas deshuesadas *(p. 1220)* y uvas peladas *(p. 1240)*, al almíbar. Apenas hierva, apague el fuego. Saque las frutas a los pocos minutos y añádalas al cuenco. Fuera del fuego, sumerja brevemente unos arándanos en el almíbar. Añádalos a las frutas escalfadas.

3 **Terminar la compota.** Agregue las pieles de las frutas al líquido de cocción. Devuelva la cacerola al fuego y lleve a ebullición. Cueza a fuego lento unos 10 minutos. Cuele el almíbar para eliminar las pieles y viértalo sobre las frutas escalfadas. Adorne la compota con hojas de melisa si lo desea, y sírvala fría o caliente.

5 **Añadir las ciruelas.** Retire del fuego la cacerola de los kumquats y colóquela sobre una trébede. Agregue las ciruelas deshuesadas a los kumquats *(arriba)*. Remueva poco a poco para mezclar ambas frutas.

6 **Servir la compota.** Con una cuchara, vierta la compota tibia en cuencos individuales *(arriba)* y sírvala inmediatamente, acompañada, si lo desea, por crema de leche o crema inglesa *(p. 1222)*. Si lo prefiere, refrigere la compota 2 horas y sírvala fría.□

Albóndigas escalfadas con un relleno jugoso

Las frutas enteras y deshuesadas, envueltas en una pasta y escalfadas, constituyen un postre tan atractivo como sustancioso. Puede utilizar una amplia variedad de frutas; además de los albaricoques aquí empleados, las cerezas, las ciruelas, las ciruelas damascenas e incluso unos melocotones pequeños aportan una agradable nota de acidez.

Para las albóndigas de estas páginas *(receta p. 1278)*, se mezclan patatas crudas ralladas con sémola cocida para obtener una pasta de consistencia granulosa; las patatas también pueden blanquearse antes de rallarlas para obtener una pasta más fina, o bien puede sustituirla por harina *(recetas pp. 1288-1290)*. Escalfe las albóndigas por pequeñas cantidades.

Unos aderezos simples aportarán un contraste de texturas. Aquí, las albóndigas se pasan por pan rallado frito para obtener un acabado dorado, y se sirven con una salsa de albaricoques.

1 **Rallar las patatas.** Pele patatas de carne amarilla y sumérjalas en un cuenco con agua fría para que no se ennegrezcan al contacto con el aire. Utilizando la parte más gruesa de un rallador, ralle cada patata sobre otro cuenco de agua fría *(arriba)*.

2 **Escurrir el agua.** Una vez haya rallado todas las patatas, escúrralas en un colador. Vuélquelas sobre un lienzo de lino *(arriba)*. Envuelva las patatas con el lienzo y oprímalas cuidadosamente para que el exceso de humedad sea absorbido por la tela.

6 **Preparar los albaricoques.** Lave los albaricoques y séquelos. Abra parcialmente cada uno a lo largo del surco longitudinal. Extraiga el hueso con la punta de un cuchillo. Introduzca un terrón de azúcar en la cavidad, o si lo prefiere 1 almendra o frutos secos picados. Presione los bordes del albaricoque para juntarlo.

7 **Envolver la fruta.** Coloque 1 albaricoque en el centro de cada cuadrado de pasta y envuélvalo *(arriba)*. Dé a la pasta la forma de una albóndiga redonda y alise los pliegues. Haga rodar la albóndiga entre las palmas de las manos, para que los bordes de pasta queden completamente sellados.

8 **Escalfar las albóndigas.** Lleve a ebullición una cacerola de agua ligeramente salada y sumerja en ella 4 ó 5 albóndigas. Cuézalas a fuego lento, sin tapar, de 12 a 15 minutos. Cuando asciendan a la superficie, estarán cocidas. Con una espumadera, transfiéralas a una bandeja cubierta con un lienzo *(arriba)*; resérvelas al calor.

3 **Preparar la sémola.** Lleve a ebullición un cazo con leche a fuego lento y agregue sal y mantequilla. Cuando la mantequilla se haya derretido, vierta la sémola en la leche, en forma de lluvia. Cueza a fuego lento, removiendo hasta que la sémola haya absorbido toda la leche; retire el cazo del fuego.

4 **Preparar la pasta.** Transfiera las patatas ralladas del lienzo a un cuenco grande. Añada la sémola a las patatas. Cuando la sémola se haya enfriado lo suficiente para poderla tocar, amase ambos ingredientes con las manos *(arriba)* hasta conseguir una pasta homogénea.

5 **Cortar cuadrados de pasta.** Espolvoree con harina la superficie de trabajo; coloque la pasta encima. Extiéndala formando un rectángulo de unos 3 mm de grosor. Corte la pasta en cuadrados *(arriba)*; aquí, de unos 9 cm de lado para los albaricoques. Verifique que cada cuadrado tenga el tamaño suficiente para cubrir la fruta.

9 **Añadir el aderezo.** Derrita mantequilla en una sartén y espolvoréela con un poco de azúcar y miga de pan blanco. Saltee las migas en la mantequilla. Coloque las albóndigas en la sartén y remuévalas cuidadosamente entre dos cucharas de madera, para que cada una quede recubierta por una ligera capa de migas de pan doradas.

10 **Servir las albóndigas.** Para preparar la salsa de albaricoques, córtelos por la mitad y deshuéselos, cuézalos en un almíbar de azúcar *(receta, p. 1244)* hasta que estén tiernos y después escúrralos; reserve el líquido de cocción. Reduzca los albaricoques a puré *(p. 1221)*. Si lo desea, alargue el puré añadiéndole un poco del almíbar reservado, y aromatícelo con ron o un licor dulce. Cubra las albóndigas calientes con salsa de albaricoque *(arriba)*.□

Suflés miniatura en cáscaras de naranjas

La textura delicada y espumosa de un suflé es un medio perfecto para conservar los sabores de las frutas. Esencialmente, un suflé es una salsa aromatizada mezclada con claras de huevo batidas que le confieren su ligereza. Generalmente, la base de un suflé es una salsa espesada con harina, a la que se añaden cáscara rallada, puré de frutas o frutas frescas o confitadas *(recetas, p. 1283)*.

Los frutos agrios aportan sus sabores límpidos y acusados a los suflés. En el suflé de naranja aquí ilustrado *(receta, p. 1285)*, se agregan cáscara y licor de naranja a una base de yemas de huevo, azúcar, leche y harina, batida sobre el fuego y después enfriada antes de incorporar las claras. La mezcla se hornea y presenta dentro de cáscaras de naranjas vaciadas, pero también puede utilizar unos moldes pequeños. Proceda de la misma manera para preparar suflés de lima, limón o pomelo.

Las frutas que pueden reducirse a puré se incorporan fácilmente a una base de suflé, confiriéndole un sabor más pronunciado. Los plátanos y los albaricoques son apropiados para ello, pero también puede probar con las uvas espinas o las ciruelas. Para preparar un suflé de frutos secos, agregue a la base almendras o avellanas molidas, o bien *marrons glacés* picados.

Puede realzar el sabor de cualquier suflé de fruta añadiéndole un licor antes de incorporar las claras de huevo. El kirsch o el curaçao, por ejemplo, complementan el sabor de las fresas, el coñac se aviene con los arándanos americanos, y el ron con los plátanos. Si piensa agregar algún licor, prepare la base del suflé con una yema de huevo adicional, para que no quede demasiado claro.

Aunque los suflés tienen la reputación de presentar dificultades en su cocción, pocos serán los problemas si las claras de huevo están debidamente batidas. Para un suflé aromatizado con cáscara de fruta rallada, las claras estarán a punto cuando brillen y formen picos consistentes. Para un suflé aromatizado con un puré de fruta más sustancioso, deje de batir las claras cuando formen picos blandos. En cualquier caso, incorpore las claras de huevo a la base del suflé sin mezclar demasiado.

1 **Preparar las cáscaras de naranja.** Corte naranjas por la mitad a lo ancho. Con una cuchara, vacíe la pulpa *(arriba)*, dejando la parte blanca de la corteza. Procure no perforar las pieles. Reserve la pulpa para otro uso.

2 **Rallar la cáscara de naranja.** Ponga una vaina de vainilla en un cazo con leche y caliente ésta hasta que aparezcan pequeñas burbujas. Retírelo del fuego y entíbielo. Tamice harina sobre un cuenco. Ponga yemas de huevo y azúcar en un cuenco grande. Ralle sobre él la cáscara de naranja.

5 **Aromatizar con licor.** Añada 2 ó 3 cucharadas de licor a la base del suflé *(arriba)*; aquí, se utiliza Grand Marnier. Bata el licor con la mezcla y entibie ligeramente antes de agregar las claras de huevo. Precaliente el horno a 200°.

6 **Batir las claras.** Con unas varillas, bata las claras a punto de nieve. Agregue una cuarta parte de las claras a la mezcla del suflé; añada esta mezcla a las restantes. Levante las claras desde el fondo del cuenco hasta la superficie, e incorpórelas a la mezcla.

3 **Mezclar la base.** Bata los ingredientes en el cuenco hasta obtener una mezcla espesa y cremosa *(arriba).* Agregue la harina, removiendo. Retire la vainilla de la leche escaldada y agregue ésta a la mezcla. Bata para incorporar la leche y transfiera la mezcla a un cazo.

4 **Cocer la base del suflé.** Ponga el cazo a fuego medio y bata la mezcla hasta que esté por debajo del punto de ebullición *(arriba).* Al cabo de unos 2 minutos retírela del fuego; la base del suflé debe tener una consistencia homogénea.

7 **Llenar las cáscaras de naranja.** Ponga las cáscaras de naranja en una fuente de hornear; con una cuchara, llénelas con la mezcla de suflé *(izquierda).* Hornee los suflés unos 5 minutos, hasta que estén hinchados. Espolvoréelos con azúcar lustre y métalos en el horno 2 minutos, para dorarlos. Sirva inmediatamente.☐

Frutas enteras envueltas en una pasta dorada

Las manzanas y las peras son frutas ideales para hornearlas enteras, y resultan especialmente deliciosas acompañadas de un relleno dulce y envueltas en pasta. La pasta protege la textura de la fruta durante la cocción, mientras que el sabor dulce del relleno complementa la acidez natural de la fruta.

Para obtener una pasta crujiente y evitar que la carne se deshaga, seleccione las variedades más firmes y menos jugosas: peras Comice o Conference, por ejemplo, y manzanas Cox o reinetas. En la preparación de la derecha se rellenan unas manzanas reinetas con una mezcla de mantequilla ablandada, azúcar y canela *(receta, p. 1291)*. La miel, una confitura de ciruelas o de membrillos, o una mezcla de azúcar, canela y coñac, constituyen excelentes rellenos para la fruta.

En cuanto a la pasta, puede utilizar pasta quebrada, aquí enriquecida con huevo *(receta, p. 1277)*, semihojaldrada, o bien hojaldrada. Para que pueda extenderla fácilmente, prepárela de antemano y déjela reposar en un lugar fresco 30 minutos como mínimo. Mientras la pasta reposa, mezcle el relleno y vacíe las frutas. En el caso de las peras, puede deshuesar la fruta desde la base y dejar el tercio superior del corazón intacto, así como el rabillo. Si sus pieles son duras, pélelas; sin embargo, todas las variedades de manzana pueden dejarse con su piel, si lo desea. Si no pela las frutas, haga una incisión en su piel, alrededor del centro, para evitar que se resquebraje cuando la fruta se hornee.

La forma de la fruta determina la manera de cortar la pasta. Los cuadrados resultan más prácticos para envolver las peras, y para las manzanas son mejores los círculos. En cualquier caso, procure que los trozos de pasta tengan el tamaño suficiente para envolver la fruta por completo.

Pincelando la pasta ligeramente con huevo batido, leche o crema de leche, obtendrá una costra dorada. Si lo desea, puede espolvorear la fruta envuelta en pasta con un poco de azúcar y canela, antes de hornearla, o bien espolvorear la pasta con azúcar al momento de servirla.

1 **Combinar los ingredientes.** Tamice harina formando un montículo sobre una superficie de trabajo fría, y haga un hueco profundo en el centro. Ponga en el hueco mantequilla ablandada, agua, azúcar y 1 huevo entero. Con los dedos de una mano, mezcle estos ingredientes *(arriba, izquierda)*. Cuando estén ligeramente amalgamados, lleve la harina de los bordes hacia el interior y mezcle todos los ingredientes para obtener una pasta *(arriba, derecha)*.

5 **Cortar círculos pequeños.** Espolvoree los círculos de pasta con harina para evitar que se adhieran entre sí y déjelos aparte. Extienda la pasta restante. Con un cortador acanalado, corte círculos más pequeños de pasta *(arriba)* para tapar cada manzana.

6 **Rellenar las manzanas.** Con la punta de un cuchillo, practique una incisión circular en la piel de cada manzana, a media altura. Coloque cada fruta en el centro de un círculo de pasta y con una cuchara rellene la parte vaciada. Utilice un dedo para introducir el relleno en la manzana. Invierta las manzanas sobre la pasta.

2 Amasar la pasta. Utilizando ambas manos, amase la pasta hasta que tenga una consistencia homogénea y pueda formar una bola *(arriba).* Envuelva la bola de pasta en un lienzo en película de plástico y déjela reposar unos 30 minutos en la nevera o en un lugar fresco.

3 Preparar el relleno. Ponga en un cuenco mantequilla ablandada, azúcar y canela molida. Con una cuchara de madera, mezcle los ingredientes hasta obtener una crema firme.

4 Cortar la pasta. Lave manzanas y retire el corazón. Extienda la pasta dándole unos 3 mm de grosor. Invierta un platito sobre ella y, con un cuchillo afilado, corte a su alrededor para obtener un círculo de pasta para cada manzana.

7 Envolver las manzanas. Utilice ambas manos para encerrar cada fruta en un círculo de pasta. Pliegue la pasta, apretándola hacia arriba. Recorte el exceso de pasta y dé la vuelta a las manzanas. De uno en uno, pincele los círculos pequeños con agua y colóquelos, con el lado humedecido hacia abajo, sobre las manzanas.

8 Pincelar con huevo. Coloque las manzanas en una placa de hornear y pincélelas con huevo batido *(arriba).* Con una broqueta muy fina, haga un agujero a través del centro de cada círculo y la pasta que se encuentra debajo. Cueza las manzanas en el horno precalentado a 200° de 30 a 40 minutos, hasta que la pasta esté bien dorada.

9 Servir las manzanas. Retire las manzanas del horno, espolvoréelas con azúcar lustre *(arriba)* y sírvalas muy calientes. Agregue a cada porción una generosa cantidad de crema de leche espesa, o bien sírvalas con crema inglesa *(p. 1222).*☐

Ciruelas y pasas escondidas en una pasta

Las frutas horneadas en una pasta semilíquida se convierten en un budín de consistencia firme incrustado de jugosos bocados. Este método es apropiado para casi cualquier fruta, fresca o seca. En el sustancioso budín que aquí presentamos *(receta, p. 1287)*, unas ciruelas y unas pasas se remueven en una pasta semilíquida preparada con leche, huevos, azúcar y harina. Higos secos, pasas de Esmirna o albaricoques, son igualmente apropiados, aunque también puede emplear frutas frescas, tales como ciruelas deshuesadas o bien manzanas o peras muy troceadas y previamente salteadas en mantequilla, o ciruelas picadas.

Puede realzar la preparación remojando las frutas de antemano en coñac o en un licor de fruta adecuado, por ejemplo kirsch, Grand Marnier o calvados. Espolvoree las frutas frescas con azúcar para que rezumen sus jugos, después vierta el licor suficiente para cubrirlas y remójelas 1 hora. Las frutas secas deben remojarse varias horas para que absorban el líquido. Escurra las frutas para eliminar todo el líquido no absorbido, antes de agregarlas a la pasta, y vierta el líquido sobre la preparación justo antes de hornearla.

El budín debe hornearse en una fuente de porcelana, hierro colado o gres; estos materiales no conducirán el calor con demasiada rapidez, evitando con ello un exceso de cocción en los bordes de la pasta. Este postre es mejor tibio, por lo que conviene dejarlo enfriar ligeramente antes de servirlo.

1 **Preparar las pasas.** Coloque las pasas en un cazo, cúbralas con agua fría y ponga el recipiente a fuego medio. Lleve a ebullición y retire inmediatamente el cazo del fuego. Deje reposar las pasas 10 minutos en el agua y escúrralas en un colador colocado sobre un cuenco *(arriba)*.

2 **Macerar las frutas.** Corte ciruelas secas por la mitad y extraiga los huesos. Ponga las ciruelas y las pasas en un frasco que cierre herméticamente; aquí, uno para conservas. Vierta encima coñac o un licor de fruta, cierre herméticamente y macere las frutas varias horas. De vez en cuando, sacuda el frasco e inviértalo.

6 **Añadir la fruta.** Incorpore las ciruelas y pasas remojadas en licor a la pasta del budín. Remueva a fondo la mezcla con una cuchara de madera para distribuir uniformemente las frutas secas en la pasta.

7 **Transferir la pasta.** Precaliente el horno de 190 a 200°. Enmanteque generosamente una fuente refractaria poco honda. Con un cucharón, distribuya en ella la pasta y las frutas. Cuando haya transferido todas las frutas, vierta sobre ellas la pasta restante.

3 **Batir los huevos.** Ponga harina en un tamiz. Casque huevos en un cuenco grande. Agregue azúcar y 1 pizca de sal. Con una batidora de varillas, bata los huevos con el azúcar y la sal *(arriba).*

4 **Tamizar la harina.** Sin dejar de batir, tamice la harina, a pequeñas dosis, sobre la mezcla del cuenco *(arriba).* Siga batiendo hasta que la mezcla esté completamente homogénea y no tenga grumos.

5 **Verter la leche.** Ponga una vaina de vainilla en un cazo de leche. Caliente la leche hasta que aparezcan burbujas. Retire la leche del fuego, viértala, junto con la vainilla, en una jarra y déjela en infusión 15 minutos. Retire la vainilla, vierta la leche sobre la mezcla del cuenco y remueva hasta obtener una pasta fluida.

8 **Servir el budín.** Introduzca la fuente en el horno y hornee unos 20 minutos, hasta que la pasta se haya hinchado uniformemente y, al insertar en ella un palillo, éste salga limpio. Entibie el budín unos 15 minutos. Sírvalo directamente de la fuente, con crema de leche si lo prefiere.☐

Un budín de higos al vapor

Los sustanciosos budines a base de frutas secas incorporadas a una pasta y cocidos al vapor, son tradicionales en la cocina inglesa. El budín de Navidad, que contiene generosas cantidades de frutas secas y confitadas, es tal vez el ejemplo mejor conocido; el budín de higos aquí ilustrado es una versión más sencilla, realizada con higos secos *(receta, p. 1287)*. Puede usar otras muchas frutas mezcladas con aromatizantes algo ácidos, como la cáscara de limón o el jengibre.

La pasta para un budín de frutas al vapor contiene harina o miga de pan para dar volumen, levadura en polvo para el levado, y un agente humidificante como huevos o leche, azúcar y grasa, generalmente la grasa dura y blanca que rodea los riñones del buey y que puede comprarse fresca en la carnicería. Limpie la grasa de membranas y fibras antes de pasarla por un rallador. Con el transcurso de una cocción lenta y prolongada, la grasa se derrite y confiere al budín su textura húmeda.

El recipiente para el budín, tradicionalmente de porcelana esmaltada y refractario, debe enmantecarse generosamente. Para mayor seguridad, forre el fondo con papel sulfurizado *(fase 4)* o, si lo desea, úntelo con un poco de confitura o melaza. Además del molde, necesitará un lienzo humedecido para proteger la superficie del budín de salpicaduras mientras cuece al vapor.

Para la cocción al vapor, sumerja dos tercios del molde en agua hirviendo, para rodear el budín con un calor húmedo. Parte del vapor pasará a través del lienzo protector, ayudando al budín a subir ligeramente e hinchando las frutas secas. Aunque el budín puede estar listo al cabo de 1 hora, una cocción más prolongada permitirá que los sabores se amalgamen con mayor plenitud. Durante la cocción, asegúrese de que el agua hierva sin cesar, y, si necesita elevar el nivel de la misma, emplee agua hirviendo.

La crema inglesa *(p. 1222)* forma un excelente acompañamiento para la densa y rica textura de un budín de frutas al vapor, pero también son buenas alternativas la crema de leche fresca o un almíbar de azúcar caliente *(p. 1231)*.

1 **Preparar la fruta.** Limpie los higos, aquí higos prensados dorados, con papel de cocina. Apriete entre los dedos la parte superior de cada higo, para romper y extraer el pedúnculo duro *(arriba)*. Para conseguir un budín de color más oscuro, emplee higos negros secos.

2 **Trocear los higos.** Con un cuchillo afilado, corte los higos en tiras de 1 cm de ancho. Reúna las tiras con una mano y corte a través de las mismas para obtener trozos groseramente picados *(arriba)*.

6 **Sellar el budín.** Espolvoree con harina un lienzo humedecido y póngalo sobre el budín, con el lado enharinado hacia abajo. Haga un pliegue en la tela para que el budín pueda hincharse, y después, ate el lienzo con un bramante por debajo del borde del molde *(arriba, izquierda)*. Ate dos esquinas opuestas del lienzo sobre el molde *(arriba, derecha)*. Ate las otras dos esquinas sobre el primer nudo, formando un asa práctica para levantar el molde.

3 **Reunir los ingredientes.** Ponga los higos troceados en un cuenco grande, con harina, levadura, sal, azúcar, miga de pan fresca y 1 pizca de nuez moscada. Agregue grasa de riñón de buey rallada. Mezcle los ingredientes y añada huevo batido diluido en un poco de leche. Si la mezcla es demasiado espesa, añada leche.

4 **Engrasar el molde.** Con las yemas de los dedos, enmanteque generosamente el interior del molde *(arriba)*. Para que el desmoldeado sea más fácil, corte un círculo de papel sulfurizado y colóquelo en el fondo del molde.

5 **Llenar el molde.** Con una cuchara, transfiera la mezcla de budín al molde *(arriba)*. Puesto que el budín de higos sólo se hinchará muy ligeramente durante la cocción, puede llenar el molde hasta el borde.

7 **Cocer el budín al vapor.** Coloque el molde sobre una trébede en una cacerola con agua caliente *(arriba)*. Tape la cacerola y hierva 2 ½ horas. Levante el molde y retire el lienzo. Ponga un plato calentado sobre el molde e invierta ambos, sacudiéndolos ligeramente. Corte el budín en porciones y sírvalo inmediatamente.☐

Los suculentos buñuelos

Cuando se sumergen unos trozos de fruta en pasta para freír y seguidamente se fríen, el aceite caliente convierte la pasta en un envoltorio dorado. Antes de sumergir la fruta en la pasta, puede revestir una fruta de carne firme con una crema espesa aromatizada. Aquí, los trozos de piña se cubren primero con una *frangipane* (una mezcla de harina, leche, almendrados y pistachos), envolviéndolos después con una pasta para freír preparada con cerezas, tal como se ilustra en la preparación de la derecha *(receta, p. 1289)*.

Si bien el recubrimiento de *frangipane* sólo es apropiado para ciertas frutas, casi cualquier tipo de fruta, fresca o seca, puede freírse envuelta en una pasta. Las manzanas, las peras y los melocotones deben pelarse, vaciarse o deshuesarse según los casos *(pp. 1218-1220)*, y cortarse en trozos o rodajas, de modo que la fruta se cueza uniformemente. Los plátanos pueden cortarse por la mitad a lo largo, o bien en rodajas. Las bayas sólo necesitan enjuagarse. Las frutas secas, por ejemplo las ciruelas, deben remojarse previamente y luego deshuesarse. Todas las frutas previamente lavadas o remojadas, deben secarse a fondo antes de sumergirlas en la pasta.

Para conseguir buñuelos crujientes, es importante preparar una pasta bien ligera. Aquí se mezclan harina y yema de huevo con cerveza y un poco de agua *(recuadro, abajo)*. Para obtener un aroma diferente, puede emplear vino o bien añadir un poco de coñac. La pasta para freír debe prepararse de antemano, y dejarla reposar 1 hora a temperatura ambiente. Este período permite que el gluten de la harina pierda su elasticidad y la pasta se adhiera con mayor facilidad a las frutas. Para aligerar más la mezcla, incorpórele clara de huevo batida en el momento de emplearla.

Los buñuelos de fruta deben freírse en un aceite vegetal neutro, calentado a 190°. Si no dispone de un termómetro para freír, pruebe la temperatura dejando caer un poco de pasta en el aceite; si el aceite chisporrotea, está en su punto. Para mantener constante la temperatura del aceite y evitar que los buñuelos se peguen entre sí, fríalos por pequeñas cantidades.

1 **Combinar los ingredientes.** Vierta leche en un cazo, añada 1 vaina de vainilla y azúcar; lleve a ebullición. Deje enfriar. Tamice harina en otro cazo. Añádale 1 huevo entero y 1 yema y remueva cuidadosamente, hasta que se absorba la harina. Retire la vainilla y vierta la leche sobre la mezcla de harina, sin dejar de remover.

Pasta para freír aligerada con cerveza

1 **Añadir la cerveza.** Tamice harina en un cuenco y agregue sal y azúcar. Incorpore yema y reserve la clara. Vierta cerveza gradualmente y remueva hasta lograr una consistencia homogénea. Incorpore mantequilla derretida y agua, hasta que la pasta tenga la consistencia de la crema de leche espesa.

2 **Terminar la pasta.** Cubra la pasta con un plato y déjela reposar a temperatura ambiente 1 hora aproximadamente. En el momento de utilizarla, bata la clara reservada a punto de nieve. Incorpórela a la pasta.

5 **Recubrir la piña.** Enmanteque una fuente y, con una espátula metálica, extienda la mitad de la *frangipane* sobre la fuente. Coloque los trozos de piña en hileras sobre la *frangipane*, dejando entre ellos el espacio suficiente para que puedan separarse con facilidad. Apriete los trozos de piña sobre la *frangipane*.

2 **Cocer la mezcla.** Ponga el cazo a fuego medio y, sin dejar de remover, cueza la mezcla hasta que esté muy espesa; debe tener la consistencia de una pasta firme. Retire el cazo del fuego.

3 **Terminar la «frangipane».** Añada almendrados a la mezcla cocida, desmenuzándolos entre los dedos *(arriba)*. Corte mantequilla en dados y agréguelos a la mezcla, removiendo. Añada unos pistachos picados y remueva a fondo. Deje la mezcla en la nevera hasta que esté bien fría.

4 **Cortar la piña.** Con un cuchillo afilado, corte la parte superior y la inferior de una piña. Seccione la piña en rodajas de 1 cm de grosor. Corte la corteza exterior de cada rodaja. Corte luego las rodajas por la mitad y después en cuartos; elimine el corazón fibroso de cada cuarto *(arriba)*.

6 **Cubrir con «frangipane».** Extienda uniformemente la *frangipane* restante sobre los trozos de piña, dejando que asome un borde de cada trozo; a fin de facilitar su separación. Cubra la fuente y refrigere la piña 2 horas. Separe los trozos con una espátula metálica.

7 **Freír los buñuelos.** En una sartén honda, caliente de 5 a 7,5 cm de aceite, hasta que crepite al contacto con una gota de pasta. Sumerja cada trozo de piña en la pasta para freír *(recuadro, p. anterior)*, y después sumérjalo en el aceite *(arriba)*. Al cabo de unos 2 minutos, dé la vuelta a los buñuelos con un tenedor. Cuando estén uniformemente dorados y crujientes, transfiéralos sobre un papel de cocina para que se escurran. Espolvoréelos con azúcar y sírvalos *(recuadro)*.□

Los «marrons glacés»

Sustituyendo la humedad natural de ciertas frutas y frutos secos por azúcar, es posible conservarlos indefinidamente. Este proceso, que permite confitarlos, consiste en saturarlos gradualmente con almíbar de azúcar. Se requiere a la vez cuidado y paciencia, pero el resultado merece este esfuerzo. En la preparación de la derecha, se han confitado unas castañas y glaseado con almíbar para obtener los célebres *marrons glacés (receta, p. 1290).* Las almendras o avellanas verdes pueden confitarse igual que las castañas, así como una amplia gama de frutos.

Elija frutas maduras pero firmes; cerezas, albaricoques, piñas, ciruelas, higos, melocotones y peras se cuentan entre los más apropiados. Las bayas no son adecuadas, ya que se desharían en el almíbar. Pele y deshuese las frutas y corte las frutas grandes, como por ejemplo la piña, en trozos pequeños. Después, cueza a fuego lento la fruta en agua hasta que se ablande, y escúrrala. Las frutas pequeñas enteras deben pincharse repetidamente con un tenedor, para que el azúcar penetre en su pulpa.

Para confitar las frutas, debe proceder por etapas, ya que la pulpa de las frutas o frutos secos puede encogerse y endurecerse si se saturara de golpe en altas concentraciones de azúcar. Las castañas que aquí presentamos se pelan primero y se ablandan en agua por debajo del punto de ebullición. Después, se colocan en un almíbar de azúcar y se llevan a ebullición. El proceso de ebullición se repite dos veces más, a intervalos de 24 horas, y mediante cada hervor el almíbar se vuelve más concentrado. Entre un hervor y otro, las castañas maceran en el almíbar. Finalmente, se dejan escurrir y secar a temperatura ambiente. Pueden dejarse con su tonalidad mate, pero también puede glasearlas.

Puesto que las frutas tienen mayor contenido de agua y una carne más delicada que los frutos secos, deben confitarse más lentamente y durante un período más largo; hasta 14 días en algunos casos *(receta, p. 1280).*

1 **Preparar las castañas.** Seleccione las castañas, descartando todas las que estén estropeadas. Con un cuchillo pequeño y afilado, practique dos incisiones en forma de cruz en la parte redondeada de cada cáscara *(arriba).* Procure no cortar la pulpa de la castaña.

2 **Pelar las castañas.** Ponga las castañas en una cacerola con agua hirviendo durante unos 2 minutos. Sáquelas por pequeñas cantidades, con una espumadera. Utilizando un cuchillo afilado, o bien el índice y el pulgar, desprenda la cáscara exterior de cada castaña, y después la piel marrón interior.

5 **Terminar de confitar las castañas.** Al día siguiente, lleve el almíbar a ebullición con las castañas y retire la cacerola del fuego apenas rompa a hervir. Tape la cacerola y déjela reposar toda la noche. Repita este proceso al día siguiente, añadiendo de 6 a 8 gotas de extracto de vainilla antes de llevarlo a ebullición.

6 **Secar las castañas confitadas.** Retire las castañas del almíbar con una espumadera, y escúrralas sobre una rejilla metálica colocada sobre una bandeja *(arriba).* Deje las castañas confitadas en un lugar caliente y seco de 3 a 4 horas. Al secarse, las castañas pierden su tacto pegajoso y sus superficies adquieren un acabado mate.

3 **Ablandar las castañas.** Sumerja las castañas peladas en una cacerola grande, con agua fría. Caliente el agua poco a poco por debajo del punto de ebullición. Cueza las castañas a fuego lento, unos 15 minutos, hasta que se ablanden; sin que se deshagan. Para verificar la cocción, pinche la pulpa con una aguja o una broqueta muy fina *(arriba)*. Si se desliza dentro y sale con poca resistencia, las castañas están a punto.

4 **Escurrir las castañas.** Para evitar que las castañas se rompan, transfiéralas con una espumadera a un colador, para que se escurran *(arriba)*. Vierta el agua de cocción y utilice la misma cacerola para preparar un almíbar de azúcar. Lleve el almíbar a ebullición, añada entonces las castañas y lleve de nuevo a ebullición. Tan pronto como el almíbar hierva, retire la cacerola del fuego. Tápela y déjela en un lugar caliente toda una noche.

7 **Glasear las castañas.** Prepare un nuevo almíbar. Vierta un poco en un cuenco y mantenga el resto caliente. Hierva agua; sumerja cada castaña 20 segundos, y seguidamente en el almíbar. Colóquelas sobre una rejilla. A medida que el almíbar se enturbie, sustitúyalo por uno nuevo. Deje secar las castañas de 3 a 4 horas.

8 **Servir los «marron glacés».** Apenas estén secos, los *marrons glacés* pueden servirse; aquí, una fuente de cristal realza su brillante acabado dorado. Para conservar los *marrons glacés,* extiéndalos en capas entre hojas de papel sulfurizado, en una lata o recipiente que tape herméticamente, y guárdelos en un lugar bien seco. □

Un trío de texturas en una sola preparación

Ligados con ingredientes que cuajen al refrigerarse, los purés de fruta presentan una amplia gama de postres que varían considerablemente en su consistencia y textura, y oscilan desde preparaciones espumosas y ligeras que deben servirse con cuchara, hasta las más firmes, que permiten un buen moldeado *(recetas, pp.1282-1286).*

Para que los postres moldeados conserven sus formas al desmoldearlos, la mayoría llevan gelatina. La *mousse* de manzanas que aquí presentamos *(receta, p.1284)* se prepara como una crema bavaresa *(p. 1222);* pero en este caso la crema inglesa, después de haberle agregado gelatina, se liga con puré de manzanas *(p.1221)* antes de incorporarle crema de leche batida.

El cálculo del tiempo y la temperatura son esenciales cuando se emplea gelatina en una *mousse.* Cuando la gelatina entra en contacto con una mezcla fría cuaja inmediatamente, por esta razón la crema debe estar tibia. Una vez ligados el puré y la crema, la mezcla debe enfriarse hasta que esté a punto de cuajar, momento en que se incorpora la crema gelatinizada. Si la crema ha cuajado en exceso, puede ablandarla colocándola sobre un recipiente dispuesto sobre agua caliente y removiéndola 1 minuto.

Cualquier puré de frutas puede servir de base a una *mousse* de este tipo; albaricoques, frambuesas y ciruelas constituyen algunas de las muchas posibilidades existentes. En el caso de frutas que no se reducen a puré, como los agrios, unas yemas de huevo ligadas con el zumo de estas frutas y corteza finamente rallada, constituirán la base para la *mousse.*

Una *mousse* de fruta merece una decoración atractiva: por ejemplo, chocolate rallado, cáscara de frutas confitadas, frutos secos picados, o bien otras frutas, enteras o cortadas. Aquí, este aro de *mousse* de manzana se adorna con melocotones aromatizados con oporto y se rodea por una franja de salsa de albaricoque. Un adorno final de merengues esponjosos *(recuadro, derecha)* se aviene perfectamente con la textura de la *mousse.*

1 **Preparar los melocotones.** Pele los melocotones, pártalos por la mitad y extraiga los huesos. Prepare un almíbar de azúcar medio *(p. 1231).* Escalfe mitades de melocotón en el almíbar hasta que estén blandos. Sáquelos con una espumadera y transfiéralos a un cuenco. Vierta oporto *(arriba)* y déjelos macerar varias horas.

2 **Preparar la mezcla de manzanas.** Pele las manzanas y extraiga el corazón *(p. 1220);* córtelas en rodajas y dispóngalas en un recipiente con agua y un trozo de canela. Cuézalas a fuego medio. Retire la canela. Tamice las manzanas. Prepare una crema inglesa y agréguele gelatina *(p. 1222).* Incorpórela, removiendo, al puré.

Esponjosos merengues

1 **Tamizar azúcar.** En un cazo, caliente leche por debajo del punto de ebullición, con azúcar y vainilla. Deje enfriar 15 minutos. Añada 1 pizca de sal a unas claras de huevo y bátalas a punto de nieve; tamice sobre ellas azúcar lustre *(arriba),* batiendo. Retire la vainillla de la leche y caliente ésta a fuego lento.

2 **Escalfar los merengues.** Deje caer cucharaditas de la mezcla de claras de huevo en la leche, y escálfelas unos 4 minutos, dándoles la vuelta de vez en cuando. Con una cuchara perforada, transfiera los merengues *(arriba)* a un tamiz colocado sobre un cuenco, para que se escurran. Siga escalfando los merengues por tandas.

3 **Incorporar la crema batida.** Cuando la mezcla esté amalgamada, enfríela hasta que empiece a cuajar; remuévala frecuentemente. Mientras, bata crema de leche espesa hasta que forme picos blandos. Cuando la mezcla de crema inglesa haya adquirido la misma consistencia que la crema batida, incorpórele esta última.

4 **Llenar un molde.** Unte ligeramente el interior de un molde de anillo o savarín con aceite de almendras dulces o un aceite vegetal neutro, y después llénelo con la mezcla *(arriba)*. Para que se distribuya el contenido, golpee el fondo del molde sobre la superficie de trabajo. Enfríe la mezcla en la nevera 4 horas como mínimo.

5 **Preparar la salsa de albaricoques.** Cueza albaricoques *(p. 1220)* con un poco de agua. Escúrralos. Redúzcalos a puré a través de un tamiz y enfríe. Con una espumadera, transfiera los melocotones a una fuente. Añada al puré el oporto en que se maceraron los melocotones. Incorpore azúcar y, si lo desea, zumo de limón.

6 **Componer el postre.** Si lo desea, prepare merengues escalfados como guarnición *(recuadro)*. Cuando la *mousse* esté cuajada, se mostrará firme al tacto. Poco antes de servir, sumerja el fondo del molde en un recipiente con agua caliente. Invierta una fuente grande y redonda, enfriada, sobre el molde, déles la vuelta a ambos y levante el molde de la *mousse*. Disponga los melocotones en el centro del anillo de *mousse* y, con una cuchara, distribuya una franja de salsa de albaricoques alrededor del borde exterior *(arriba)*.

7 **Completar la decoración.** Recubra los melocotones con unas cucharadas de salsa de albaricoque, y transfiera el resto de la salsa a una salsera. Si lo desea puede servir el plato tal cual. Aquí, unos merengues escalfados, dispuestos sobre el reborde de salsa, aportan una decoración final al postre *(arriba)*.☐

El Diplomático: una composición elegante

Alternando una mezcla de frutas picadas con una crema untuosa, se obtiene un elegante postre moldeado. Las frutas confitadas constituyen un elemento apropiado para esta composición. En la preparación de la derecha, unas capas de crema bavaresa aromatizada con vainilla, bizcochos de soletilla remojados en licor, y pieles y frutas confitadas y finamente picadas se convierten en una obra maestra de la gran cocina, que es el Diplomático *(receta, p. 1286).*

El Diplomático debe su característica fundamental al delicioso contraste de la crema pálida y homogénea, al bizcocho blando y esponjoso, y a las frutas dulces y firmes. Utilizando la misma técnica de montaje, pero variando los ingredientes, puede obtener una amplia gama de postres diferentes. Puede utilizar fruta fresca, o fruta escalfada en almíbar de azúcar *(p. 1250),* e incluir una capa fina de frutos secos picados. La crema bavaresa puede colorearse y aromatizarse con un puré de frutas *(p. 1268);* pero para conseguir un efecto de bandas coloridas, puede aromatizar cada capa de crema con un tipo diferente de puré.

Los bizcochos de soletilla, ligeros y esponjosos, pueden comprarse hechos, pero es muy fácil hacerlos en casa *(recuadro, derecha; receta, p. 1276);* así su sabor y textura serán mejores. También puede preparar sus propias frutas y pieles confitadas *(recetas, pp. 1280 y 1281);* el proceso es prolongado, pero, una vez hechas, las frutas confitadas se conservan casi indefinidamente. Las frutas deben picarse finamente, y los bizcochos hornearse, enfriarse y remojarse en licor antes de preparar la bavaresa.

Para asegurarse de que este postre se desmolde fácilmente, elija un molde metálico de paredes delgadas y rectas.

La alta concentración de azúcar en la fruta confitada hace que este postre sea muy dulce. Para equilibrar su dulzor, sírvalo con un puré de frutas realzado con un licor.

1 **Picar las frutas confitadas.** Coloque frutas confitadas y glaseadas sobre la superficie de trabajo. Aquí, un surtido multicolor de albaricoques, higos verdes, piña, clementinas y cerezas, así como piel de naranja y de limón confitada. Sosteniendo la fruta firmemente con una mano, utilice un cuchillo afilado para picar cada fruta en dados pequeños *(arriba).* Cuando haya picado todas las frutas, mézclelas y resérvelas.

Bizcochos de soletilla ligeros

1 **Preparar una pasta esponjosa.** Bata yemas de huevo y azúcar hasta obtener una mezcla lisa pero espesa. Agregue gradualmente harina tamizada a la mezcla. Bata claras de huevo a punto de nieve. Incorpore una cuarta parte de las claras para aligerar la pasta; agregue poco a poco las claras restantes *(arriba).*

2 **Formar los bizcochos.** Con una cuchara, introduzca la mezcla en una manga pastelera provista de una boquilla lisa, y forme tiras sobre una placa de hornear enmantecada. Espolvoréela con azúcar refinado. Cueza en el horno a 170° unos 20 minutos. Transfiera los bizcochos a una rejilla metálica y déjelos enfriar.

2 **Verter la crema bavaresa.** Prepare los bizcochos de soletilla y déjelos enfriar. Vierta un poco de licor, aquí kirsch, sobre los bizcochos. Pincele un molde de carlota con un aceite vegetal neutro. Prepare una crema bavaresa aromatizada con vainilla *(p. 1222)*. Vierta una capa de crema en el fondo del molde.

3 **Intercalar las capas de ingredientes.** Coloque una capa de bizcochos de soletilla remojados en licor sobre la crema; si es necesario, recorte los bizcochos para formar una capa regular. Distribuya una capa delgada de frutas picadas sobre los bizcochos *(arriba, izquierda)*. Con la cuchara, vierta más crema sobre la fruta *(arriba, derecha)*. Coloque una segunda capa de bizcochos de soletilla y otra de fruta, y después llene el molde con crema. Refrigere en la nevera 4 horas como mínimo.

4 **Servir el Diplomático.** Pase un cuchillo alrededor del borde, para desprender el Diplomático. Sumerja brevemente el molde en agua caliente. Sostenga una fuente de servicio invertida sobre el molde, e invierta ambos a la vez. Extraiga el molde cuidadosamente. Adorne el Diplomático con fruta picada y sírvalo con una salsa de fruta acidulada: aquí, un puré de grosellas aromatizado con kirsch.☐

Un atractivo diseño para un postre moldeado

Además de conferir color y sabor a un postre moldeado, la fruta troceada y cuidadosamente distribuida puede servir para encamisar el propio molde. Al desmoldear el postre, el diseño formado por las frutas ofrecerá un efecto espectacular.

Puede utilizar una sola fruta, empleándola en cada elemento del postre. En la rosácea de naranja ilustrada en estas páginas *(receta, p. 1291),* unas rodajas finas de naranja se yuxtaponen con un aro de rodajas de actinidias o kiwis y encierran capas de crema pastelera aromatizada con naranja y de bizcocho.

Al preparar este postre, es una buena idea proceder a los preliminares de antemano. El bizcocho debe hornearse y dejarse enfriar para poderlo cortar fácilmente; la crema pastelera y el almíbar de azúcar empleado para humedecer el bizcocho pueden prepararse y aromatizarse también por anticipado.

La fruta que enfonda el molde debe cortarse en rodajas finas y regulares, para que éstas se adhieran a las paredes del molde y sigan sus curvas. El mejor molde para este postre es redondo y poco hondo; un molde de cristal ofrece la ventaja de mostrar qué aspecto tendrá el dibujo al desmoldear el pastel. Cubra el molde con aceite de almendras y azúcar refinado, lo que asegura que el postre pueda desmoldearse fácilmente, dando a la fruta un atractivo acabado glaseado.

Las capas de bizcocho deben encajar perfectamente en el molde enfondado; si fuese necesario, recórtelas para que se amolden. Para que la rosácea presente contornos firmes y claramente definidos al desmoldearla, puede, si lo desea, añadir a la crema pastelera un poco de gelatina disuelta; la cantidad no debe rebasar los 15 g, pues de lo contrario la crema quedaría demasiado espesa.

Cuando haya montado el postre, prénselo para comprimir las capas y para que queden compactas; refrigérelo a continuación varias horas. La rosácea estará en su mejor punto si la deja reposar en la nevera toda la noche antes de servirla; así adquirirá firmeza y sus aromas se amalgamarán por completo.

1 **Mezclar los huevos y el azúcar.** En un cuenco grande, bata juntos huevos y azúcar hasta que se mezclen ligeramente. Ponga un poco de agua caliente en una cacerola, colóquela a fuego lento y apoye el cuenco sobre ella. Bata la mezcla del cuenco con un movimiento rítmico *(arriba).*

2 **Conseguir la consistencia adecuada.** Al cabo de 5 a 10 minutos, la mezcla de huevos se habrá espesado formando una masa pálida; apague el fuego. Bata la mezcla hasta que haya triplicado su volumen y caiga de las varillas formando una cinta gruesa *(arriba),* cuente unos 20 minutos a mano y 10 minutos con una batidora eléctrica.

4 **Llenar el molde.** Enfonde un molde para bizcocho con papel sulfurizado. Vierta en él la pasta *(arriba).* Cueza el bizcocho en el horno precalentado a 180° de 35 a 40 minutos, hasta que esté esponjoso y empiece a encogerse junto a las paredes del molde. Desmoldéelo sobre una rejilla de alambre, retire el papel, y enfríelo.

5 **Preparar las naranjas.** Pele naranjas sin pepitas y córtelas en rodajas finas *(p. 1232).* Reserve las rodajas de mayor tamaño para decorar el molde; si lo desea, macérelas en Grand Marnier. Pique las rodajas restantes *(arriba),* póngalas en un cuenco y si lo desea, agregue un poco de licor de naranja: aquí Grand Marnier.

3 **Incorporar la harina y la mantequilla.** Derrita mantequilla en un cazo y enfríela. Tamice harina sobre la mezcla de huevo y azúcar *(arriba, izquierda).* Con una cuchara metálica, incorpore suavemente la harina; empezando desde el centro de la mezcla, pase la cuchara a lo largo del fondo del cuenco, y levántela junto a las paredes del mismo *(arriba, centro).* Vierta mantequilla derretida *(arriba, derecha)* e incorpórela, utilizando el mismo movimiento. Agregue, a pequeñas dosis, harina y mantequilla alternativamente, hasta que los ingredientes estén amalgamados.

6 **Preparar las actinidias.** Con un cuchillo pequeño y afilado, extraiga la piel rugosa parda de las actinidias *(p. 1219).* Tírela. Corte la fruta en rodajas de 3 mm de grosor *(arriba)* y resérvelas en un plato.

7 **Aromatizar la crema pastelera.** Prepare una crema pastelera *(p. 1223),* entíbiela y agréguele los trozos de naranja *(arriba).* Si lo desea, incorpore removiendo un poco de gelatina disuelta en agua caliente para que la crema pastelera quede más firme al refrigerarla. Agregue crema de leche batida; aquí, aromatizada con azúcar vainillado.

8 **Preparar el molde.** Pincele el interior de un molde de cristal con una capa regular de aceite de almendras dulces y espolvoréelo con azúcar refinado. Gire el molde para que el azúcar se adhiera regularmente a la superficie aceitada *(arriba).* Golpeando ligeramente las paredes del molde, haga caer el azúcar sobrante.▶

9 **Enfondar el molde.** Coloque una rodaja de naranja en el centro del molde. Rodéela con un círculo de rodajas de actinidia. Enfonde el resto del molde con rodajas de naranja: superpóngalas ligeramente y oprímalas contra las paredes del molde *(arriba)*, de modo que el conjunto quede firmemente sostenido por las frutas.

10 **Añadir una capa de crema pastelera.** Con una cuchara, llene el molde de crema pastelera hasta media altura *(arriba)*. Con una espátula metálica, extienda la crema pastelera formando una capa fina, rellene los intersticios entre las rodajas de frutas. Extienda la crema cuidadosamente para no desplazar las frutas.

13 **Añadir más crema pastelera.** Con una cuchara, agregue más crema pastelera *(arriba)*, extendiéndola de modo que forme una capa lisa que casi llene el molde. La distancia entre esta capa de crema y el borde del molde debe tener el mismo grosor que la capa restante de bizcocho. Si le sobra crema pastelera, puede guardarla en un recipiente tapado, en la nevera, varios días.

14 **Terminar la rosácea.** Recubra un lado del bizcocho restante con el almíbar y coloque el bizcocho, con el lado untado hacia abajo, sobre la capa de crema pastelera. Pincele la superficie que queda a la vista con almíbar *(arriba)*. Aplique sobre el postre un plato plano de un diámetro apenas inferior al del molde y coloque encima unos pesos; aquí de 2 kg en total.

11 **Partir el bizcocho.** Para asegurarse de que el bizcocho quede dividido en dos capas iguales, utilice un cuchillo largo de hoja serrada para marcar una línea continua alrededor del bizcocho. Después, siguiendo esta línea, corte el bizcocho por la mitad *(arriba)*.

12 **Aromatizar el bizcocho con almíbar.** Prepare un almíbar de azúcar medio *(receta, p. 1244)* y enfríelo ligeramente, colocando el cuenco que lo contiene en otro de mayor tamaño lleno de agua fría. Incorpore removiendo Grand Marnier y un poco de zumo de naranja al almíbar. Pincele con almíbar un lado de una de las capas de bizcocho y colóquela, con la parte pintada hacia abajo, en el molde. Pincele con más almíbar la otra cara del bizcocho.

15 **Desmoldear y servir.** Refrigere la rosácea 4 horas como mínimo, y retire luego los pesos y la fuente. Para desmoldear, invierta el molde sobre una fuente de servicio y levántelo cuidadosamente. Con un cuchillo largo y afilado, corte el pastel en porciones, cada una de las cuales debe contener una rodaja de actinidia. Retire cada porción con una paleta de postres.□

Recetas

Bizcocho

Para un bizcocho de 20 cm de diámetro	
Huevos	6
Azúcar	175 g
Harina	150 g
Mantequilla derretida y enfriada	90 g

Bata ligeramente los huevos y el azúcar en un cuenco. Coloque el cuenco sobre una cacerola de agua calentada por debajo del punto de ebullición; el cuenco debe encajar en los bordes de la cacerola, pero sin tocar el agua. Bata los huevos y el azúcar con una batidora de varillas o una batidora eléctrica, sobre fuego lento, hasta que la mezcla se convierta en una masa espesa, cremosa y pálida: de 5 a 10 minutos. Saque la cacerola del fuego y, sin retirar el cuenco, siga batiendo la mezcla hasta que su volumen se triplique y se desprenda de la batidora formando una cinta espesa: unos 20 minutos si emplea una batidora eléctrica. Con una cuchara metálica, agregue la harina a la mezcla de huevos, en dos o tres etapas, alternándola con la mantequilla derretida. Siga trabajando hasta que todos los ingredientes estén perfectamente amalgamados.

Vierta la pasta en 1 molde profundo enharinado o en 2 moldes para bizcocho enmantecados y espolvoreados con harina. Cueza en el horno precalentado a 180° de 35 a 40 minutos, si se trata de 1 bizcocho grueso, y de 20 a 25 minutos para 2 bizcochos más finos. El bizcocho estará a punto cuando su superficie esté elástica y los bordes hayan empezado a separarse de las paredes del recipiente. Coloque el molde sobre una rejilla metálica durante 5 minutos, y desmoldéelo para que se enfríe por completo.

Bizcochos de soletilla

Estos bizcochos pequeños y delgados se conservarán de 2 a 3 semanas en un recipiente que cierre herméticamente. Para aromatizarlos con naranja, añada 1 cucharada de cáscara de naranja finamente rallada a la mezcla de yemas de huevo y azúcar junto con la harina.

Para unos 30 bizcochos de soletilla	
Huevos grandes, yemas separadas de las claras	3
Azúcar refinado	90 g
Harina tamizada con 1 pizca de sal	75 g

Enmanteque tres placas de hornear, fórrelas con papel sulfurizado enmantecado, y espolvoréelas con harina. Precaliente el horno a 170°.

Ponga las yemas de huevo y el azúcar en un cuenco y bátalos hasta lograr una consistencia muy espesa; esto exigirá unos 5 minutos si utiliza una batidora eléctrica. Incorpore gradualmente la harina tamizada. Bata las claras de huevo hasta que formen picos blandos. Agregue una cuarta parte de las claras de huevo a la mezcla de yemas de huevo, para aligerarla, y después incorpore cuidadosamente las claras restantes.

Inserte una boquilla lisa de 1 cm de diámetro en una manga pastelera grande. Llene la manga con la mezcla de bizcocho y trace tiras de 10 cm de longitud sobre las placas de hornear preparadas, dejando un espacio de unos 5 cm entre éstas. Espolvoree ligeramente las tiras con azúcar refinado y cueza en el horno durante unos 20 minutos, hasta que los bizcochos de soletilla estén muy ligeramente dorados. Con una espátula transfiera cuidadosamente los bizcochos de soletilla a una rejilla metálica para que se enfríen.

Pasta semihojaldrada

Para unos 250 g	
Harina	125 g
Sal	
Mantequilla fría cortada en dados	125 g
Agua fría	2 a 3 cucharadas

Tamize la harina y 1 pizca de sal sobre un cuenco. Añada la mantequilla y córtela rápidamente sobre la harina con la ayuda de dos cuchillos de mesa, hasta que la mantequilla esté cortada en trozos del tamaño de guisantes. Vierta la mitad del agua y con un tenedor amalgámela rápidamente con la mezcla de harina y mantequilla. Agregue la suficiente cantidad del resto del agua para poder reunir la pasta con las manos, formando un bola firme. Envuélvala en película de plástico o papel parafinado y refrigérela 30 minutos, o resérvela en el congelador unos 15 minutos.

Saque la bola de pasta de la nevera o congelador y colóquela sobre una superficie fría espolvoreada con harina. Aplánela con el rodillo. Dé la vuelta a la pasta para asegurarse que ambos lados queden ligeramente enharinados, y extiéndala rápidamente formando un rectángulo de unos 30 cm de longitud y de 12 a 15 cm de ancho. Doble los dos extremos más estrechos para reunirlos en el centro, y después doble de nuevo para alinear entre sí los bordes doblados. Dé a la pasta un cuarto de vuelta y, siguiendo la dirección de los dobleces, extienda de nuevo la pasta formando un rectángulo; vuélvalo a doblar de la misma manera, envuélvalo en película de plástico y refrigérelo durante 30 minutos como mínimo, o resérvelo en el congelador 15 minutos. Repita este proceso dos o tres veces más antes de utilizar la pasta. Deje reposar siempre la pasta en la nevera o el congelador, entre estos procesos.

Pasta quebrada

Para precocer un fondo de tarta, extienda la pasta dándole de 3 a 5 mm de grosor y enfonde con ella un molde de tarta o un círculo para tartas. Corte un trozo de papel sulfurizado o de aluminio algo mayor que el molde o anillo y presiónelo contra la pasta. Llene este forro con guisantes, judías secas o arroz. Cueza en el horno precalentado a 180° unos 15 minutos, hasta que los bordes de la pasta adquieran un color dorado pálido. Retire el papel, o los guisantes o judías, y siga horneando 5 minutos más si desea obtener un fondo de tarta parcialmente precocido, o durante 15 minutos si quiere obtener un fondo presto a rellenarse.

Para unos 175 g	
Harina	125 g
Sal	
Mantequilla fría y cortada en dados	60 g
Agua fría	2 a 3 cucharadas

Tamice la harina con 1 pizca de sal sobre un cuenco. Añada la mantequilla. Frote la mantequilla y la harina con las yemas de los dedos, o corte la mantequilla sobre la harina con dos cuchillos, hasta que la mezcla adquiera una textura granulosa. Añada la mitad del agua y, con un tenedor, líguela rápidamente con la mezcla de harina y mantequilla. Vierta la cantidad suficiente del resto de agua para poder juntar la pasta formando una bola de consistencia firme. Envuelva la pasta en película de plástico y resérvela en la nevera 30 minutos, o bien póngala en el congelador durante 15 minutos antes de extenderla.

Pasta quebrada enriquecida

Para 850 g	
Harina	500 g
Azúcar refinado o azúcar lustre	2 cucharadas
Mantequilla ablandada	300 g
Huevo	1
Agua fría	2 a 3 cucharadas

Tamice la harina formando un montículo sobre una superficie de trabajo fría. Haga un hueco en el centro y coloque en él azúcar, mantequilla, el huevo y agua. Con los dedos de una mano, pellizce todos estos ingredientes hasta ligarlos ligeramente. Con ambas manos, lleve hacia el centro la harina de los extremos del montículo y mezcle todos los ingredientes para obtener una pasta. Amásela hasta obtener una consistencia homogénea y flexible y después forme con ella una bola; envuélvala en un lienzo o en película de plástico. Refrigere la pasta en la nevera o en un lugar fresco 30 minutos como mínimo, antes de extenderla.

Pasta para freír

La consistencia de esta pasta puede variar aumentando o reduciendo la proporción entre líquido y harina. Una pasta más líquida dará en la cocción un resultado más ligero y crujiente, pero parte de ella se perderá en la fritura; una pasta más espesa se adhiere mejor, pero es más pegajosa. La cerveza y el coñac pueden sustituirse por más agua.

Para unos 30 cl

Harina	125 g
Sal	
Azúcar refinado (opcional)	1 cucharadita
Mantequilla derretida	30 g
Cerveza	4 cucharadas
Agua tibia	15 cl
Coñac (opcional)	1 cucharada
Clara de huevo grande, batida a punto de nieve	1

Tamice la harina con 1 pizca de sal y el azúcar, si lo utiliza, sobre un cuenco grande. Haga un hueco en el centro de la harina y añada la mantequilla derretida, la cerveza y el agua. Bata la mezcla trabajando desde el centro hacia fuera, el tiempo necesario hasta que obtenga una pasta homogénea. Si lo desea, agregue un poco de coñac batiendo. Deje reposar la pasta tapada y en un sitio caliente durante 1 hora aproximadamente. En el momento de utilizarla, incorpore la clara de huevo batida.

Albóndigas de fruta

Estas albóndigas pueden hacerse con ciruelas, albaricoques, cerezas o melocotones. Para preparar las ciruelas y albaricoques, divida cada fruta a lo largo del surco que hay en sus «mejillas», para abrirla, pero no la corte totalmente por la mitad. Extraiga el hueso con la punta de un cuchillo afilado y coloque en la cavidad un terrón de azúcar. Vuelva a cerrar la fruta. Las cerezas deben deshuesarse y utilizarse en grupos de dos o tres para formar una albóndiga. Parta por la mitad o cuartee los melocotones y extraiga sus huesos. Sirva las albóndigas con un poco de mantequilla derretida, o con una salsa de frutas caliente *(receta, p. siguiente)*.

Para 4 ó 5 personas

Ciruelas o albaricoques (o 16 a 20 cerezas, o 4 melocotones) preparados	8 a 10

Pasta de patata cruda

Patatas de carne amarilla	750 g
Leche	25 cl
Sal	1 cucharadita
Mantequilla	30 g
Sémola	60 g

Guarnición

Pan rallado blanco	60 g
Azúcar	60 g
Mantequilla derretida	60 g

Para la pasta de patata, ralle las patatas en un cuenco con agua fría. Escurra las patatas ralladas en un colador, y después extiéndalas sobre un lienzo. Envuelva las patatas con el lienzo y estruje éste para eliminar el exceso de agua. Lleve la leche a ebullición con la sal, añada la mantequilla y, cuando ésta se haya derretido, incorpore la sémola. Cueza esta mezcla a fuego lento y removiendo, hasta que la sémola forme una bola en el centro de la cacerola. Entibie la mezcla para poderla tocar, y a continuación incorpore a ella las patatas ralladas. Amase a fondo la pasta con las manos.

Extienda la pasta hasta darle 3 mm de grosor sobre una tabla enharinada. Con un cuchillo, córtela en cuadrados del tamaño suficiente para envolver una pieza de fruta. Envuelva cada fruta con la pasta y pince los bordes para soldarlos.

Escalfe las albóndigas por pequeñas cantidades en agua hirviendo ligeramente salada de 12 a 15 minutos, o hasta que las albóndigas asciendan a la superficie. Retire las albóndigas y escúrralas. Resérvelas al calor mientras escalfa las restantes.

Mezcle el pan rallado con el azúcar y mantequillla derretida en una cacerola y remueva cuidadosamente las albóndigas a fuego lento hasta que se doren.

Almíbar de frambuesas

Con esta receta obtendrá un almíbar de consistencia media; la adición de más o menos azúcar proporcionará un almíbar más denso o ligero. Puede utilizar cualquier fruta blanda para preparar un almíbar siguiendo este método.

Para unos 60 cl

Frambuesas maduras	1 kg
Azúcar	unos 500 g

Ponga las frambuesas en un cuenco y aplástelas con una mano de mortero de base ancha hasta obtener un puré espeso. Tape el cuenco y déjelo reposar toda la noche en un lugar fresco. Forre un tamiz con una capa de muselina y colóquelo sobre un cuenco. Pase el puré de frambuesas por el tamiz, removiéndolo con una cuchara de madera. Reúna las cuatro esquinas de la muselina y retuerza ésta para extraer todo el zumo posible del puré. Mida el jugo y agregue 500 g de azúcar por cada 30 cl de jugo. Vierta la mezcla en un cazo y coloque éste a fuego lento. Remueva la mezcla cuidadosamente hasta que el azúcar se haya disuelto. Sumerja un pincel en agua caliente y páselo por las paredes del cazo para disolver todos los cristales que puedan haberse formado en ellos. Avive el fuego y lleve la mezcla a ebullición. Reduzca el fuego y coloque la mitad del cazo fuera del mismo. Elimine la espuma que se forma en la parte más fría del recipiente y repita esta operación hasta que no se forme más espuma: en total unos 10 minutos. Retire el cazo del fuego y deje reposar el almíbar hasta que se enfríe.

Ponga un embudo en una botella limpia y seca y vierta el almíbar frío a través de él, hasta dejar el espacio justo para el tapón. Tape la botella herméticamente y guarde el almíbar en un lugar fresco.

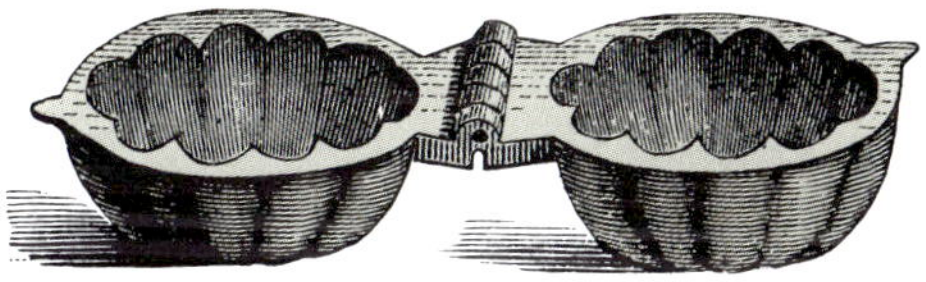

Merengues

Para unos 30	
Claras de huevo	6
Azúcar refinado	275 g

Bata las claras de huevo hasta que formen picos blandos. Espolvoree un poco de azúcar sobre las claras batidas y siga batiendo. Siga añadiendo azúcar lentamente y sin dejar de batir, hasta que todo el azúcar se haya incorporado y la mezcla esté a punto de nieve. Con una manga o una cuchara, deposite pequeñas cantidades de la mezcla sobre una placa de hornear forrada con papel sulfurizado, y cueza los merengues en la parte inferior del horno precalentado a 50° durante 3 horas como mínimo, hasta que estén completamente secos. Enfríe los merengues por completo antes de retirarlos del papel sulfurizado.

Merengues de avellana. Prepare el merengue tal como se ha indicado. Añada gradualmente 500 g de avellanas picadas, incorporándolas uniformemente a la mezcla. Dé forma a los merengues y hornéelos tal como se ha indicado.

Salsa de frutas

Esta salsa puede hacerse con albaricoques o ciruelas partidos por la mitad y deshuesados, cerezas deshuesadas, o grosellas negras o rojas. Puede añadirle oporto o un licor apropiado.

Para unos 45 cl	
Frutas preparadas	500 g
Almíbar de azúcar	15 cl

Ponga la fruta en una cacerola con el almíbar. Escálfela unos 5 minutos, hasta que esté tierna y seguidamente pásela por un tamiz de nilón colocado sobre un cuenco. Reserve el líquido del escalfado. Pase la fruta a través del tamiz y emplee el líquido del escalfado para alargar el puré resultante hasta darle la consistencia requerida. Si desea servir la salsa caliente, transfiérala a una cacerola limpia y caliéntela. Para servirla fría, déjela enfriar por completo y después refrigérela hasta que llegue el momento de utilizarla.

Leche de coco

Cuanto menos agua utilice, más espesa será la leche de coco.

Para 25 cl	
Coco	1
Agua caliente	

Extraiga la corteza fibrosa de la superficie del coco y, con una broqueta, perfore las tres muescas situadas en la parte superior. Invierta el coco sobre un cuenco y deje caer su líquido a través de los agujeros. Reserve el líquido. Coloque el coco sobre una superficie dura. Sosténgalo firmemente por un extremo y déle unos golpes secos con un martillo, hasta quebrar la corteza exterior. Rompa el coco en varios trozos, con el martillo. Con un cuchillo afilado, extraiga la pulpa y pele la piel marrón. Ralle groseramente los trozos de coco con un rallador o bien en un robot eléctrico. Añada el coco rallado al cuenco que contiene la leche de coco. Vierta agua caliente sobre el coco rallado y su jugo hasta cubrirlos, y deje esta mezcla en reposo de 1 a 2 horas.

Forre un tamiz con una muselina humedecida y colóquelo sobre un cuenco limpio. Vierta el líquido y el coco rallado en el tamiz, por pequeñas cantidades, verificando que todo el líquido haya pasado a través del tamiz antes de añadir más. Reúna las cuatro esquinas de la muselina y estruje ésta fuertemente, para obtener el máximo posible de leche de coco. Tire la pulpa.

Piña confitada

Ciruelas, albaricoques, melocotones, cerezas, naranjas, manzanas y peras pueden confitarse de la misma forma. Las frutas deben estar maduras pero todavía firmes. No utilice frutas blandas como las fresas o las frambuesas, ya que se desintegrarían durante la prolongada maceración.

Las frutas grandes como las piñas y las naranjas, suelen pelarse y cortarse en trozos aptos para degustarlos con los dedos; las frutas más pequeñas se confitan enteras generalmente. Todas las frutas que se dejen intactas deben escalfarse brevemente en agua para que absorban fácilmente el azúcar. Las frutas de pulpa firme necesitan unos 15 minutos de cocción; las blandas 4 minutos como máximo. Se añade glucosa porque ésta es absorbida por la fruta con mayor facilidad que el azúcar solo, contribuyendo a evitar que las frutas queden arrugadas.

Piña grande	1
Azúcar	unos 750 g
Glucosa	unos 125 g

Con un cuchillo afilado, corte la parte superior y la base de la piña. Extraiga la corteza dura. Corte horizontalmente la piña en rodajas de 1 cm de grosor. Presione el centro de cada rodaja con un pequeño cortapastas métalico para eliminar el corazón fibroso.

Pese la fruta preparada y colóquela en una cacerola grande, de acero inoxidable o de cobre sin estañar. Por cada 500 g de fruta, añada 30 cl de agua. Coloque la cacerola a fuego medio y cueza la fruta hasta que empiece a ablandarse; unos 15 minutos. Coloque una rejilla de acero inoxidable sobre una bandeja. Saque la fruta con una espumadera y colóquela sobre la rejilla para que se escurra. Reserve el líquido de cocción.

Mida el líquido de cocción reservado, incluyendo el obtenido al escurrir la fruta, y por cada 30 cl obtenidos, calcule 175 g de azúcar o 125 g de glucosa y 60 g de azúcar. Ponga el azúcar en la cacerola con el líquido de cocción, y añada la glucosa si la utiliza. Disponga la cacerola a fuego medio y remueva regularmente hasta que el azúcar se disuelva.

Ponga la fruta escurrida en una fuente grande poco honda que no sea metálica. Lleve el almíbar a ebullición y retire seguidamente la cacerola del fuego. Vierta el almíbar caliente sobre la fruta. Aplique una hoja de papel sulfurizado sobre la superficie del almíbar para mantener húmeda la fruta. Deje macerar la fruta durante 24 horas.

Al día siguiente, coloque la rejilla sobre la bandeja, como antes. Retire el papel de la fruta. Con una espumadera, saque la fruta del almíbar y colóquela sobre la rejilla para que se escurra. Vierta el almíbar en un jarro graduado y añada todo el almíbar que se haya escurrido de la fruta, por cada 30 cl de almíbar agregue 60 g de azúcar. Vierta el azúcar y el almíbar del jarro graduado en una cacerola de fondo grueso. Ponga la cacerola a fuego medio y lleve el almíbar a ebullición. Transfiera la fruta desde la rejilla a la fuente no metálica. Vierta el almíbar sobre la fruta. Tape la fuente con papel sulfurizado y déjela reposar otras 24 horas.

Cada uno de los 5 días siguientes repita el procedimiento de escurrir la fruta y macerarla en el almíbar cada vez más concentrado, añadiendo 60 g de azúcar por cada 30 cl de almíbar, y llevándolo a ebullición.

Al llegar el octavo día, añada 90 g de azúcar por cada 30 cl de almíbar. Hierva el almíbar y viértalo sobre la fruta; déjela reposar durante 48 horas. Al décimo día, añada 90 g de azúcar por cada 30 cl de almíbar. Lleve el almíbar a ebullición y viértalo sobre la fruta, como antes.

Cubra la fruta con papel sulfurizado y déjela reposar otros 4 días. Al llegar el decimocuarto día, con una espumadera retire la fruta del almíbar y deposítela en una rejilla de acero inoxidable colocada sobre una bandeja. Para secar la fruta, introduzca la bandeja en un horno tan sólo calentado por la luz piloto, durante 4 horas como mínimo, o bien en un lugar caliente y seco (la temperatura no debe rebasar los 48°) durante unos 3 días. La fruta estará a punto cuando ya no presente un tacto pegajoso. Corte las rodajas de piña confitada en segmentos de 3 cm.

Para dar a los segmentos de piña un acabado glaseado, lleve a ebullición una cacerola de agua y seguidamente retírela del fuego. En otra cacerola, prepare una nueva cantidad de almíbar a partir de 15 cl de agua y 500 g de azúcar. Vierta un poco del almíbar en un cuenco; cubra el resto del almíbar con un lienzo humedecido o una tapadera que ajuste perfectamente, y póngalo en un baño María para mantenerlo caliente. De uno en uno y con la ayuda de una espumadera, sumerja los segmentos de piña 1 segundo en el agua caliente para que se derritan sus superficies.

Escurra los trozos de fruta en una rejilla de acero inoxidable durante 1 ó 2 segundos. Seguidamente y siempre de uno en uno y utilizando una cuchara, sumérjalos rápidamente en el almíbar. Coloque la fruta en una rejilla para que se escurra. Cuando el almíbar del cuenco se enturbie, sustitúyalo por una nueva cantidad procedente de la cacerola del almíbar reservado. Deje reposar los segmentos de piña hasta que sus superficies se hayan secado; ya estarán a punto para servir.

Para conservar las frutas confitadas, altérnelas en capas entre hojas de papel sulfurizado en una caja o una lata que cierren herméticamente, y guarde el recipiente en un lugar seco. Las frutas se conservarán indefinidamente.

Pieles confitadas

Las pieles de los frutos agrios pueden confitarse tal como se hace con las frutas enteras *(receta, p. 1280)*, pero, debido a que contienen menos agua y absorben mejor el azúcar, pueden blanquearse simplemente para quitarles su sabor amargo y cocerse después a fuego lento en un almíbar durante 3 horas y secarse.

Las naranjas o pomelos empleados para preparar pieles confitadas deben lavarse a fondo, e incluso frotarse si fuese necesario. Las pieles confitadas de naranja y pomelo no deben guardarse en el mismo recipiente, ya que sus aromas podrían perjudicarse entre sí.

Naranjas o limones (o 1 pomelo), piel finamente rebanada	2
Azúcar	125 g
Glucosa	250 g
Agua	60 cl

Hierva agua en una cacerola y cueza la piel a fuego lento durante unos 3 minutos hasta ablandarla. Con una espumadera, transfiera la piel a un cuenco con agua fría. Repita este proceso dos veces más, cambiando el agua tanto en la cacerola como en el cuenco. Seguidamente, escurra la piel.

Mezcle el azúcar, la glucosa y el agua en una cacerola dispuesta a fuego medio. Remueva regularmente hasta que el azúcar se disuelva. Lleve el almíbar a ebullición, añada la piel escurrida y cuézala a fuego muy lento por debajo del punto de ebullición durante 3 horas. Con un tenedor, deposite la piel sobre una rejilla metálica colocada sobre una bandeja. Ponga la rejilla en el horno calentado tan sólo por la luz piloto, o en lugar caliente y seco; la piel se secará en unas 3 horas. Guarde la piel confitada en un frasco que cierre herméticamente; se conservará largo tiempo.

Compota de kumquats y ciruelas secas

Stewed kumquats and prunes

Para escalfar diferentes frutas consulte las explicaciones que se ofrecen en la p. 1252.
Este plato puede servirse frío o caliente.

Para 4 personas	
Kumquats cortados en rodajas y sin las semillas	6
Ciruelas secas	175 g
Miel	1 cucharada
Zumo de naranja	12 cl

Cubra las ciruelas secas con agua fría y remójelas toda la noche. Cueza las ciruelas a fuego lento en la misma agua en que se remojaron durante unos 10 minutos, hasta que estén blandas e hinchadas. Escúrralas, reserve su líquido de cocción, y deshuéselas.

Mezcle en una cacerola la miel, 12 cl de líquido de cocción de las ciruelas y el zumo de naranja. Lleve a ebullición y reduzca el fuego inmediatamente; agregue las rodajas de kumquats. Cueza unos 5 minutos, a fuego lento, retire la cacerola del fuego e incorpore las ciruelas removiendo.

FAYE MARTIN
RODALE'S NATURALLY DELICIOUS DESSERTS AND SNACKS

Peras al vino tinto

Poires au vin rouge

Para escalfar peras, consulte las explicaciones de la p. 1250. Este plato puede servirse frío o caliente; en el primer caso, puede prepararlo con varias horas de anticipación.
Los melocotones pueden cocerse del mismo modo.

Para 8 personas	
Peras con sus tallos, peladas y colocadas en agua acidulada con zumo de limón	8
Azúcar	150 g
Agua	25 cl
Canela en rama	2,5 cm
Vino tinto	12 cl

Hierva el agua con el azúcar y la canela 5 minutos. Reduzca el fuego y cueza las peras a fuego lento en el almíbar hasta que se ablanden, unos 40 minutos, procurando no cocerlas excesivamente. Unos minutos antes de que las peras estén cocidas, agregue el vino. Retire la canela, extraiga las peras con una espumadera y dispóngalas de pie en una fuente de servicio. Hierva el almíbar hasta que se espese y viértalo sobre las peras.

NIKA HAZELTON
THE CONTINENTAL FLAVOUR

Higos Villamiel

Para 8 personas

Higos secos	500 g
Nueces	250 g
Vino tinto	50 cl
Oporto	50 cl
Miel	175 g
Zumo de naranja	17 cl
Crema de leche espesa batida	25 cl

Haga una incisión longitudinal en cada higo y rellénelos con tantas nueces como puedan contener. Disponga los higos rellenos en una cacerola, con el vino, el oporto, la miel y el zumo de naranja, y cuézalos a fuego lento durante 1 hora aproximadamente. Cuando los higos estén cocidos, dispóngalos en una fuente de servicio y adórnelos con la crema de leche batida.

LUIS BETTONICA (REDACTOR)
COCINA REGIONAL ESPAÑOLA

Compota a la bilbaína

Para 6 personas

Melocotones secos remojados en agua durante toda la noche	50 g
Ciruelas secas remojadas en agua toda la noche	100 g
Higos secos remojados en agua 1 ½ horas	250 g
Pasas remojadas en agua 1 ½ horas	100 g
Manzanas grandes peladas, sin los corazones y cortadas en dados	3
Vino tinto	1 litro
Azúcar	250 g
Canela en rama	5 cm
Limón, cáscara finamente cortada	1

Escurra las frutas secas. Corte los melocotones en trozos grandes y deshuese las ciruelas, procurando no abrirlas mucho. Ponga toda la fruta seca en una cacerola honda, junto con el vino, el azúcar, la canela, la cáscara de limón y el agua suficiente para cubrirlas; lleve el líquido a ebullición.

Cuando la compota haya cocido 20 minutos a fuego lento, añada las manzanas. Prosiga la cocción lentamente hasta que toda la fruta esté bien cocida.

El líquido debe adquirir una consistencia almibarada. En caso contrario, retire la fruta, vuelva a poner el líquido sobre el fuego y redúzcalo hasta obtener la consistencia adecuada. Seguidamente, viértalo sobre la compota de frutas.

JUAN CABANÉ Y ALEJANDRO DOMÉNECH
NUESTRA MEJOR COCINA

Melocotones rellenos al horno

Punjene preskve

Las cidras son una fruta agria similar en su aspecto a los limones. Tienen una cáscara gruesa y aromática que se puede adquirir confitada en trozos, en pastelerías y tiendas especializadas en productos confitados.

Para 6 personas

Melocotones maduros y de carne firme, frotados con un lienzo para eliminar la pelusilla, cortados por la mitad y deshuesados	6
Almendras molidas	60 g
Azúcar refinado	90 g
Galletas semidulces trituradas o machacadas	5
Piel de cidra confitada, finamente picada	1 cucharada
Vino blanco	10 cl

Con una cuchara, extraiga parte de la carne de cada melocotón para dejar más espacio destinado al relleno. Reserve esta carne. Mezcle las almendras con 75 g de azúcar, las galletas, la piel de cidra confitada y la carne de melocotón reservada, añadiendo el vino necesario para conseguir una mezcla firme pero manejable. Divida esta mezcla en 12 porciones iguales y dé a cada una forma parecida a la de un hueso de melocotón, del tamaño suficiente para llenar la cavidad practicada en cada fruta. Rellene los melocotones con estas formas y disponga las mitades con la parte cortada hacia arriba, en una fuente refractaria bien enmantecada. Espolvoréelos con la mitad del azúcar y el vino restantes, y cuézalos en el centro del horno precalentado a 230° durante unos 15 minutos, hasta que se ablanden. A mitad del proceso de cocción saque la fuente del horno y rocíe de nuevo las frutas con el azúcar y el vino restantes. Cuando los melocotones estén cocidos, ponga la fuente sobre hielo o refrigérela. Sírvalos muy fríos.

SPASENIJA-PATA MARKOVIĆ (REDAC.)
VELIKI NARODNI KUVAR

Suflé caliente de uvas espinas

Hot gooseberry soufflé

Para preparar el puré de uvas espinas, ponga 125 g de éstas, 2 cucharadas de agua y un poco de azúcar en un cazo, tápelos y cueza a fuego lento unos 20 minutos, hasta que la fruta esté muy blanda. Si fuese necesario, tamice más azúcar y añádalo.

Para 4 personas	
Puré de uvas espinas espeso y endulzado	4 cucharadas
Mantequilla	90 g
Harina	60 g
Leche	30 cl
Huevos grandes, yemas separadas de las claras	3

Derrita la mantequilla en una cacerola a fuego lento. Al derretirse, incorpore removiendo la harina hasta obtener una mezcla homogénea y bien ligada, y después añada gradualmente la leche, sin dejar de remover, para que la mezcla se mantenga homogénea. Lleve a ebullición, siempre removiendo, y cueza 3 minutos. Agregue el puré y remueva hasta conseguir una mezcla amalgamada.

Bata las yemas de huevo hasta que blanqueen y agréguelas a la mezcla de uvas espinas. Bata las claras a punto de nieve (esto representa que puede colocar el recipiente que las contiene boca abajo, sin que se caigan) e incorpórelas poco a poco en la mezcla, empleando una cuchara metálica.

Aceite ligeramente un molde de suflé de paredes rectas y 1,25 l de capacidad. Ponga la mezcla en este molde y cueza en el centro del horno precalentado a 190° unos 45 minutos. Transcurrido este tiempo, el suflé debe tener un exterior crujiente, conservándose cremoso en el interior. Para lograr un resultado todavía más cremoso, deposite el molde en una cacerola y vierta en ella el agua caliente suficiente para cubrir en 5 cm las paredes de éste, y hornee el suflé tal como se ha explicado anteriormente. Recuerde que el suflé sólo conservará su mejor forma unos pocos minutos después de sacarlo del horno.

PAMELA WESTLAND
A TASTE OF THE COUNTRY

Suflé de manzanas

Almafelfújt

Para 6 personas	
Manzanas peladas y partidas por la mitad, sin los corazones	6 a 8
Azúcar	unos 200 g
Limón, cáscara rallada y zumo colado	1
Mantequilla	60 g
Harina	100 g
Leche	50 cl
Huevos, claras separadas de las yemas y éstas batidas	4
Pan rallado	30 g
Confitura de albaricoque	125 g
Pasas de Esmirna	unos 30 g
Canela molida	1 ó 2 cucharaditas

Cueza las mitades de manzana durante breves minutos en muy poca agua, con 30 g de azúcar y el zumo de limón, hasta que se ablanden pero conserven todavía cierta firmeza.

Derrita la mantequilla en un cazo a fuego lento, agregue la harina removiendo y vierta poco a poco la leche, removiendo continuamente hasta que la salsa quede bien ligada. Cueza de 1 a 2 minutos y, seguidamente, retire el cazo del fuego y déjelo enfriar ligeramente. Mezcle 150 g de azúcar con la cáscara de limón y las yemas de huevo. Bata las claras a punto de nieve e incorpórelas.

Enmanteque un molde de suflé de 1,25 l de capacidad, y revista el interior con el pan rallado. Disponga en él de 1 a 2,5 cm de la mezcla de salsa. Rellene los huecos dejados en las mitades de manzana por los corazones extraídos, con confitura de albaricoque y un par de pasas de Esmirna. Coloque las medias manzanas sobre la mezcla de salsa. Vierta encima el resto de la mezcla de salsa y cueza en el horno precalentado a 180° de 30 a 40 minutos. Mientras, mezcle el azúcar restante con canela al gusto y espolvoree el suflé con esta mezcla 10 minutos antes de finalizar la cocción. Introduzca de nuevo el recipiente en el horno, hasta que el suflé esté dorado y cuajado. Sirva el suflé en el mismo recipiente, o bien desmoldéelo y espolvoréelo con más azúcar y canela. También es bueno frío.

FRED MACNICOL
HUNGARIAN COOKERY

«Mousse» de manzanas con melocotones

Mousse de pommes aux pêches

Para preparar esta «mousse» de manzana con melocotones, consulte las explicaciones de la p. 1268.

Para 4 a 6 personas

Manzanas peladas, sin los corazones y cortadas en rodajas	500 g
Melocotones pelados, partidos por la mitad y deshuesados	3
Almíbar de azúcar medio *(p. 1244)*	30 cl
Oporto	12 cl
Canela en rama, o 1 pizca de canela molida	2,5 cm
Leche	50 cl
Vaina de vainilla o 1 cucharadita de extracto de vainilla	1
Azúcar refinado	150 g
Yemas de huevo	4
Gelatina en polvo, remojada en un poco de agua fría	1 cucharada
Crema de leche espesa	17 cl
Albaricoque	350 g
Limón, zumo colado (opcional)	½

Merengues

Claras de huevo	2
Sal	
Azúcar lustre	125 g

Escalfe los melocotones en el almíbar de azúcar. Cuando estén blandos, transfiéralos a un cuenco y vierta encima el oporto; macérelos varias horas.

Cueza las manzanas con 8 cl de agua y la canela en una cacerola a fuego medio, removiendo de vez en cuando, hasta que se ablanden pero sin que la cocción las reduzca a puré. Retire la canela, si la utiliza, y pase las manzanas a través de un tamiz colocado sobre un cuenco; reserve este puré de manzanas.

Escalde la leche con la vaina de vainilla y el azúcar refinado. Si utiliza extracto de vainilla, agréguelo después del escaldado. Retire la leche del fuego y déjela en infusión de 15 a 20 minutos. Para preparar el merengue, agregue 1 pizca de sal a las claras de huevo y bátalas a punto de nieve. Tamice sobre ellas el azúcar lustre y mezcle a fondo pero cuidadosamente.

Retire la vainilla de la leche escaldada y recaliente la leche, regulando el fuego hasta que el líquido esté por debajo del punto de ebullición. Deje caer cucharaditas de la mezcla de merengue en la leche, escalfando sólo unas cuantas a la vez, ya que se hinchan y no deben adherirse entre sí. Al cabo de 2 minutos, déles la vuelta cuidadosamente y escálfelas otros 2 minutos; transfiéralas a un tamiz de tambor y malla de nilón, puesto sobre un cuenco para recoger la leche que se escurra de ellos. Repita el proceso de escalfado hasta tener a punto todos los merengues, transfiriendo éstos a una fuente a medida que se escurran.

Para preparar la crema inglesa, mezcle la leche en la que se han escalfado los merengues con la procedente del escurrido de éstos. Bata las yemas de huevo en un cazo y viértalas lentamente en la leche, removiendo sin cesar. Cueza a fuego medio, removiendo constantemente con una cuchara de madera, hasta que la mezcla la revista. Mezcle la gelatina ablandada con 2 ó 3 cucharadas de la crema de leche y después añádala a la crema restante. Siga removiendo la crema a fuego medio unos segundos, para que la gelatina se disuelva por completo, pero no permita que la crema llegue a hervir. Mezcle la crema inglesa con el puré de manzana y refrigere esta mezcla sin dejar de vigilarla; cuando empiece a cuajarse, bata la crema de leche hasta conseguir una consistencia firme, pero no rígida, y seguidamente agréguela a la mezcla de manzanas.

Unte ligeramente un molde de savarin con aceite de almendras dulces o con un aceite vegetal neutro, llénelo con la mezcla, golpee dos o tres veces el fondo contra la mesa para que se distribuya bien el contenido, y refrigere en el congelador de la nevera o directamente sobre hielo picado, 4 horas como mínimo.

Cueza los albaricoques en 8 cl de agua durante unos 15 minutos, hasta que estén blandos. Páselos por un tamiz de malla de nilón. Retire los melocotones del oporto, resérvelos y agregue el oporto al puré de albaricoques. Pruebe y añada azúcar si fuese necesario. Agregue el zumo de limón, si lo utiliza.

Justo antes de servir, sumerja el molde en agua caliente durante 2 ó 3 segundos y vacíe la *mousse* en una fuente grande y redonda, previamente enfriada. Vierta un poco de salsa de albaricoques alrededor de la *mousse,* distribuyendo los merengues sobre esta franja de salsa; rellene la cavidad central de la *mousse* con los melocotones macerados, disimule éstos con unas cucharadas de salsa, y sirva el resto en una salsera.

RICHARD OLNEY
FRENCH MENU COOKBOOK

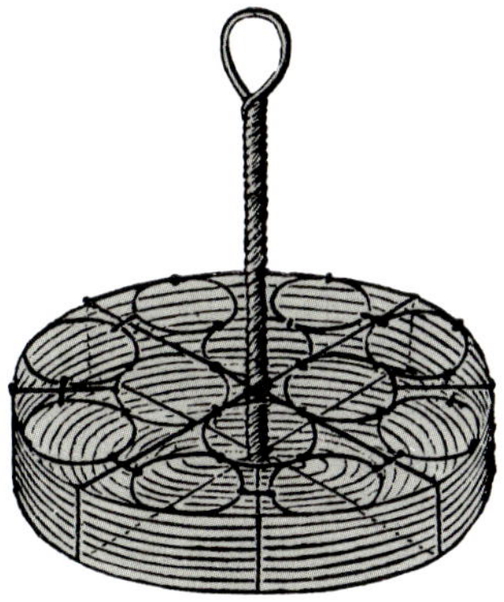

Suflé Rothschild

Soufflé Rothschild

Para este suflé puede utilizar cualquier selección de frutas de la estación.

Para 4 personas	
Melocotones pelados, deshuesados y cortados en trozos pequeños	2
Piña, pulpa cortada en trozos pequeños	½
Fresas partidas por la mitad	125 g
Kirsch	2 cucharadas
Azúcar lustre	unos 90 g
Yemas de huevo	4
Azúcar refinado	1 cucharada
Crema de leche espesa ligeramente batida	2 cucharadas
Claras de huevo	5

Enmanteque ligeramente un molde de suflé de 17 cm de diámetro. Ate una franja de papel sulfurizado alrededor de la parte superior del mismo. Vierta el kirsch sobre las frutas, y espolvoree ligeramente con parte del azúcar lustre. Ponga esta mezcla en el molde, formando una capa de 2,5 cm de grosor.

Bata a fondo las yemas de huevo con el azúcar refinado. Incorpore la crema de leche batida. Agregue 1 cucharada de las claras a la mezcla de yema, y después incorpore el resto. Transfiera esta mezcla al molde, espolvoree con un poco de azúcar lustre y ponga éste en el centro del horno precalentado a 190° por espacio de 15 a 20 minutos. Cuando el suflé haya aumentado de volumen y tenga un color dorado, espolvoree rápidamente la superficie con más azúcar lustre y devuélvalo brevemente al horno para caramelizarlo. Retire el papel sulfurizado y sírvalo inmediatamente.

ROSEMARY HUME Y MURIEL DOWNES
CORDON BLEU DESSERTS AND PUDDINGS

Naranjas suflé

Oranges soufflées

Para preparar estas naranjas, consulte las explicaciones de la p. 1256. En vez de aromatizar la base del suflé con extracto de vainilla, puede añadir una vaina de vainilla a la leche antes de escaldarla. Para evitar que la mezcla de huevos cueza excesivamente, no hierva la leche después de escaldarla; déjela enfriar un poco, extraiga la vainilla y seguidamente agregue la leche a los huevos. La pulpa de naranja puede aprovecharse para preparar una mousse o un sorbete.

La base del suflé puede prepararse con 3 a 4 horas de antelación. Pincele la superficie con mantequilla derretida para evitar la formación de una película y resérvela a temperatura ambiente. Media hora antes de servir el suflé, caliente a fondo la base, pero sin dejar que hierva.

Para 4 personas	
Naranjas navel grandes; 4 cortadas por la mitad a lo ancho, la cáscara de 1 rallada	5
Leche	25 cl
Yemas de huevo	3
Azúcar granulado	60 g
Harina	2 ½ cucharadas
Grand Marnier u otro licor de naranja	3 cucharadas
Extracto de vainilla	1 cucharadita
Claras de huevo	5
Azúcar lustre tamizado	2 cucharadas

Extraiga la pulpa de las mitades de naranja, sin perforar las cortezas. Para preparar la base del suflé, escalde primero la leche en una cacerola. Ponga las yemas, la cáscara de naranja rallada y la mitad del azúcar granulado en un cuenco, y bátalo todo hasta conseguir una mezcla espesa; incorpore removiendo la harina. Agregue batiendo la leche hirviendo y viértala en la cacerola. Lleve a ebullición y cueza luego a fuego lento durante 2 minutos batiendo constantemente. Retire la cacerola del fuego y agregue, removiendo, el licor de naranja y el extracto de vainilla.

Bata las claras de huevo a punto de nieve, agregue el azúcar granulado restante y siga batiendo hasta que las claras estén brillantes. Incorpore una cuarta parte de las claras a la mezcla de naranja, y después añada ésta a las claras restantes y trabaje la mezcla lo más ligeramente posible. Emplee una manga pastelera con una boquilla en forma de estrella para rellenar las mitades de naranja, o bien aplíqueles la mezcla con una cuchara. Cueza en el horno precalentado a 200° durante unos 5 minutos, hasta que los suflés estén hinchados y dorados. Espolvoree sus superficies con el azúcar lustre y hornee 2 minutos más. Sirva inmediatamente.

FAYE LEVY
LA VARENNE TOUR BOOK

Mont Blanc

The White Mountain

Para asar las castañas, practique una incisión en la parte superior de la cáscara con un cuchillo afilado, colóquelas sobre una placa de hornear y áselas en horno precalentado a 200° durante 20 minutos.

El autor desaconseja utilizar puré de castañas enlatado para este postre, ya que las castañas frescas aportan una considerable diferencia en su sabor.

Para 6 personas

Castañas hendidas, asadas, retiradas de sus cáscaras y peladas	500 g
Leche	unos 25 cl
Azúcar refinado	125 g
Chocolate rallado	125 g
Extracto de vainilla	
Huevo batido	1
Crema de leche espesa batida	15 cl

Ponga las castañas en una cacerola. Vierta en otra cacerola leche hasta cubrir las castañas. Caliente la leche lentamente y agregue el azúcar y el chocolate. Aromatice con unas gotas de extracto de vainilla. Vierta la leche sobre las castañas y cuézalas unos 20 minutos, hasta que se ablanden. A continuación, retírelas con una espumadera y hágalas pasar a través de un tamiz de malla gruesa. Dé forma cónica a las castañas tamizadas, en una fuente de servicio, y resérvelas 2 horas en la nevera.

Agregue la crema de leche al huevo y bata esta mezcla ligeramente. Seguidamente, saque el postre de la nevera y vierta encima la crema para recrear el Mont Blanc.

OSWELL BLAKESTON
COOKING WITH NUTS

Diplomático

Pouding diplomate

Para montar el budín Diplomático, consulte las explicaciones de la p. 1270; en la p. 1280 se da una receta para confitar varios tipos de fruta. La autora sugiere servir este budín con una salsa de frutas (receta, p. 1279) aromatizada con kirsch, o con una salsa de grosellas rojas aromatizada con curaçao.

Para 6 personas

Crema bávara o bavaresa *(p. 1227)*	60 cl
Bizcochos de soletilla *(p. 1276)* remojados en 8 cl de kirsch	250 g
Frutas confitadas variadas, cortadas en dados pequeños	125 g

Vierta una capa de crema bavaresa de unos 2 cm de grosor en un timbal o molde de carlota de 1 litro de capacidad, cúbrala con una capa de bizcochos de soletilla y, si fuese necesario, recorte éstos para que encajen en los intersticios. Deposite sobre los bizcochos una capa delgada de frutas confitadas. Cubra con más crema bavaresa, otra capa de bizcochos de soletilla y otra de frutas confitadas, y finalmente llene el molde con la crema bavaresa restante. Reserve en la nevera hasta el momento de servir. Desmoldee antes de servir.

ANN SERANNE
THE COMPLETE BOOK OF DESSERTS

Bavaresa con ciruelas al «armagnac»

Le bavarois aux pruneaux à l'armagnac

Tenga siempre en su despensa ciruelas secas deshuesadas de calidad, remojándose en un *armagnac* joven. No las hierva previamente, tenga también en cuenta que no pueden sobrepasar el nivel del *armagnac*. Remójelas en el *armagnac* durante 3 semanas.

Para 6 personas

Ciruelas secas remojadas en *armagnac*	250 g
Gelatina disuelta en 17 cl de agua caliente	30 g
Azúcar vainillado	100 g
Crema de leche espesa, batida	17 cl

Reduzca a puré la mitad de las ciruelas con el azúcar vainillado, y añádalas a la solución de gelatina. Mezcle e incorpore la crema de leche antes de que la gelatina empiece a cuajar. Vierta en un molde aceitado y después refrigere. Justo antes de servir, desmoldee la bavaresa sobre una fuente y adórnela con las ciruelas restantes.

ANDRÉ DAGUIN
LE NOUVEAU CUISINIER GASCON

Budín del Périgord

Flaugnarde

La técnica para elaborar el budín del Périgord aparece explicaca en la p. 1260. En vez de aromatizar la leche con extracto de vainilla, puede verterla en una cacerola con un poco de vainilla y calentarla muy suavemente hasta que aparezcan burbujas alrededor del borde de la cacerola; retírela entonces del fuego y deje la vainilla en infusión durante 15 minutos, antes de extraerla de la leche.

Para 6 personas

Pasas	60 g
Ciruelas secas	250 g
Coñac o aguardiente de ciruelas	12 cl
Azúcar	125 g
Huevos	4
Sal	
Harina	60 g
Leche	25 cl
Extracto de vainilla	½ cucharadita
Mantequilla	30 g

Cubra las pasas con agua fría, caliéntelas por debajo del punto de ebullición, retírelas del fuego y déjelas hinchadas durante 10 minutos; escúrralas sobre un tamiz. Corte las ciruelas por la mitad y deshuéselas. Alterne ciruelas y las uvas en un frasco de cristal provisto de una tapadera que cierre herméticamente, vierta encima el coñac o el aguardiente de ciruela y tape bien. Sacuda el frasco de vez en cuando, invirtiéndolo. Al cabo de 6 a 7 horas, el líquido habrá sido absorbido (unas horas más o menos no alteran el resultado).

Bata el azúcar con los huevos y 1 pizca de sal en un cuenco. Tamice encima la harina, poco a poco, sin dejar de remover con una batidora de varillas. Agregue la leche, el extracto de vainilla y el contenido del frasco; la pasta ha de quedar muy fina. Enmanteque generosamente una fuente de gratinar, transfiera con una cuchara la mayor parte de la pasta de ciruelas y pasas, y finalmente vierta encima el resto de la pasta. Cueza en el horno precalentado de 190 a 200° durante unos 20 minutos, hasta que la pasta se haya hinchado y dorado.

RICHARD OLNEY
FRENCH MENU COOKBOOK

Budín de higos

Fig pudding

Para preparar el budín de higos, consulte las explicaciones de la p. 1262. La autora recomienda servir el budín con crema inglesa (receta, p. 1226).

Para 6 personas

Higos secos picados	250 g
Harina	125 g
Grasa de riñón de buey, finamente picada	125 g
Miga de pan desmenuzada	125 g
Levadura en polvo	1 cucharadita
Azúcar refinado	125 g
Sal	
Nuez moscada rallada	
Huevos	2
Leche	unos 20 cl

Mezcle en un cuenco grande los higos, la harina, la grasa de riñón de buey, la miga de pan, la levadura en polvo, el azúcar y 1 pizca de sal y otra de nuez moscada. Bata los huevos con 15 cl de leche y agréguelos a la mezcla de higos. Añada más leche si fuese necesario, hasta que la mezcla tenga una consistencia bastante líquida.

Engrase un molde de budín de 1,25 l de capacidad; corte un círculo de papel sulfurizado del tamaño del fondo del molde, y colóquelo encima. Con una cuchara, transfiera la mezcla de budín al molde, con el lado enharinado hacia abajo. Pliegue el lienzo para que el budín leve durante la cocción, y ate el lienzo con un bramante por debajo del borde del molde. Coloque una trébede en una cacerola grande y deposite el budín encima. Vierta agua hirviente en la cacerola hasta sumergir el molde en sus dos tercios. Tape y cueza a fuego lento durante 2 ½ horas. Desmoldee el budín sobre una fuente y sírvalo caliente.

MRS. BEETON
MRS. BEETON'S ALL ABOUT COOKERY

Albóndigas con peras

Pear dumpling

Al envolver la fuente con una muselina, se ayuda a conservar la forma de la albóndiga y a mantener la fruta en la fuente, asimismo puede retirarse la fuente fácilmente una vez terminada la cocción.

Para 6 personas

Peras y ciruelas secas, remojadas toda la noche y escurridas	500 g de cada
Pan blanco seco	250 g
Harina	125 g
Levadura en polvo	½ cucharadita
Sal	¼ de cucharadita
Nuez moscada rallada	¼ de cucharadita
Canela molida	1 ½ cucharaditas
Grasa de riñón de buey rallada	90 g
Huevo batido	1
Azúcar moreno	250 g
Vino tinto	2 cucharadas

Saque la corteza del pan y rállela. Remoje el resto del pan en agua hasta que esté muy blando y después exprímalo. Tamice la harina, la levadura, la sal, la nuez moscada y la mitad de la canela sobre un cuenco. Añada el pan remojado, la corteza de pan rallada, la grasa de riñón y el huevo. Mezcle a fondo y después bata esta mezcla hasta que esté homogénea. Extiéndala y forme con ella una bola, colocándola seguidamente en una fuente refractaria redonda.

Disponga la fruta alrededor de la albóndiga y espolvoréela con el azúcar moreno y el resto de la canela, y rocíela con el vino tinto. Envuelva, sin apretar, la fuente con una muselina y póngala en una cacerola grande. Vierta agua fría hasta cubrirla, tape después herméticamente y lleve el agua a ebullición. Cueza durante 2 horas sin dejar que el agua pierda nunca el hervor. Saque la fuente con su contenido de la cacerola, retire la muselina y sirva la albóndiga y la fruta en la misma fuente en la que se cocieron.

MADELEINE MASSON
THE INTERNATIONAL WINE AND FOOD SOCIETY'S
GUIDE TO JEWISH COOKERY

Albóndigas de fruta a la polaca

Ciasto na pierogi

Estas albóndigas pueden rellenarse también con mermeladas espesas o frutas en conserva.

Para 4 personas

Arándanos americanos o cerezas deshuesadas, o manzanas peladas y picadas	500 g
Miga de pan desmenuzada	1 cucharada
Azúcar	1 cucharada
Mantequilla derretida	60 g
Crema de leche agria	

Pasta

Harina	350 g
Sal	
Huevo	1

Para preparar la pasta, tamice la harina con 1 pizca de sal sobre una tabla. Haga un hueco en el centro, casque en él el huevo y agregue unos 8 cl de agua tibia. Remueva hasta que toda la harina se haya incorporado y después amase hasta obtener una pasta homogénea y flexible, que no se adhiera a sus manos o a la tabla. Divida la pasta en cuatro partes y extienda cada una de ellas reduciendo su grosor al mínimo y guardándolas hasta el momento de utilizarlas en un cuenco cubierto con un lienzo húmedo, para que no se resequen. Con una taza o una copa, corte círculos de 5 a 6 cm de diámetro, sobre la pasta extendida.

Mezcle la fruta con el pan y el azúcar. Ponga un poco de mezcla de frutas en el centro de cada círculo, doble encima la masa para formar un semicírculo y apriete firmemente los bordes para que no se abran durante la cocción. Repita la operación hasta haber utilizado toda la pasta y la fruta. Llene una cacerola con una buena cantidad de agua ligeramente salada y llévela a ebullición. Agregue las albóndigas; cuando asciendan a la superficie, cuézalas de 4 a 5 minutos, sáquelas después con una espumadera y escúrralas. Dispóngalas en una fuente, vierta encima la mantequilla derretida y sírvalas con azúcar y crema de leche agria.

MARIE LEMNIS Y HENRYK VITRY
OLD POLISH TRADITIONS IN THE KITCHEN AND AT THE TABLE

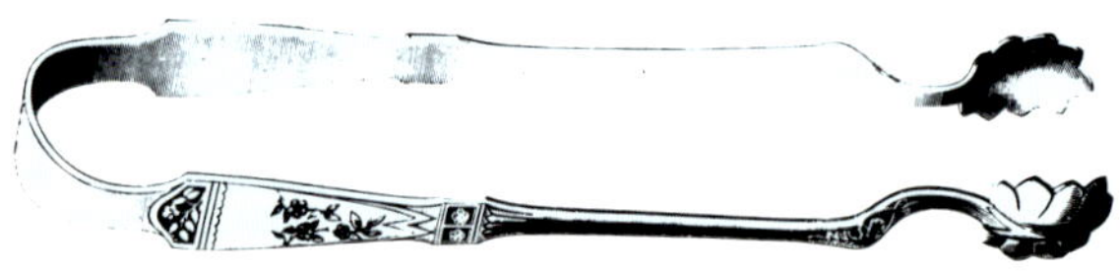

Buñuelos de piña a la «frangipane»

Beignets d'ananas à la frangipane

Para preparar los buñuelos de piña a la frangipane, *consulte la p. 1264. El autor recomienda dar a la pasta la consistencia de crema espesa, ya que con ello se obtienen unos buñuelos crujientes de textura delicada, aunque se producirá una mayor pérdida de pasta durante la fritura.*

La *frangipane* y la piña deben prepararse unas horas antes que la pasta, la cual debe prepararse 1 hora antes de la comida. La pasta debe descansar para perder su elasticidad y así recubrir adecuadamente la piña y la *frangipane.*

Para 4 personas	
Piña	½
Frangipane	
Leche	25 cl
Vaina de vainilla	1
Azúcar	3 cucharadas
Harina	40 g
Huevo	1
Yema de huevo	1
Almendrados secos	2
Mantequilla	2
Pistachos sumergidos en agua hirviendo, frotados con un lienzo para extraer las pieles y groseramente picados	1 cucharada
Pasta	
Harina	90 g
Sal	
Azúcar	1 cucharadita
Huevo, yema separada de la clara	1
Cerveza tibia	8 cl
Mantequilla derretida	30 g
Aceite para freír	

Para hacer la *frangipane,* lleve la leche a ebullición con la vainilla y déjela enfriar ligeramente. Tamice la harina sobre una cacerola, añada el huevo entero y la yema de huevo, y remueva con una cuchara de madera, manteniendo el movimiento en el centro, de modo que la harina sea absorbida gradualmente por el huevo. Retire la vainilla de la leche y viértala lentamente sobre la mezcla de harina y huevo, sin dejar de remover. Cueza a fuego medio, siempre removiendo vigorosamente, hasta que la mezcla se espese considerablemente. Retire del fuego, desmenuce los almendrados encima y añada la mantequilla y los pistachos picados, mezcle a fondo y deje enfriar.

Corte la piña en rodajas de 8 mm a 1 cm de grosor; corte cada una en cuartos, separe la corteza y extraiga el corazón fibroso. Enmanteque una fuente, extienda la mitad de la *frangipane,* disponga encima los trozos de piña formando hileras regulares, y cúbralos con la *frangipane* restante, de modo que cada trozo de piña quede bien revestido. Reserve en la nevera hasta el momento de necesitarlo.

Para hacer la pasta, ponga la harina con 1 pizca de sal y el azúcar en un cuenco, agregue la yema de huevo e incorpore removiendo la cerveza con 2 ó 3 intervalos. Remueva tan sólo hasta lograr una consistencia regular. No bata la pasta. Incorpore la mantequilla y agua suficiente, de 4 a 6 cucharadas, para conferirle la consistencia de una crema de leche espesa. Deje reposar la pasta, cubierta con un plato a temperatura ambiente hasta el momento de necesitarla. Antes de utilizarla, bata la clara de huevo a punto de nieve y agréguela poco a poco a la pasta.

Caliente el aceite; cuando chisporrotee al entrar en contacto con una gota de pasta, estará a punto. Con una espátula, corte cuidadosamente a través de la *frangipane* y levante cada trozo de piña revestido. Déjelos cocer de uno en uno, en la pasta, sáquelos y échelos en el aceite caliente. No fría demasiados a la vez. Déles la vuelta cuidadosamente, con las púas de un tenedor, y cuando estén dorados y crujientes por ambos lados, sáquelos con una espumadera. Escúrralos sobre papel absorbente y transfiéralos a una servilleta doblada sobre la que los servirá. Cuando todos estén fritos, espolvoree la superficie con azúcar refinado y sirva inmediatamente.

RICHARD OLNEY
FRENCH MENU COOKBOOK

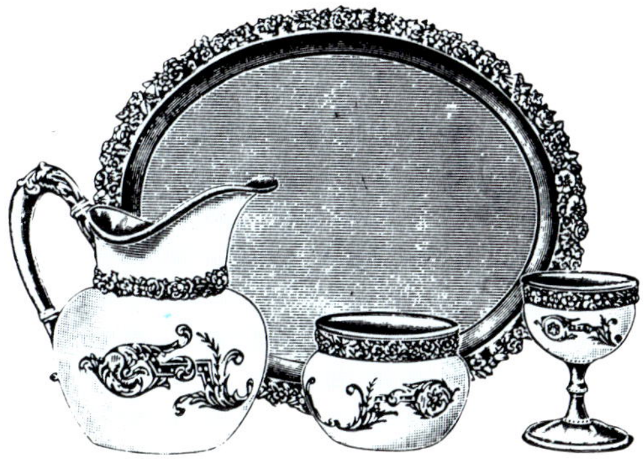

Albóndigas de manzana fritas

Fried apple dumplings

Para 4 personas	
Manzana ácida mediana pelada, sin el corazón y finamente picada	1
Pasas de Málaga y de Corinto	60 g de cada
Piel de limón confitada	30 g
Harina	250 g
Levadura de panadero (o 2 cucharaditas de levadura seca disuelta en 3 cucharadas de leche tibia)	15 g
Leche	15 cl
Limón, zumo colado	½
Aceite de oliva para freír	
Azúcar refinado	2 cucharadas

Ponga la harina en un cuenco grande y mezcle con ella la manzana, las pasas y la piel de limón confitada. Añada la levadura, leche y zumo de limón, y mezcle para obtener una pasta firme. Amásela unos 2 minutos y después déjela en un lugar caliente hasta que doble de volumen; aproximadamente 1 hora.

Caliente el aceite hasta que esté muy caliente (190°) y después deje caer cucharaditas de la pasta en él; fría unas 3 cucharaditas cada vez. Fría las albóndigas unos 3 minutos, hasta que estén bien doradas; escúrralas sobre papel absorbente, espolvoréelas con el azúcar y sírvalas inmediatamente.

ELIZABETH GILI
APPLE RECIPES FROM A TO Z

«Marrons glacés»

Para elaborar los marrons glacés, *consulte las explicaciones de la p.1266. Se utiliza glucosa o dextrosa porque las castañas las absorben más fácilmente que el azúcar solo, evitando que su carne se agriete.*

Para 1 kg	
Castañas	1 kg
Azúcar	1 kg
Glucosa o dextrosa	500 g
Extracto de vainilla	

Con un cuchillo pequeño y afilado, practique una incisión en forma de cruz en el lado redondeado de cada castaña, procurando no cortar la carne. Coloque las castañas unas pocas cada vez, en agua hirviendo y escáldelas de 2 a 2 ½ minutos. Retírelas con una espumadera y mientras todavía están calientes, pélelas cuidadosamente con un cuchillo afilado, retirando la cáscara dura exterior y también la piel marrón interior. Ponga las castañas peladas en una cacerola grande con agua fría, lleve el agua gradualmente por debajo del punto de ebullición y cueza a fuego muy lento unos 15 minutos, hasta que las castañas estén tiernas pero no deshechas. Escúrralas en un colador.

Prepare un almíbar de azúcar poniendo 500 g de azúcar, la glucosa o la dextrosa y 35 cl de agua en una cacerola del tamaño suficiente para contener las castañas. Lleve el almíbar a ebullición, agregue las castañas y lleve de nuevo a ebullición. Saque la cacerola del fuego, tápela y déjela en un lugar caliente toda la noche.

Al día siguiente, coloque la cacerola destapada a fuego medio, y lleve de nuevo el almíbar a ebullición. Retire la cacerola del fuego, tápela y déjela reposar toda la noche en un lugar caliente. Repita este proceso al tercer día, agregando de 6 a 8 gotas de extracto de vainilla antes de hervir el almíbar. Es probable que algunas castañas se desintegren. Los fragmentos deben ser confitados junto con las castañas enteras y, al final del proceso, se les puede dar la forma de bolas pequeñas que serán sustitutivos aceptables para las castañas enteras. Retire las castañas cuidadosamente, colóquelas sobre una rejilla metálica y déjelas secar de 3 a 4 horas. Para dar a las castañas un acabado glaseado, prepare otro almíbar de azúcar, disolviendo el resto del azúcar en 15 cl de agua y llevando a ebullición el almíbar. Caliente una taza o un cuenco pequeño enjuagándolo con agua caliente y luego vierta en él una pequeña cantidad de almíbar. Cubra el resto del almíbar con un lienzo húmedo o una tapa que ajuste, y colóquelo en un baño María para mantenerlo caliente. Con un tenedor o broqueta, sumerja cada castaña en agua hirviendo durante 20 segundos, y a continuación sumérjala rápidamente en el almíbar de la taza y colóquela sobre una rejilla. Apenas se enturbie el almíbar de la taza, sustitúyalo con una nueva cantidad procedente del reservado en el baño María.

Cuando haya bañado todas las castañas, la rejilla metálica que las contiene debe colocarse en lugar caliente, pero la temperatura no debe sobrepasar los 48°. Durante el secado, hay que dar la vuelta cuidadosamente a las castañas de modo que se sequen por ambos lados, lo que requiere unas 3 horas.

Guarde las castañas confitadas en un recipiente forrado con papel sulfurizado, herméticamente cerrado, o póngalas en frascos tapados con papel o un lienzo.

MINISTRY OF AGRICULTURE, FISHERIES AND FOOD
DOMESTIC PRESERVATION OF FRUIT AND VEGETABLES

Rosácea de naranja

Rosace à l'orange

Para preparar un bizcocho y montar este pastel, consulte las explicaciones de la p. 1272. Si antes de cortar las naranjas extrae la cáscara y la piel blanca, tal como se muestra en la p. 1232, el pastel no adquirirá ningún sabor amargo y no será necesario cocer las rodajas de naranja en almíbar de azúcar. Una de las naranjas puede sustituirse por 2 actinidias o kiwis pelados y cortados en rodajas finas.

Para obtener una preparación de consistencia algo más firme, puede añadir a la mezcla de crema pastelera 15 g de gelatina ablandada en un poco de agua tibia y derretida a fuego lento. El autor recomienda servir el pastel 48 horas después de montado.

Para 6 personas

Naranjas, 4 sin pelar y cortadas en rodajas finas, zumo de ½ naranja exprimido	4 ½
Agua	90 cl
Azúcar granulado	600 g
Crema pastelera *(p. 1227)*	30 cl
Crema de leche espesa aromatizada con ¾ de cucharadita de azúcar vainillado y batida a fondo	25 cl
Azúcar refinado	
Bizcocho *(p. 1276)*	1
Almíbar de azúcar medio *(p. 1244)*, aromatizado con 2 cucharadas de Grand Marnier	15 cl

Hierva el agua con el azúcar granulado; añada las rodajas de naranja y cueza a fuego lento durante 2 horas. Vierta las naranjas y el almíbar en un cuenco y déjelas reposar toda la noche. Escurra las rodajas de naranja, reserve la mitad para adornar el pastel y corte las restantes en trozos pequeños. Mezcle estos trozos con la crema pastelera y seguidamente incorpore cuidadosamente la crema de leche batida.

Unte con mantequilla o con aceite un molde circular de 22 cm de diámetro y espolvoréelo con azúcar refinado, moviendo el molde de modo que la superficie y las paredes queden revestidas de azúcar. Ponga una rodaja de naranja en el centro del molde y rodéela con más rodajas de naranja, procurando que cada una se superponga ligeramente a la contigua, y que las rodajas cubran las paredes del molde. Llene el molde hasta la mitad con la crema pastelera aromatizada con naranja. Con un cuchillo dentado, corte el bizcocho en dos capas.

Mezcle el zumo de naranja con el almíbar de azúcar aromatizado con licor. Pincele ambos lados de cada capa de bizcocho con este almíbar aromatizado. Coloque una capa sobre la crema pastelera, recortándola si fuese necesario para que encaje en el molde. Cubra esta capa con la restante crema pastelera y coloque encima la segunda capa de bizcocho. Ponga un plato sobre el pastel, haga presión sobre él y coloque un peso pequeño encima. Refrigere el pastel 2 horas como mínimo.

Antes de servir, retire el pastel de la nevera, saque el peso y el plato, sumerja la base del molde en agua caliente y coloque una fuente de servicio sobre el pastel y déles la vuelta a ambos para desmoldear el pastel.

GASTON LENÔTRE
FAÎTES VOTRE PÂTISSERIE COMME LENÔTRE

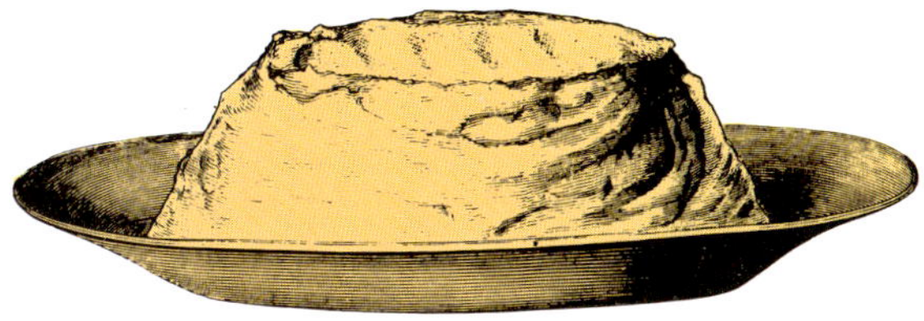

Manzanas envueltas en pasta horneadas

Douillon normand

Para hornear manzanas enteras envueltas en pasta, consulte las explicaciones de la p. 1258. Puede sustituir el relleno de esta receta por 4 cucharadas de miel, azúcar moreno o confitura.

Las manzanas pueden pelarse antes de envolverlas en la pasta. También pueden cocerse primero; en este caso para hornearlas envueltas en la pasta sólo necesitará 15 minutos.

Para 4 personas

Manzanas grandes firmes, sin los corazones	4
Mantequilla ablandada y batida con 30 g de azúcar y 1 pizca de canela	125 g
Pasta quebrada enriquecida *(p. 1277)*	500 g
Huevo, batido	1

Extienda la pasta dándole 3 mm de grosor. Seleccione un plato que, al utilizarlo como patrón, produzca un círculo de pasta lo suficientemente grande para incluir una manzana; corte 4 redondeles en la pasta con un cuchillo afilado. Utilice un cortapastas acanalado, para cortar pequeños círculos en la pasta restante. Haga una incisión circular alrededor del centro de las manzanas para evitar que se agrieten. Coloque cada manzana sobre un redondel de pasta y rellene su cavidad central con la mezcla de mantequilla y azúcar. Envuelva las manzanas con la pasta, pinte los círculos pequeños con un poco de agua y colóquelos sobre las manzanas. Disponga las manzanas en una placa de hornear, pincélelas con el huevo batido y con la punta de un cuchillo trace líneas a lo largo del costado de cada una. Cuézalas en el horno precalentado a 200° durante unos 30 minutos, hasta que se doren. Sírvalas muy calientes.

PROSPER MONTAGNÉ
NOUVEAU LAROUSSE GASTRONOMIQUE

3

Cocinar con frutas: platos salados

Combinaciones clásicas y afinidades inesperadas

Sopas calientes y frías

Utilización de frutas como recipientes

Transformación de frutos secos en salsas

Yuxtaposición de frutas y carne

La fruta puede formar parte de cualquier plato de una comida, en sopas y entradas, como guarnición y como constituyente sustancial de un plato principal; no es necesario confinarla al papel de un postre. La adaptabilidad de la fruta radica en el hecho de que combina perfectamente con muchos alimentos.

Las sopas de frutas, un pilar de la cocina en Europa central y Escandinavia, pueden prepararse a partir de diversos purés de frutas: por ejemplo melones, ciruelas, cerezas o manzanas *(p. 1294)*. Según la estación y las exigencias del menú, estas sopas pueden presentarse como una entrada caliente, o bien, muy frías, para empezar un refrescante menú estival.

Las frutas de buen tamaño y carne firme, como las peras o las papayas, se pueden vaciar fácilmente y convertirse en recipientes idóneos para diversos rellenos, y servirse como acompañamiento o incluso como plato principal *(p. 1296)*. También puede agregar frutas en la composición de rellenos para aves *(p. 1298)*, realzando el sabor de las mismas y contribuyendo a mantenerlas jugosas durante la cocción.

También los frutos secos constituyen un buen recurso para los platos salados. Añadidos a un relleno de fruta, aportan al mismo textura y carácter. Machacados hasta obtener una pasta homogénea, constituyen la base de algunas salsas *(p. 1300)*, que acompañan platos de pasta, carne o pescado. Las castañas cocidas y reducidas a puré son un acompañamiento delicioso para los platos de volatería y caza *(p. 1302)*.

Cuando la fruta se cuece como parte integrante de un plato de carne, lo que se busca es realzar tanto los sabores como crear una armonía general. Las ligeramente ácidas, como albaricoques, melocotones o granadas, ofrecen vivos contrastes de sabor cuando se sirven con carnes grasas como las del cerdo o el cordero. Las frutas secas, con sus sabores concentrados por el proceso de conservación, se acomodan a una amplia variedad de carnes: por ejemplo, la panceta fresca cocida con peras y manzanas *(p. anterior)*, o bien, en un clásico de la cocina regional francesa, el conejo braseado con ciruelas *(p. 1304)*. Las frutas de cierta acidez, como las uvas o las grosellas rojas, casan perfectamente con la caza pequeña de pluma *(p. 1308)*. Los agrios, naranjas o limones, por ejemplo, pueden pelarse y utilizarse para rellenar patos o pollos. La corteza y el zumo de las naranjas agrias, mezclados con el líquido de cocción reducido de un pato asado o braseado para obtener una salsa, impregnarán al ave *(p. 1306)*.

Una mezcla de peras secas y anillos de manzana, glaseada en un caramelo claro para acentuar su sabor, se agregan a la carne al iniciarse el braseado *(p. 1304)*. Humedecida con vino blanco, la fruta se cuece junto con la carne, aquí lonchas de panceta fresca, adquiriendo gradualmente parte de su sabor.

Las sopas: un equilibrio entre lo dulce y lo salado

Las sopas de fruta, servidas calientes o frías, son coloridas, refrescantes y de fácil elaboración. Puesto que casi cualquier fruta mezclada con un líquido dulce o salado dará como resultado una sopa, esta preparación puede hacerse en cualquier época del año.

El melón, debido a su sabor sutil, casa perfectamente con ingredientes de sabores discretos y se presta particularmente a una cocción lenta. Al contrario de la sandía, cualquier tipo de melón puede utilizarse para preparar una sopa. Aquí *(derecha; receta, p. 1310)*, unos dados de melón muscado se saltean en mantequilla para aromatizarlos, y después se cuecen a fuego lento en leche. El líquido aromatizado se cuela *(fase 3)* y a continuación se le agregan yema de huevo y crema de leche para ligarlo y espesarlo.

La preparación de casi todas las sopas de fruta comienza con la elaboración de un puré *(p. 1221)*. Las frutas blandas, como las bayas silvestres, se reducen a puré crudas; las de pulpa más firme deben cocerse a fuego lento para ablandarlas. Para obtener una sopa más espesa, incluya la pulpa tamizada; para una sopa más fluida, cuele la pulpa y utilice solamente el zumo.

En cuanto al líquido de base, déjese llevar por sus preferencias, orientándose por las características de la fruta. En la preparación de la derecha *(receta, p. 1313)*, el pronunciado sabor y color de los albaricoques, se realza con un vino tinto de cuerpo, aromatizado con canela. También puede utilizar caldo de buey o de caza, suero de mantequilla o yogur, para diluir una sopa *(recetas, pp. 1310 y 1312)*.

Diferentes ligazones permitirán modificar el gusto y la consistencia de una sopa de fruta; en la sopa de albaricoques, la tapioca remojada en agua hasta que empieza a hincharse y después cocida con los restantes ingredientes, agrega cuerpo. El arroz, la sémola y la miga de pan son otras ligazones adecuadas.

Los picatostes, un puñado de hierbas frescas picadas, frutos secos picados o trozos de fruta son otras tantas guarniciones atractivas para las sopas de frutas. Si lo prefiere, agregue simplemente un chorrito de crema de leche, o bien unas gotas de coñac, jerez o ron.

Melón con crema de leche y hierbas

1 **Preparar el melón.** Corte un melón, aquí muscado, por la mitad y extraiga las semillas *(p. 1220)*. Con un cuchillo afilado, corte el melón en segmentos y después corte por debajo de la pulpa *(arriba)*, para separar cada segmento de la corteza.

2 **Cocer en mantequilla.** Corte el melón en dados. Derrita mantequilla en una cacerola y agregue los dados, reservando algunos. Salpimiente, añada perifollo fresco picado y remueva de 3 a 4 minutos *(arriba)*. Hierva leche en otra cacerola, y viértala sobre los dados de melón. Lleve lentamente a ebullición y cueza 30 minutos.

Una sopa de albaricoques y vino tinto

1 **Reducir los albaricoques a puré.** Corte los albaricoques por la mitad y retire los huesos *(p. 1220)*. Póngalos en una cacerola con un trozo de canela y cúbralos con agua. Lleve a ebullición y cueza la fruta a fuego lento hasta que se ablande. Tamice los albaricoques sobre una cacerola *(arriba)*. Retire la canela y reserve el líquido de cocción.

2 **Verter el vino.** Añada vino tinto al puré de albaricoque *(arriba)* y vierta encima el líquido de cocción reservado. Si desea preparar una sopa dulce, añada azúcar al gusto. Coloque la cacerola a fuego lento.

3 Colar la mezcla. Retire la cacerola del fuego. Para colar la pulpa de melón cocida, vierta la mezcla por un tamiz de malla fina colocado sobre un cuenco. Extraiga el máximo sabor del melón apretando los residuos en el tamiz con una mano de mortero o una cuchara; también puede utilizar la pulpa de melón para dar cuerpo a la sopa.

4 Espesar la sopa. Vierta la sopa en una cacerola e incorpórele removiendo yema de huevo batida con crema de leche *(arriba).* Coloque la cacerola a fuego lento y caliente suavemente la sopa, sin dejar de remover, hasta que se espese ligeramente. No puede hervir, ya que la yema de huevo llegaría a coagularse.

5 Servir la sopa. Transfiera la sopa a una sopera o a tazas individuales y sírvala caliente, adornada como aquí con hojas de perifollo fresco y los dados de melón reservados, salteados en mantequilla. También puede servir la sopa fría, adornada con perifollo, menta o cebollinos, y dados de melón fresco.☐

3 Espesar la sopa. Vierta tapioca en un cuenco con un poco de agua fría. Cuando la tapioca haya empezado a hincharse y haya absorbido el agua, agréguela a la sopa sin dejar de remover. La mezcla no debe hervir, ya que perdería sabor. Cueza a fuego lento unos 30 minutos, hasta que la tapioca se torne transparente.

4 Servir la sopa de albaricoques. Transfiera la sopa a una sopera precalentada. Adorne las porciones individuales con cucharadas de crema de leche agria y unos picatostes *(arriba).* También puede dejar enfriar la sopa y reservarla en la nevera para enfriarla. Sírvala adornada con crema de leche agria, en una sopera previamente enfriada.☐

Rellenos exóticos o tradicionales para frutas vaciadas

Muchas frutas que tienen en su centro un hueso, un corazón o un grupo de semillas, pueden vaciarse fácilmente y convertirse en recipientes para rellenos salados.

Un gran número de ingredientes son apropiados para rellenar frutas. Carne cruda picada de ternera o cordero, pollo asado o hervido, o hígados de pollo salteados, son todos ellos excelentes opciones. También puede preparar el relleno a base de frutas secas, hortalizas aromáticas como la cebolla, o frutas secas. Las frutas muy perfumadas, como el membrillo, son apropiadas con rellenos de sabor discreto; las frutas dulces, como las papayas, se avienen con las mezclas especiadas. La única regla es que todos los ingredientes deben estar finamente picados.

En el plato ilustrado a la derecha *(receta, p. 1319)*, una especialidad del Caribe, las papayas, partidas por la mitad y extraídas sus semillas, se rellenan con una mezcla especiada de buey, y después se espolvorean con queso rallado, se hornean y se sirven con una salsa de tomate. Manzanas, peras y membrillos, vaciados y rellenados con carne de cordero y aromatizantes, son característicos de la cocina de Oriente Medio. En Inglaterra, las manzanas rellenas con salvia y cebollas *(abajo)* acompañan tradicionalmente la carne de cerdo asada o a la parrilla.

La preparación de las frutas dependerá del tipo utilizado. Las papayas se tornan muy blandas cuando están bien maduras. Puesto que las frutas para rellenar deben ser lo suficientemente firmes para conservar su forma, es mejor utilizarlas ligeramente verdes, peladas y blanqueadas para ablandarlas un poco antes de rellenarlas y hornearlas. Las frutas de carne firme no requieren blanqueado. Las manzanas y las peras pueden hornearse peladas o sin pelar, pero hay que pelar siempre los membrillos.

Cualquiera que sea la fruta utilizada, hornéela en una fuente refractaria bien enmantecada, y rocíela frecuentemente con mantequilla y sus jugos de cocción. En el caso de una fruta de carne firme, un poco de agua en la fuente mantendrá la fruta húmeda mientras se cuece.

Papayas rellenas

1 **Preparar la fruta.** Pele papayas no demasiado maduras *(p. 1218)*, córtelas por la mitad a lo largo y extraiga las semillas Sumerja las mitades de papaya en agua hirviendo salada y blanquéelas 10 minutos; durante este proceso, la carne adquirirá un color más oscuro. Saque las papayas *(arriba)*, escúrralas, y séquelas.

Manzanas rellenas con salvia y cebollas

1 **Vaciar las manzanas.** Envuelva en papel de aluminio 1 cebolla grande y cuézala en el horno precalentado a 180° durante 1 hora. Mientras, pele manzanas firmes, aquí reinetas, y extráigales el corazón *(p. 1220)*. Con un cuchillo, amplíe la cavidad central de cada manzana. Ponga las manzanas peladas en agua acidulada.

2 **Rellenar la fruta.** Pele y pique la cebolla horneada. Pique 1 hoja de salvia por manzana, y mezcle ambos ingredientes. Sazone la mezcla. Enmanteque una fuente refractaria y añada un poco de agua. Disponga en ella las manzanas y llene sus cavidades con la mezcla. Coloque sobre cada manzana unos trocitos de mantequilla.

3 **Hornear y servir.** Cueza las manzanas rellenas en el horno precalentado a 180° de 45 minutos a 1 hora, hasta que la fruta esté blanda. Sirva las manzanas calientes para acompañar carne de cerdo asada, o, como aquí, chuletas de cerdo a la parrilla.☐

2 Preparar el relleno. Pele tomates y píquelos. Extraiga las semillas de 1 chile rojo o verde, y píquelo. Saltee en aceite cebolla y ajo picados, junto con buey magro picado, unos 15 minutos, removiendo. Añada los tomates y chile picados y sazónelos; mezcle los ingredientes *(arriba)* y cuézalos unos minutos.

3 Rellenar las frutas. Enmanteque generosamente una fuente de hornear poco honda. Con una cuchara, coloque el picadillo de carne en las mitades de papaya, llenando la cavidad de cada una y formando un pequeño montículo sobre la superficie *(arriba)*. Disponga las medias papayas rellenas en la fuente de hornear.

4 Añadir queso. Para conseguir un buen gratinado, espolvoree las medias papayas rellenas con queso duro rallado, por ejemplo gruyere o el parmesano aquí utilizado. Para evitar que la fruta se reseque o se chamusque mientras está en el horno, extienda sobre la superficie de cada media papaya unos trocitos de mantequilla.

5 Hornear y servir. Cueza la fruta rellena en el horno precalentado a 180° unos 30 minutos, hasta que esté tierna y el queso se haya derretido y dorado ligeramente. Sirva la fruta rellena caliente, acompañada por mantequilla derretida o, como aquí, por una salsa de tomate.☐

Rellenos exóticos para aves asadas

La fruta es un ingrediente valioso cuando se trata de rellenar aves, ya que la amplia cavidad que éstas ofrecen puede contener una cantidad considerable de relleno.

Los rellenos de fruta llevan a menudo una base sustancial de carne y migas de pan o cereales cocidos. Las hierbas picadas, los aromatizantes y las especias realzarán la mezcla, mientras que el huevo batido o el caldo la humedecerá y ligará. Los frutos secos mejoran el sabor y la textura de cualquier relleno de fruta. Para obtener una consistencia crujiente, los frutos secos pequeños, como las almendras, pueden tostarse. Sáqueles la cáscara y pélelos si es necesario, extiéndalos sobre una placa de hornear e introduzca ésta en el horno a 180° unos 5 minutos, hasta que adquieran un color dorado uniforme.

Para el relleno de mandarina ilustrado a la derecha *(receta, p. 1320)*, se mezclan castañas cocidas y picadas y nueces peladas con miga de pan, cebolla y apio, arroz cocido, hierbas y, finalmente, gajos de mandarina partidos por la mitad. El arroz y la miga de pan aportan cuerpo y ligan la mezcla.

En un relleno de plátano *(recuadro, derecha, abajo; receta, p. 1316)*, la carne harinosa de la fruta liga el relleno: una mezcla de carne de cerdo picada, cebolla y ajo fritos, chiles picados, manzanas, tomate, pasas y almendras tostadas. En México este relleno, a la vez dulce y especiado, acompaña tradicionalmente el pavo asado.

Una vez preparado, enfríe el relleno antes de utilizarlo, ya que de lo contrario podría iniciar la cocción de la carne que lo rodea. Un ave rellena necesita más tiempo de cocción que un ave sin rellenar; para calcular el tiempo de cocción, sume el peso del relleno al peso del ave en cuestión. El exceso de relleno puede cocerse por separado, ya sea envuelto en papel de aluminio, o si desea obtener un acabado crujiente, sin tapar y en un plato enmantecado.

1 **Preparar las mandarinas.** Pele con los dedos las mandarinas, aquí satsumas, y extraiga la membrana fibrosa que rodea cada gajo *(arriba)*. Corte los gajos por la mitad a lo ancho, extrayendo todas las pepitas con la punta de un cuchillo.

2 **Descascarillar las nueces.** Para romper las cáscaras de las nueces, golpéelas a lo largo de la soldadura con una maza; si utiliza un cascanueces, haga presión en la juntura. Extraiga las nueces de sus cáscaras con la punta de un cuchillo *(arriba)*, manteniéndolas tan intactas como sea posible para facilitar la tarea de pelarlas.

Una mezcla tropical de fruta, frutos secos y carne

1 **Cocer los ingredientes.** Saltee cebolla y ajo picados en mantequilla, hasta que la cebolla esté transparente. Añada carne de cerdo picada y saltéela. Incorpore rodajas de plátano, pasas, almendras tostadas fileteadas, manzana rallada y chiles verdes picados. Escurra la grasa. Añada tomates picados.

2 **Servir el relleno.** Cueza la mezcla breves minutos y salpimiéntela al gusto. Enfríe el relleno antes de utilizarlo para llenar un pavo, como aquí, o cualquier otra ave para asar. Trinche la carne asada y sírvala con cucharadas del relleno y de la salsa del asado.

3 Blanquear las nueces. Eche unas nueces en agua hirviendo. Al cabo de unos 2 minutos, transfiéralas a una fuente forrada con un lienzo. Apenas se hayan enfriado, extraiga las pieles amargas con los dedos *(arriba)* o con un cuchillo. Blanquee las nueces restantes por pequeñas cantidades.

4 Saltear apio y nueces. Corte finamente unos tallos de apio y saltéelos en un poco de mantequilla unos 5 minutos, removiendo constantemente; agregue las nueces picadas *(arriba)* y cuézalas lentamente durante 2 minutos. Retire la sartén del fuego y reserve la mezcla.

5 Mezclar los ingredientes. En un cuenco grande, mezcle salvia, perejil picado y migas de pan. Humedezca la mezcla con un poco de agua, como aquí, o leche. En otra sartén, derrita mantequilla y saltee 10 minutos cebollas picadas con un poco de apio cortado en dados y hojas de perejil picadas; agregue la mezcla al cuenco.

6 Humedecer con caldo. Pele las castañas *(p. 1266)*, cuézalas en agua salada, 30 minutos, escúrralas y píquelas, y agréguelas a los restantes ingredientes junto con arroz cocido, tomillo, nuez moscada, sal y pimienta. Vierta caldo de ave caliente para humedecer y ligar la mezcla *(arriba)*. Transfiera la mezcla al cuenco.

7 Terminar el relleno. Añada los gajos de mandarina partidos por la mitad a esta mezcla. Con los dedos, mezcle cuidadosamente los ingredientes hasta que empiecen a ligarse *(arriba)*. Para lograr una mezcla más jugosa, añádale la mantequilla derretida utilizada para saltear la mezcla de nueces y apio.

8 Servir el relleno. Enfríe el relleno de mandarinas. Llene con él la cavidad del ave que va a asar, aquí, un pollo, no apretándolo demasiado para que pueda aumentar de volumen. Bride y ase el ave. Sirva cada porción de carne con una generosa ración de relleno *(arriba)*.☐

Salsas originales a partir de frutos secos picados

Debido a la cantidad de aceites que contienen, la mayoría de los frutos secos se transforman en pastas muy consistentes al machacarlos o molerlos. Mezcladas con ingredientes que realcen su sabor y las humedezcan, las pastas de frutos secos constituyen salsas tan sabrosas como poco usuales para carnes y pescados, hortalizas, ensaladas y pastas.

Las salsas de frutos secos pueden prepararse con una sola variedad o bien, como las dos salsas italianas que aquí presentamos, mezclando diferentes variedades. En la primera preparación *(receta, p. 1311)*, unas nueces y piñones tostados, machacados hasta obtener una pasta espesa, se saltean con ajo y perejil picados; seguidamente, la mezcla se liga con aceite de oliva y agua.

En la preparación inferior, la salsa de agraz *(receta, p. 1313)* se prepara con almendras y nueces blanqueadas machacadas con dados de pan, cebolla, zumo de limón, ajo y perejil. La pasta se humedece con caldo de pollo, se pasa por un pasapurés para darle una consistencia fina, y después se calienta.

Como todas las salsas de frutos secos, la salsa de nueces y la salsa de agraz son fáciles de hacer, y sólo requieren unos pocos pasos preliminares. Las pieles de las almendras y las nueces son amargas, de modo que, a no ser que desee un ligero punto amargo en la salsa, los frutos secos deben pelarse *(p. 1299)* antes de machacarlos. Puede intensificar el sabor de los frutos secos tostándolos antes de utilizarlos.

Tanto si utiliza los frutos secos tal cual o tostados, es mejor machacarlos en el mortero, para poder controlar la consistencia de la pasta. Agregue unas gotas de agua, caldo o zumo de limón a los frutos para impedir que exuden un exceso de aceite. Si emplea un robot eléctrico, procure no excederse en este proceso, ya que los frutos secos perderían tanto aceite que adquirirían una consistencia pulverulenta; como resultado, obtendría una pasta menos cohesiva que difícilmente ligaría con los demás ingredientes de la salsa.

Una amalgama aromática de piñones y perejil

1 **Preparar los frutos secos.** Extienda piñones sobre una placa de hornear y tuéstelos en el horno precalentado a 180° de 4 a 5 minutos, hasta que estén dorados; al cabo de 2 a 3 minutos, sacuda los piñones para que se coloreen uniformemente. Ponga nueces peladas en un mortero y agrégueles los piñones tostados *(arriba)*.

2 **Machacar nueces y piñones.** Añada unas gotas de agua a los frutos secos del mortero. Con una mano de mortero de base ancha, machaque los frutos hasta obtener una pasta groseramente granulosa. También puede pasar las nueces y piñones por un robot eléctrico.

Una pasta de almendras y nueces aromatizada con limón

1 **Mezclar los frutos secos y el zumo de limón.** Pele almendras y nueces *(p. 1299)*. Ponga los frutos ya preparados en un mortero y añádales cáscara de limón recién rallada y zumo de limón recién exprimido.

2 **Añadir el pan.** Pique finamente 1 diente de ajo pelado, perejil fresco y 1 cebolla. Incorpore estos aromatizantes a los frutos secos. Prepare dados de miga de pan blanco y échelos en el mortero. Machaque la mezcla con la mano de mortero hasta obtener una pasta espesa.

3 Saltear los frutos secos. Caliente un poco de aceite de oliva en una sartén y saltee ligeramente ajo y perejil, finamente picados. Agregue los frutos secos machacados y cueza la mezcla a fuego lento, removiéndola para amalgamarla *(arriba).*

4 Humedecer la pasta. Retire la sartén del fuego. Eche aceite de oliva en la sartén y remueva para que el aceite se incorpore uniformemente a la mezcla de frutos *(arriba).* Seguidamente, agregue removiendo agua caliente, poco a poco, hasta que la mezcla haya absorbido el liquido y adquirido la consistencia deseada.

5 Servir la salsa. Sirva la salsa de nueces y piñones caliente, como acompañamiento para los ñoquis o cualquier pasta, en este caso *tagliatelle.* Con una cuchara, sirva una porción de salsa en cada plato *(arriba)* o, si lo prefiere, mezcle bien la salsa con la pasta en el momento de servirla.□

3 Reducir la mezcla a puré. Añada suficiente caldo de ave tibio *(receta, p. 1309)* a la pasta de nueces para obtener una salsa espesa. Sazónela con sal, pimienta y azúcar. Pase la mezcla por el disco fino de un pasapurés *(arriba).* También puede mezclar todos los ingredientes en un robot eléctrico.

4 Calentar la salsa. Vierta la salsa en una sartén. Remueva la mezcla a fuego lento durante 2 minutos para ligar los ingredientes y espesar la salsa ligeramente *(arriba),* pero sin dejar que hierva. Vierta la salsa en una salsera precalentada.

5 Servir la salsa. Sirva la salsa tibia, como acompañamiento para carne asada o hervida; en este caso, lomo de buey asado. Para conservar la salsa de agraz, transfiérala a un frasco, vierta encima una capa delgada de aceite de oliva, tape herméticamente y guárdelo en la nevera. La salsa se conservará varias semanas.□

El acompañamiento perfecto de la caza: puré de castañas

Debido a que las castañas contienen mucho menos aceite que otros frutos secos, su carne, una vez cocida, adquiere una textura seca y desmenuzable, por lo que puede reducirse a puré fácilmente al igual que las patatas, el apio-nabo y otras hortalizas feculentas. Un puré de castañas enriquecido con mantequilla *(receta, p. 1309)* constituye un excelente acompañamiento para la carne asada, sobre todo la de caza.

Las primeras fases en la preparación del puré consisten en pelar las castañas, escaldándolas a continuación hasta que queden muy tiernas. Aquí, el líquido de escalfado es leche ligeramente salada: también puede escalfar las castañas en leche aromatizada con hortalizas, tales como zanahorias, apio o cebollas, o bien el caldo de pollo o ternera *(receta, p. 1309)*. Una vez blandas, las castañas se reducen a puré en dos etapas: primero, se muelen groseramente pasándolas por un pasapurés y después a través de un tamiz de malla fina para garantizar una textura perfectamente homogénea. Humedeciendo la carne con un poco del líquido de cocción durante este proceso, facilitará la tarea considerablemente.

En este estadio, el puré de castañas quedaría seco y feculento, pero la adición de una generosa cantidad de mantequilla le dará una consistencia jugosa y cohesiva. Finalmente, puede agregar crema de leche al puré para conseguir una mayor suavidad.

Si lo desea, puede transformar el sabor del puré agregándole una proporción de hortalizas o granos cocidos y reducidos también a puré; patatas, nabos, chirivías y lentejas son perfectamente recomendables. Otro sistema para variar el sabor y la textura del puré de castañas, consiste en agregarle un corazón de apio fresco cortado en dados, o bien cebollas tiernas picadas, en el momento de servir.

1 **Escalfar las castañas en leche.** Blanquee y pele las castañas *(p. 1266)*. Póngalas en una cacerola con un poco de sal y la leche suficiente para cubrirlas *(arriba)*. Si lo desea, agregue un tallo de apio para aromatizar. Lleve la leche a ebullición y seguidamente reduzca el fuego. Tape la cacerola y cueza las castañas a fuego muy lento unos 45 minutos, hasta que estén bien cocidas, es decir, cuando empiecen a deshacerse.

5 **Calentar el puré de castañas.** Ponga la cacerola del puré a fuego vivo. Bata el puré con una cuchara de madera vigorosamente y sin cesar *(arriba)*, para asegurarse de que no se queme. Cuando esté caliente, coloque la cacerola sobre una trébede.

6 **Enriquecer con mantequilla.** Añada dados de mantequilla al puré caliente *(arriba)* y remuévalos hasta que la mantequilla se haya derretido y la mezcla tenga un aspecto homogéneo y cremoso. El puré debe ser consistente, pero si es demasiado espeso agréguele un poco de leche o crema de leche, y remueva.

2 **Escurrir las castañas.** Cuando las castañas estén cocidas, escúrralas en un colador dispuesto sobre un cuenco *(arriba)*. Tire el apio, si lo ha utilizado. Reserve el líquido de cocción colado para humedecer el puré de castañas.

3 **Reducir las castañas a puré.** Transfiera las castañas a un pasapurés sobre el que habrá fijado el disco grueso y colocado sobre un cuenco. Pase las castañas por el pasapurés; obtendrá un puré de consistencia gruesa *(arriba)*.

4 **Tamizar el puré.** Pase el puré a un tamiz; con una mano de mortero haga pasar la pulpa de castañas a través de la malla a una cacerola de fondo grueso situada debajo *(arriba)*. Para facilitar la tarea, añada un poco del líquido de cocción reservado.

7 **Servir el puré de castañas.** Transfiera el puré a un cuenco y sírvalo caliente con carne de cerdo asada, salchichas de caza o caza de pelo. Aquí, unas cucharadas generosas del puré de castañas acompañan unas lonchas de silla de liebre asada.□

Dulces contrastes con las frutas secas

Las frutas secas, muy azucaradas, casan perfectamente con toda clase de carnes, ya sean de sabor delicado como el conejo y el pollo, dulces como el cerdo o saladas como el jamón ahumado y el tocino. Al cocerse juntos, poco a poco, los jugos de la carne y la fruta se mezclan obteniéndose un suculento braseado.

Las frutas secas necesitan una preparación mínima antes de la cocción, pero siempre deben remojarse varias horas para que se hinchen y queden jugosas. Para realzar su sabor, puede remojar la fruta con vino y utilizar éste como parte del líquido del braseado.

El momento en que se agrega la fruta seca a un braseado de carne depende del tipo de frutas utilizado. Las ciruelas secas y las pasas, por ejemplo, tienen una carne tierna que se desintegraría durante una cocción prolongada. En el plato de conejo y ciruelas que aquí presentamos *(derecha; (receta, p. 1317)*, se han hecho marinar los trozos de conejo con vino tinto y hortalizas aromáticas, mientras que las ciruelas secas se han remojado. La carne una vez soasada se ha braseado con una salsa suculenta preparada con la marinada espesada con harina y suplementada con más vino y caldo. Las ciruelas se añaden en la última etapa, y una cocción breve a fuego lento asegura que la fruta se conserve entera. Asimismo, este tiempo tan breve es suficiente para que las ciruelas confieran su aroma a la carne y la salsa.

Las frutas secas de textura firme, tales como manzanas, peras y albaricoques, pueden someterse a una cocción lenta y prolongada, por lo que generalmente se agregan a la carne en una fase anterior. En el plato alsaciano denominado *schnitzen (derecha; receta, p. 1319)*, unas manzanas y peras secas previamente remojadas se pasan primero por caramelo y después se brasean en vino con lonchas gruesas de panceta fresca hasta conseguir que tanto las frutas como la carne queden bien tiernas. Unas patatas cortadas en cuartos (elija una variedad de carne amarilla que conserve su forma al cocerse) completan el plato. El resultado es una inspirada combinación de sabores; el dulzor de las frutas revestidas de caramelo equilibra el sabor ligeramente salado de la panceta.

Conejo braseado con vino y completado con ciruelas

1 **Preparar los ingredientes.** Ponga los trozos de conejo en un cuenco con vino tinto, cebolla y zanahoria picadas, un ramillete de hierbas y unos granos de pimienta. Añada aceite, tape el cuenco y marine de 4 a 12 horas. Ponga las ciruelas en un cuenco, cúbralas con agua hirviendo *(arriba)* y remojelas unas 3 horas.

2 **Saltear el conejo.** Saque los trozos de conejo de la marinada y séquelos. Cuele la marinada a través de un tamiz. Reserve las hortalizas y tire el ramillete y la pimienta. Cueza la carne a fuego medio, en aceite y mantequilla hasta que se dore. Transfiera los trozos de conejo a una fuente.

Panceta, peras y manzanas con un glaseado de caramelo

1 **Cubrir la fruta con caramelo.** Remoje manzanas y peras secas en agua fría toda la noche. Escúrralas. Prepare un caramelo claro *(p. 1244);* si fuese necesario, deslíe el almíbar con un poco de agua caliente. Retire el almíbar del fuego. Añada la fruta y remueva hasta que toda la fruta quede recubierta por el caramelo.

2 **Preparar la panceta.** Retire la corteza de un trozo de panceta. Si está muy salada, blanquéela 5 minutos, escúrrala y déjela enfriar. Córtela en lonchas gruesas y extiéndalas en una cacerola; distribuya encima las manzanas y las peras. Disuelva el caramelo restante en un poco de vino o caldo, y agréguelo a la cacerola.

3 **Brasear el conejo.** Añada la cebolla y la zanahoria de la marinada a la cacerola y cueza hasta que se ablanden. Espolvoréelas con harina y remueva hasta que ésta se dore. Vierta la marinada en la cacerola; añada vino y lleve a ebullición. Agregue caldo, ajo, hierbas, sal y pimienta. Incorpore el conejo, tape y cueza 25 minutos.

4 **Colar la salsa.** Transfiera el conejo a otra cacerola poco honda. Cuele el líquido del braseado sobre el conejo, apretando bien sobre las hortalizas para extraer todos sus jugos *(arriba)*; tire el ramillete y las hortalizas.

5 **Añadir las ciruelas.** Escurra las ciruelas y añádalas al conejo. Tape y cueza a fuego lento de 10 a 15 minutos. Disponga los trozos de conejo en una fuente de servicio y coloque encima las ciruelas. Si la salsa es muy líquida, redúzcala a fuego vivo. Vierta la salsa sobre el conejo y sírvalo.☐

3 **Escalfar la carne y la fruta.** Añada un poco de líquido (caldo o, como aquí, vino blanco) a la cacerola hasta cubrir la panceta *(arriba)*. Tape la cacerola y cueza a fuego lento de 35 a 45 minutos, hasta que la panceta, las manzanas y las peras estén casi tiernas.

4 **Añadir las patatas.** Pele patatas de carne amarilla y córtelas en cuartos. Agregue las patatas a la cacerola; si lo desea, añada unas rodajas de salchicha ahumada. Tape la cacerola y cueza lentamente 30 minutos más, hasta que las patatas estén tiernas; añada más líquido si la preparación parece resecarse.

5 **Servir el «schnitzen».** Al finalizar la cocción, las patatas y la fruta deben estar jugosas pero no reducidas a puré. Pruebe el sabor y rectifique la condimentación. Sirva todos los ingredientes juntos o, si lo prefiere, disponga las patatas y la fruta en una fuente y coloque encima las lonchas de panceta.☐

El pato a la naranja: una alianza sublime

Equilibrar un plato de carne grasa con una fruta agria es una tradición culinaria practicada en muchos países. En Europa central, la oca se sirve a menudo con manzanas agrias. En Oriente Medio, el cordero se mezcla con albaricoques, mientras que en Gran Bretaña el acompañamiento tradicional para esta carne es una gelatina de grosellas rojas. Sin embargo, el ejemplo supremo de esta alianza es un plato francés: el pato a la naranja. La combinación da su mejor resultado si se utilizan naranjas agrias, pero la salsa puede prepararse con naranjas dulces, realzadas con zumo de limón y un licor de naranja.

En esta preparación *(receta, p. 1311)*, se ha dado un glaseado de color caoba a un pato braseado, recubriéndolo después con una salsa elaborada a partir de los jugos del braseado, aromatizada con una juliana de cáscara de naranja y limón y el zumo de dos naranjas agrias y medio limón.

Empiece por preparar un caldo de carne de ternera *(receta, p.1309)*. Parte del caldo se reduce a un glaseado *(recuadro: derecha, abajo)*: una gelatina consistente utilizada para enriquecer el líquido de braseado. El caldo básico y el glaseado pueden prepararse con 2 ó 3 días de anticipación, y guardarse en la nevera. El líquido del braseado (los alones del pato, junto con su cuello, el corazón, la molleja y las patas, cocidos a fuego lento en un caldo de ternera con hortalizas aromáticas y posteriormente colado) puede prepararse el día antes de servir este plato.

Ase el pato, para colorear la piel y extraer la grasa; después braséelo para que su carne quede jugosa y tierna y, por último, áselo de nuevo, rociándolo repetidas veces con el líquido de braseado reducido y mezclado con el glaseado hasta que adquiera un color caoba oscuro. La adición de aromatizantes de naranja y limón en el último momento asegura que la salsa tenga todo el sabor fresco e intenso de estos agrios, junto con el punto amargo necesario.

Puede utilizar, además de las naranjas, otras frutas como guindas, grosellas rojas y negras, kumquats y frambuesas.

1 **Asar el pato.** Bride el pato y frótelo con aceite de oliva para que su piel se dore. Áselo en el horno a 230° durante 10 minutos y después a 190° durante 30 minutos. Transfiéralo a una cazuela de fondo grueso. Tire la grasa de la fuente de hornear, desglase los jugos de cocción con vino blanco y viértalos sobre el pato.

2 **Añadir el caldo.** Cueza un caldo de ternera con los menudillos del pato, zahanorias, cebolla y 1 ramillete de 2 ½ a 3 horas. Cuélelo sobre el pato. Tape la cazuela y hornéela a 170° de 40 a 60 minutos. Vuelva a poner el pato en la fuente de hornear con el líquido del braseado y póngalo en el horno a 200°. Rocíelo frecuentemente.

Un glaseado oscuro a partir de caldo concentrado

1 **Colar el caldo.** Vierta caldo de ternera en un cazo y lleve a ebullición. Con la mitad del cazo fuera del fuego, cueza hasta reducir el líquido a la mitad; espume. Para facilitar este proceso, vierta de vez en cuando el caldo a través de un tamiz dispuesto sobre otro cazo más pequeño *(arriba)*.

2 **Reducir el caldo.** Siga hirviendo el caldo y espumando hasta reducirlo de nuevo a la mitad. Cuélelo. Cuando esté espeso *(arriba)*, sáquelo del fuego. Enfríe este glaseado a temperatura ambiente. Utilícelo cuando lo necesite y guárdelo en un frasco tapado en la nevera; el glaseado se conserva mucho tiempo.

3 Preparar la salsa. Vierta el resto del líquido de braseado en un cazo y ponga la mitad de éste a fuego medio. Espume. Reduzca el líquido a fuego vivo, retirando la grasa de la superficie. Cuando el líquido se haya reducido a la mitad, apague el fuego e incorpore removiendo 1 cucharada de glaseado *(arriba)*.

4 Rociar el pato. Saque el pato del horno y rocíelo con un poco de salsa; devuélvalo al horno. Al cabo de 3 a 4 minutos, rocíe el pato de nuevo y métalo otra vez en el horno. Repita esta operación hasta que el pato adquiera un color dorado oscuro y una superficie brillante.

5 Preparar la juliana. Pele finamente 1 naranja, aquí agria, y 1 limón; procure no extraer parte de la piel blanca. Superponga dos o tres trozos de cáscara, asegurándolos con los dedos, y corte a lo largo en finas tiras, denominadas juliana. Para ablandar la cáscara, blanquéela en agua hirviendo de 3 a 4 minutos.

6 Añadir la juliana. Cuele la juliana blanqueada a través de un tamiz y añádala a la salsa *(arriba)*. Exprima el zumo de ½ limón y 2 naranjas agrias; reserve el zumo para agregarlo a la salsa en el momento de servir el pato.

7 Servir el pato. Coloque el pato glaseado en una fuente de servicio. Agregue el zumo de naranja y limón a la salsa. Con una cuchara, vierta parte de la salsa sobre el pato *(arriba)*; ponga la salsa restante en una salsera y sírvala aparte. Si lo desea, adorne los bordes de la fuente con gajos o rodajas de naranja peladas.□

Una guarnición refrescante para las codornices

El sabor intenso y refrescante y la pulpa blanda de las uvas, grosellas rojas y frambuesas, convierten a estas frutas en acompañantes excelentes para la caza de pluma pequeña. Puede introducir algunas frutas enteras en las cavidades del ave para mantenerlas jugosas y realzar su sabor mientras se cuecen; más frutas, añadidas como guarnición, absorberán los ricos jugos del ave confiriendo sus sabores y aromas al líquido de cocción.

En esta preparación, unas codornices rellenas de uvas peladas, se han bridado y asado parcialmente, flameándolas posteriormente con coñac. En los últimos minutos de cocción se han colocado más uvas alrededor de las aves, rociándose con los jugos del asado.

Puede utilizar uvas verdes de cualquier variedad, peladas y desprovistas de pepitas. Las guindas o cerezas agridulces deshuesadas constituyen también una buena guarnición para las codornices, al igual que las pasas remojadas en agua caliente.

1 **Rellenar las aves.** Desplume, flamee y vacíe las codornices. Sazónelas. Pele las uvas y extraiga las pepitas *(p. 1240)*; introduzca 1 ó 2 dentro de cada codorniz *(arriba)*. Bride las aves, pase la aguja a través de las alas para fijarlas al cuerpo; pásela a través de los muslos y el cuerpo. Anude los extremos del bramante.

2 **Flamear con coñac.** Precaliente el horno a 220°; derrita mantequilla en una fuente refractaria. Coloque las aves en la fuente y rocíelas con la mantequilla derretida. Ase las aves 10 minutos. Sáquelas del horno y vierta sobre ellas un buen chorro de coñac. Encienda el coñac y deje que las llamas se apaguen por sí solas.

3 **Añadir uvas.** Disponga las uvas restantes alrededor de las codornices. Rocíe las aves y las uvas con los jugos de cocción. Para que sus sabores se amalgamen y evitar que los jugos se evaporen, tape la fuente y hornéela 5 minutos más. Retire los bramantes y sirva cada ave rodeada por uvas y sus jugos de cocción *(derecha)*.☐

Recetas

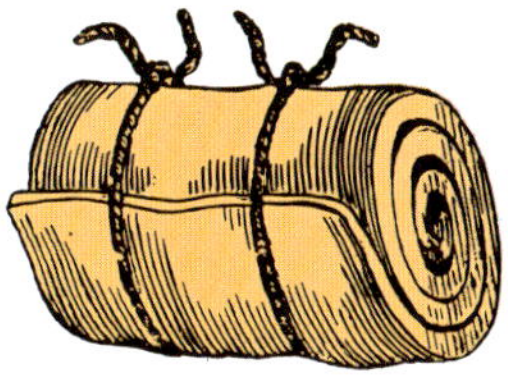

Caldo básico de ternera

Para preparar un caldo más gelatinoso, agregue un pie de ternera limpio, partido por la mitad y blanqueado 5 minutos en agua hirviendo, y unos 250 g de cortezas de cerdo.

Para 2 a 3 l

Morcillo de ternera, aserrado en trozos de 5 cm	1
Recortes de ternera para caldo (cuello, costillar o morcillo)	2 kg
Cuellos, patas, alas y huesos de pollo	1 kg
Agua	3 a 5 l
Ramillete de hierbas, incluyendo puerro y apio	1
Cabeza de ajos	1
Cebollas medianas, 1 pinchada con 2 clavos	2
Zanahorias grandes	4
Sal	

Coloque una rejilla redonda en el fondo de una olla grande, para evitar que los ingredientes se adhieran al fondo de la misma. Ponga la carne y los huesos en la olla y añada agua hasta sobrepasarlos en unos 5 cm. Lleve lentamente a ebullición y, con una cuchara, elimine la espuma que ascienda a la superficie. Siga espumando, añadiendo de vez en cuando un vaso de agua fría, hasta que no suba más espuma, aproximadamente al cabo de 10 a 15 minutos. Añada el ramillete de hierbas, el ajo, las cebollas, las zanahorias y la sal y espume una vez más al volver a hervir el líquido. Reduzca el fuego al mínimo, tape parcialmente y cueza a fuego lento 6 horas como mínimo.

Vierta el caldo en un colador forrado con muselina humedecida y colocado sobre un cuenco grande. Deje que el caldo colado se enfríe por completo y después elimine los últimos vestigios de grasa de la superficie con una espumadera y papel absorbente; si ha refrigerado el caldo, retire la grasa solidificada.

Caldo de buey. Añada 2 kg de rabo, morcillo o aguja a las otras carnes y cueza el caldo a fuego lento de 6 a 7 horas.

Caldo de pollo. Doble la cantidad de trozos de pollo en la preparación del caldo de ternera, o escalfe una gallina vieja en caldo de ternera durante 1 ½ a 3 horas, según la edad del ave.

Caldo de caza. Añada 1 kg de carcasas y recortes de caza a la olla mientras prepara el caldo de ternera, o prepare un nuevo caldo, sustituyendo la caza por otras carnes y humedeciendo con caldo de ternera en vez de agua.

Glaseado de carne. Prepare un caldo de ternera como antes, pero no le agregue sal. Una vez esté completamente desgrasado, póngalo en una cacerola del tamaño justo para contenerlo y lleve a ebullición. Coloque la mitad de la cacerola fuera del fuego y deje que el caldo hierva lentamente. De vez en cuando, elimine de la superficie la película de impurezas que se reúnen en la parte más fría de la cacerola. Cuando el caldo se haya reducido a la mitad, al cabo de 1 hora aproximadamente, cuélelo a través de un tamiz de malla fina dispuesto sobre una cacerola más pequeña; cuézalo a fuego muy lento, eliminando de vez en cuando la grasa durante otra hora aproximadamente, hasta que de nuevo se haya reducido a la mitad. Cuélelo otra vez sobre una cacerola más pequeña y déjelo reducir otra hora. El líquido quedará espeso y con una consistencia almibarada. Viértalo en un cuenco, déjelo enfriar y después refrigérelo. Se conservará en la nevera casi indefinidamente.

Puré de castañas

Esta receta es para un puré de castañas salado; para preparar un puré de castañas dulce, puede cocer las castañas peladas en 1 litro de almíbar de azúcar ligero *(receta, p. 1244)*, o bien cocerlas en leche y después edulcorarlas al gusto con azúcar unos 5 minutos antes de finalizar la cocción, omitiendo la sal y el apio. El puré de castañas dulce suele utilizarse frío y no se enriquece con mantequilla.

Para 1 kg, aproximadamente

Castañas	1 kg
Sal	
Leche	1 litro
Tallo de apio (opcional)	1
Mantequilla cortada en trozos pequeños	175 g

Con un cuchillo afilado, haga una incisión en forma de cruz en cada castaña. Sumerja las castañas hendidas en agua hirviendo y blanquéelas unos 10 minutos para que su cáscara se desprenda. Saque la cacerola del fuego. Con una espumadera, saque las castañas por tandas. Extraiga las cáscaras y las pieles interiores mientras las castañas aún están calientes. Aquellas cuyas pieles se adhieran obstinadamente pueden pasarse de nuevo por el agua caliente.

Ponga las castañas peladas en una cacerola. Añada un poco de sal y la leche suficiente para cubrirlas. Incorpore el tallo de apio, si lo utiliza. Lleve la leche a ebullición. Reduzca el fuego, tape la cacerola y cueza muy lentamente.

Cuando las castañas estén tiernas, al cabo de unos 45 minutos, escúrralas en un colador colocado sobre un cuenco. Tire el tallo de apio. Reserve la leche para humedecer el puré de castañas. Ponga el disco grueso en el pasapurés y coloque éste sobre un cuenco. Pase las castañas por el pasapurés para obtener un puré granuloso. Para preparar un puré más homogéneo, transfiera la mezcla a un tamiz de malla fina colocado sobre una cacerola de fondo grueso. Con una mano de mortero de madera, pase el puré a través del tamiz, humedeciéndolo con un poco de la leche reservada. Sazone el puré al gusto y ponga la cacerola a fuego vivo. Remueva continuamente hasta que el puré esté caliente; sáquelo del fuego y a continuación enriquézcalo batiendo en él los trocitos de mantequilla.

Sopa roja de suero de mantequilla

Rote Buttermilch-Kaltschale

Para 6 personas

Fresas y frambuesas (u otra fruta de la estación)	250 g de cada
Suero de mantequilla	1 litro
Azúcar	unos 40 g
Leche	8 cl
Mantequilla	30 g
Harina de avena	75 g

Ponga la fruta en un cuenco o en platos individuales y mézclela con el azúcar. Remueva la leche con el suero de mantequilla y vierta esta mezcla sobre la fruta. Derrita la mantequilla en una sartén, agregue la harina de avena y un poco más de azúcar y fría removiendo hasta que la mezcla esté crujiente. Espolvoree la fruta con esta mezcla y sírvala.

URSULA GRÜNINGER
COOKING WITH FRUIT

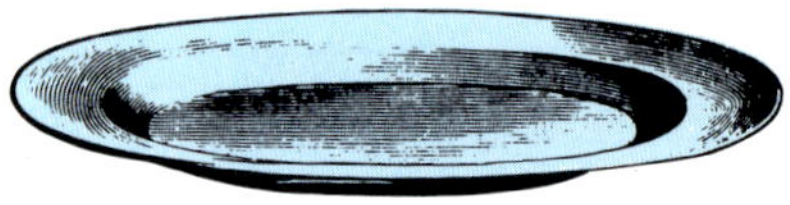

Sopa de melón

Melon soup

Para preparar la sopa de melón, consulte las explicaciones de la p. 1294. El autor recomienda utilizar un melón cantalupo para la sopa, pero también puede utilizar otros tipos como, por ejemplo, un melón muscado o de Castilla. Para extraer el máximo sabor posible del melón cocido, presiónelo a través del tamiz con una cuchara o mano de mortero.

Para 4 personas

Melón mediano, no del todo maduro, partido por la mitad y extraídas las semillas	1
Mantequilla	
Sal y pimienta	
Perifollo picado	2 cucharadas
Leche	90 cl
Yema de huevo batida con 4 cucharadas de crema de leche espesa	1
Picatostes, hojas de perifollo o dados de melón salteados en un poco de mantequilla	

Corte el melón en rodajas y, con un cuchillo afilado, corte a lo largo de la parte inferior de cada una para extraer la corteza. Corte la pulpa del melón en dados pequeños. Derrita un poco de mantequilla en una cacerola, ponga en ella los dados de melón y saltéelos unos minutos. Espolvoree el melón salteado con un poco de sal y pimienta y añada el perifollo picado.

Lleve la leche a ebullición, viértala en la cacerola que contiene el melón y lleve de nuevo lentamente a ebullición. Cueza a fuego lento durante 30 minutos. Pase la sopa a través de un tamiz de malla fina colocado sobre una cacerola. Incorpore removiendo la mezcla de yema de huevo y crema de leche. Recaliente de nuevo la sopa, removiendo sin cesar, pero sin que llegue a hervir. Con un cucharón, sirva la sopa en platos hondos y adórnela con los picatostes, hojas de perifollo o dados de melón salteados.

PAUL DINNAGE
THE BOOK OF FRUIT AND FRUIT COOKERY

Pato a la naranja

Si no dispone de naranjas agrias, sustitúyalas por 1 naranja ordinaria y 1 limón. El caldo de ternera y el glaseado de carne pueden prepararse con 2 ó 3 días de antelación, y el líquido del braseado puede prepararse el día antes de servir el pato.

Para 4 personas

Pato bridado, alones, patas, cuello, corazón y molleja reservados	1 de 2 a 2,5 kg
Naranjas agrias, la corteza de 1 finamente pelada y cortada en juliana, el zumo de ambas exprimido	2
Limón, cáscara finamente pelada y cortada en juliana, el zumo exprimido de ½ limón	1
Aceite de oliva	2 cucharaditas
Vino blanco	10 cl
Caldo de ternera	1 litro
Zanahorias cortadas en rodajas	2
Cebolla cortada en rodajas	1
Ramillete de hierbas	1
Glaseado de carne	1 cucharada

Ponga la juliana de naranja y limón en un cazo pequeño, cúbrala con agua, lleve a ebullición y cueza a fuego lento de 3 a 4 minutos. Cuele la juliana blanqueada en un tamiz y resérvela.

Frote el exterior del pato con el aceite de oliva y póngalo en una fuente refractaria poco profunda. Ase el pato en el horno precalentado a 230° durante 10 minutos y después a 190° durante 30 minutos más. Retire el pato del horno y póngalo en una cacerola de fondo grueso. Tire la grasa de la fuente, añada el vino y remueva con una cuchara de madera raspando los fragmentos tostados de la cacerola; seguidamente vierta estos jugos sobre el pato.

Para el líquido del braseado, vierta el caldo de ternera en una cacerola, agregue los alones, las patas, el cuello, el corazón y la molleja del pato, las zanahorias, la cebolla y el ramillete de hierbas. Cueza el líquido a fuego lento durante 2 ½ a 3 horas, y después cuélelo sobre el pato. Tape la cacerola y brasee el pato en el horno precalentado a 170° de 40 a 60 minutos, rociándolo de vez en cuando con el líquido del braseado.

Saque el pato de la cacerola, vuelva a colocarlo en la fuente y vierta sobre él parte del líquido de braseado. Eleve la temperatura del horno a 200° y rocíe el pato con frecuencia mientras reduce el resto del líquido.

Para la salsa, vierta el líquido restante del braseado en un cazo, llévelo a ebullición y cueza a fuego medio con la mitad del cazo fuera del fuego, para mantener una ligera ebullición en un lado. Vaya eliminando la película de impurezas que se forma en el lado que queda fuera del fuego, hasta que ya no ascienda más grasa a la superficie. Avive el fuego y reduzca el líquido a la mitad. Agregue el glaseado de carne y, cuando se haya disuelto, retire el cazo del fuego.

Saque el pato del horno y rocíelo con unas cucharadas de la salsa. Vuelva a meter el pato en el horno de 3 a 4 minutos; después sáquelo, rocíelo de nuevo y vuelva a meterlo en el horno. Repita este proceso varias veces, hasta que el pato adquiera un color caoba oscuro y brillante.

Recaliente la salsa y añádale la juliana blanqueada de naranja y limón. Saque el pato del horno y colóquelo en una fuente de servicio. En el último momento, incorpore removiendo el zumo de naranja y limón a la salsa. Con una cuchara, vierta parte de la salsa sobre el pato. Vierta la salsa restante en una salsera y sírvala aparte.

Salsa de nueces

Salsa di noci

Para preparar la salsa de nueces, consulte las explicaciones de la p. 1300. Para extraer la piel marrón interior de las nueces, sumerja éstas, desprovistas de sus cáscaras, en agua hirviendo durante 1 minuto, escúrralas y extraiga la piel con los dedos. El autor recomienda esta salsa para condimentar ñoquis, lasañas y tagliolini; también es adecuada para las tagliatelle.

Para 30 cl

Nueces descascarilladas y peladas	60 g
Piñones	60 g
Aceite de oliva	15 cl
Perejil finamente picado	2 cucharadas
Diente de ajo finamente picado	1
Agua caliente	4 cucharadas

Ponga los piñones en una placa de hornear y tuéstelos en el horno precalentado a 180° hasta que estén dorados. Machaque los piñones y las nueces en un mortero hasta obtener una consistencia granulosa. Caliente 2 cucharadas del aceite de oliva y fría ligeramente el perejil y el ajo durante 2 minutos; añada la pasta de frutos secos y fría durante unos 2 minutos más, hasta que empiecen a dorarse. Retire la sartén del fuego y diluya la mezcla con el resto del aceite y el agua caliente.

G. B. RATTO
LA CUCINIERA GENOVESE

Lenguado a la Nyoca

Para 4 personas

Lenguados	4 de 250 a 300 g
Aceite	12 cl
Sal	
Harina	60 g
Piñones	50 g
Pasas	50 g
Almendras tostadas y groseramente trituradas	25 g
Avellanas tostadas y groseramente trituradas	25 g
Tomates medianos pelados	4

Caliente 8 cl de aceite. Sale los lenguados, enharínelos y fríalos en el aceite caliente hasta que estén cocidos y ligeramente dorados. Divida el aceite restante entre dos sartenes; en una saltee los piñones, las pasas, las almendras y las avellanas; en la otra saltee los tomates enteros. Cuando tenga a punto la guarnición de frutos secos, viértala sobre los lenguados y coloque 1 tomate salteado sobre cada pescado.

LUIS BETTONICA
COCINA REGIONAL ESPAÑOLA

Sopa de anacardos y zanahorias

Cashew carrot soup

Para 4 a 6 personas

Anacardos groseramente picados	150 g
Zanahorias ralladas	200 g
Cebollas medianas cortadas en rodajas	2
Aceite	4 cucharadas
Col, hojas de nabo, o acelgas groseramente troceadas	150 g
Manzana picada	100 g
Caldo de buey *(p. 1309)*	1,25 l
Puré de tomate	2 cucharadas
Arroz moreno	60 g
Pasas	75 g
Sal y pimienta	
Yogur	25 a 30 cl

En una cacerola de fondo grueso, saltee las cebollas en el aceite, incorpore removiendo las verduras y saltéelas unos minutos. Agregue la zanahoria y cueza durante otro minuto más. Incorpore la manzana, el caldo de carne y el puré de tomate. Lleve la sopa a ebullición y añada el arroz. Cueza la sopa tapada y a fuego lento de 35 a 40 minutos, hasta que las zanahorias estén blandas y el arroz cocido.

Agregue los anacardos y las pasas y cueza unos 5 minutos hasta que éstas se hinchen. Condimente al gusto. Sirva cada cuenco de sopa adornado con una buena cucharada de yogur.

NANCY ALBRIGHT
RODALE'S NATURALLY GREAT FOODS COOKBOOK

Sopa caliente de cerezas

Soupa ot chereshi

Para 5 ó 6 personas

Cerezas deshuesadas	800 g
Caldo de buey o de caza *(p. 1309)*	90 cl
Azúcar	30 g
Sal	
Mantequilla	100 g
Leche o crema de leche ligera	15 cl
Yema de huevo batida	1
Rebanadas de pan de molde cortadas en dados y secadas, pero no doradas, en el horno precalentado a 150° durante 15 minutos	2 a 3

Ponga las cerezas con el caldo y el azúcar en una cacerola grande y cuézalas a fuego medio unos 30 minutos, hasta que la fruta esté tierna. Sazone con sal al gusto y retire del fuego. Pase la fruta caliente y su líquido de cocción a través de un tamiz de malla de nilón; tire las pieles. Incorpore removiendo la mitad de la mantequilla a la sopa de cerezas, y resérvela al calor mientras prepara la ligazón.

Para ello, agregue gradualmente la leche o la crema de leche a la yema de huevo sin dejar de batir, y a continuación incorpore dicha mezcla a la sopa y remueva a fondo.

Para preparar la guarnición, fría los dados de pan seco en la mantequilla restante, hasta que estén bien dorados, y después escúrralos sobre papel absorbente. Sirva la sopa muy caliente, pero sin que hierva, ya que se cortaría. Acompáñela con los dados de pan frito, colocados en un pequeño cuenco precalentado.

NATSKO SOTIROV
SOVREMENNA KOUHNYA

Salsa de agraz

Salsa d'agresto

Para preparar la salsa de agraz, consulte las explicaciones de la p. 1300. Para evitar un sabor amargo, sumerja las nueces descascarilladas en agua hirviente durante 1 minuto, escúrralas y extraiga con los dedos la piel interior. Las cebollas rojas tienen la piel de un color púrpura rojo; pueden sustituirse por 2 escalonias. Esta salsa puede conservarse en un frasco si se cubre con una capa fina de aceite de oliva.

Para 35 a 50 cl

Nueces	9
Almendras peladas	60 g
Agraz, o 1 limón, zumo colado, la mitad de la cáscara rallada	4 cucharadas
Cebolla roja pequeña, picada	½
Ramitas de perejil, hojas picadas, sin los tallos	6 a 8
Diente de ajo picado	1
Rebanadas de pan blanco cortadas en dados	2
Sal y pimienta recién molida	
Azúcar	1 cucharadita
Caldo de pollo o ternera tibio *(p. 1309)*	unos 12 cl

Machaque las nueces y las almendras junto con el agraz o el zumo de limón y su cáscara en un mortero, o bien amalgámelos en una batidora eléctrica. Agregue la cebolla, el perejil, el ajo y el pan, y machaque o mezcle hasta obtener una mezcla homogénea; salpimiente y añada el azúcar. Vierta el caldo tibio suficiente para obtener una salsa homogénea.

Pase la salsa por el disco fino del pasapurés o de nuevo por la batidora hasta conseguir una consistencia muy homogénea. Seguidamente, vierta la salsa en un cazo y caliéntela a fuego lento 2 minutos, sin que hierva. Transfiérala a una salsera y enfríela antes de servirla.

GIULIANO BUGIALLI
THE FINE ART OF ITALIAN COOKING

Sopa de albaricoques

Apricot soup

Para preparar la sopa de albaricoques, consulte las explicaciones de la p. 1294. Para concentrar el sabor de los albaricoques, no añada el líquido de cocción a los albaricoques mientras los reduce a puré; resérvelo y agréguelo al puré junto con el vino tinto, guardando un poco para disolver el arrurruz en vez de utilizar agua. Puede añadir un trozo de 2,5 cm de canela a los albaricoques antes de cocerlos, en vez de emplear canela molida; retire la canela en rama antes de reducir los albaricoques a puré.

Para 4 personas

Albaricoques partidos por la mitad y deshuesados	500 g
Vino tinto	unos 35 cl
Azúcar (opcional)	
Arrurruz, mezclado con un poco de agua fría	1 cucharadita
Canela molida	
Picatostes	
Crema de leche agria (opcional)	

Ponga los albaricoques en una cacerola y cúbralos con agua. Cuézalos a fuego lento hasta que se ablanden, unos 15 minutos. Pase los albaricoques y su líquido de cocción a través de un tamiz colocado sobre una cacerola. Añada el vino y hasta 15 cl de agua fría, según la consistencia deseada, con un poco de azúcar al gusto. Incorpore el arrurruz disuelto y sazone con 1 pizca de canela molida. Caliente la sopa lentamente sin dejar que hierva. Sírvala muy caliente, con los picatostes y la crema de leche agria, si los utiliza.

PAUL DINNAGE
THE BOOK OF FRUIT AND FRUIT COOKERY

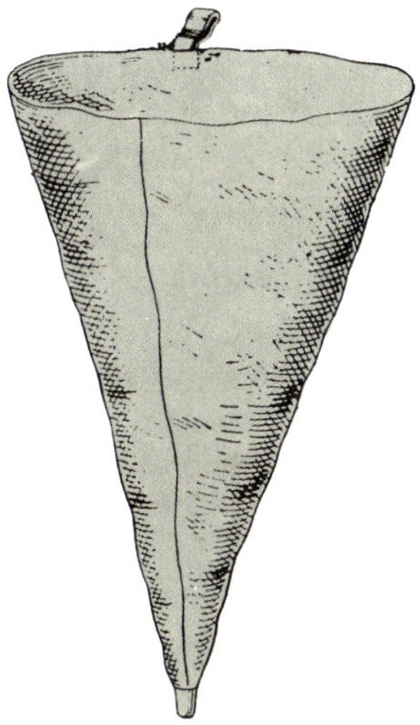

Oca con peras

Una oca pesa generalmente de 3 a 4 kg, en este caso servirá para 6 a 8 personas; por consiguiente, duplique el resto de los ingredientes.

Para 4 personas

Oca cortada en porciones y sazonada	1 de 1,2 a 1,5 kg
Peras pequeñas y maduras, peladas	4
Aceite	25 cl
Manteca	50 g
Cebollas picadas	2
Harina	3 cucharadas
Caldo *(p. 1309)*	50 cl
Almendras peladas y tostadas	100 g
Dientes de ajo, picados	4
Ramitas de perejil	3
Galletas María	1
Vinagre de vino blanco	2 cucharadas
Sal y pimienta	

Caliente el aceite y la manteca en una cazuela y dore los trozos de oca. Cuando estén bien dorados, escúrralos y resérvelos en otra cazuela tapada. Reserve la grasa.

Vierta 4 cucharadas de la grasa de cocción de la oca en una cazuela grande. Cuando la grasa esté caliente, eche en ella las cebollas y fríalas. Seguidamente agregue removiendo 2 cucharadas de harina y cueza lentamente. Vierta el caldo y llévelo a ebullición, removiéndolo sobre el fuego hasta obtener una salsa homogénea. Agregue los trozos de oca procurando que queden cubiertos por la salsa. Déjelos cocer a fuego lento de 15 a 20 minutos.

Machaque las almendras en un mortero con el ajo, perejil y la galleta. Cuando estén bien machacadas, agregue el vinagre de vino blanco y añada esta mezcla a la cazuela que contiene la oca.

Escalfe las peras en agua hirviendo de 5 a 8 minutos. Escúrralas, recúbralas con la harina restante y fríalas en el resto de la grasa en que doró la oca. Cuando la oca esté medio cocida, al cabo de los primeros 20 minutos, añada las peras y rectifique la condimentación. Cueza la oca hasta que esté tierna, unos 20 minutos más. Sírvala directamente desde la cazuela, procurando que las peras queden bien repartidas.

ANA MARÍA CALERA
365 RECETAS DE COCINA CATALANA

Sopa de almendras y piñones

Para 4 personas

Almendras peladas, remojadas 2 horas en agua tibia	75 g
Piñones, remojados 2 horas en agua tibia	75 g
Azúcar	100 g
Leche	75 cl
Canela molida	1 cucharadita

Machaque finamente las almendras y piñones en un mortero, junto con el azúcar. Agregue esta mezcla a la leche, lleve a ebullición y sirva la sopa espolvoreada con la canela.

ANTONIO ARAGONÉS SUBERO
GASTRONOMÍA DE GUADALAJARA

Ajo blanco con uvas

Para 6 personas

Dientes de ajo grandes	2
Uvas (rojas o moscatel), peladas	200 g
Migas de pan blanco remojadas 30 minutos en agua fría	250 g
Almendras crudas peladas	150 g
Aceite de oliva	12 cl
Vinagre	2 cucharadas
Sal	
Agua helada	unos 90 cl

Exprima ligeramente el pan para extraer el agua, y póngalo por tandas en la batidora, junto con el ajo, las almendras, el aceite y el vinagre. Cuando la mezcla esté bien ligada, viértala en una sopera. Eche sal y ponga en la nevera 2 horas como mínimo. En el momento de servir, vierta gradualmente agua helada en la sopa, hasta que alcance la consistencia deseada (debe ser semejante a la del gazpacho). Añada las uvas y sirva inmediatamente.

SIMONE ORTEGA
MIL OCHENTA RECETAS DE COCINA

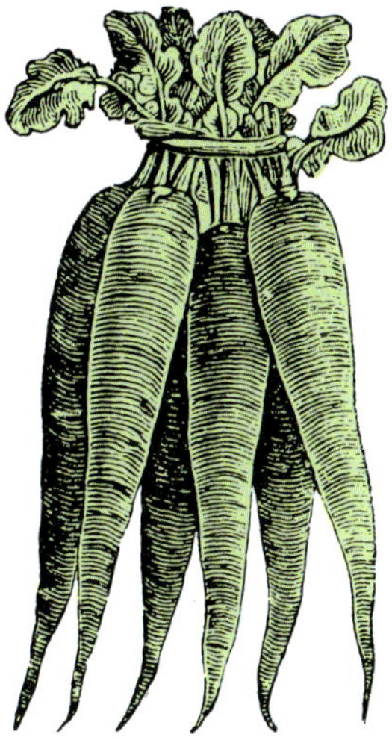

Bacalao con pasas y piñones

Para 4 personas	
Bacalao salado troceado, remojado en agua fría 24 horas, cambiando varias veces el agua, y escurrido	500 g
Pasas	100 g
Piñones lavados	75 g
Harina	30 g
Aceite	12 cl
Cebolla picada	1
Tomates pelados y picados	100 g
Agua	15 cl
Rebanada de pan blanco de la vigilia, cortada en dados, éstos dorados en aceite	1

Enharine el bacalao y fríalo en la mitad del aceite a fuego medio unos 5 minutos, hasta que esté cocido. Caliente el aceite restante en una cazuela y sofría la cebolla hasta que empiece a dorarse. Agregue los tomates y, cuando estén blandos, incorpore las pasas y los piñones. Caliente la mezcla y a continuación vierta el agua. Sale, añada los dados de pan y finalmente, el bacalao. Deje que cueza lentamente durante 5 minutos.

VICTORIA SERRA
SABORES: COCINA DEL HOGAR

Pintada braseada a la manzana

Para 8 personas	
Pintadas	2
Manzanas reinetas sin los corazones y cortadas en trozos grandes	2
Aceite de oliva	15 cl
Zanahoria finamente picada	1
Cebolla finamente picada	1
Puerro finamente picado	1
Sal	
Harina	1 cucharada
Sidra seca o vino blanco	15 cl
Tomates pelados, sin las semillas y picados	500 g

Guarnición	
Manzanas reinetas peladas, sin los corazones y cortadas en rodajas finas	2
Huevo batido	1
Harina	
Aceite para freír	

Ponga el aceite de oliva en una cazuela con la zanahoria, la cebolla y el puerro picados. Cueza poco a poco unos 5 minutos, hasta que las cebollas estén traslúcidas pero no doradas. Retire las hortalizas de la cacerola con una espumadera y emplee esta mezcla, junto con los trozos de manzana, para rellenar las pintadas. Sazone las pintadas con sal y dispóngalas en la cazuela.

Ponga la cazuela a fuego vivo y cueza durante 5 minutos; reduzca el fuego, tape y siga cociendo 20 minutos. Espolvoree con la harina y prosiga la cocción otros 10 minutos, y a continuación añada la sidra o el vino blanco y los tomates. Remueva a fondo y siga cociendo las pintadas con el recipiente tapado unos 45 minutos, hasta que estén tiernas.

Cuando las pintadas estén cocidas, sáquelas de la cazuela y resérvelas al calor. Extraiga los trozos de manzana del interior de las aves y añádalos a la salsa de la cazuela. Cueza la salsa durante unos 5 minutos más, hasta que las manzanas estén completamente blandas, y a continuación pase la salsa por un pasapurés y luego por un tamiz de malla fina dispuestos sobre un cazo. Para la guarnición, recubra las rodajas de manzana con huevo batido y harina, y fríalas brevemente en aceite caliente hasta que estén doradas. Sazónelas con sal.

Corte las pintadas en porciones y colóquelas en una fuente de servicio precalentada. Lleve de nuevo a ebullición la salsa del cazo, y a continuación viértala sobre los trozos de pintada. Adorne con las rodajas de manzana fritas.

JOSÉ CASTILLO
MANUAL DE COCINA ECONÓMICA VASCA

Pavo relleno

Para rellenar un pavo, consulte las explicaciones de la p. 1298. Si el ave se rocía constantemente con sus jugos durante el asado, no será necesario cubrirla con una estameña enmantecada. Los pimientos jalapeños, pueden sustituirse por chiles verdes pequeños.

Para 6 a 8 personas

Pavo	uno de 3 a 3,5 kg
Relleno	
Manteca	30 g
Cebolla finamente picada	1
Diente de ajo picado	1
Cerdo picado	1 kg
Plátano grande y firme, o plátano de las Antillas pelado y cortado en rodajas	1
Manzana verde ácida pelada, sin el corazón y picada	1
Pasas	30 g
Almendras fileteadas tostadas	30 g
Pimientos jalapeños o chiles verdes pequeños, sin las semillas y picados	1 ó 2
Tomates medianos pelados, sin las semillas y picados	2
Sal y pimienta recién molida	
Mantequilla derretida	250 g
Salsa	
Harina	1 cucharada
Caldo de pollo	20 cl
Vino blanco seco	20 cl

Caliente la manteca en una sartén muy grande de fondo grueso y fría la cebolla y el ajo hasta que la primera esté transparente. Añada el cerdo y fríalo hasta que se dore, removiendo sin cesar. Añada el plátano, la manzana, las pasas, las almendras y los pimientos. Escurra el exceso de grasa y mezcle con los tomates. Salpimiente al gusto. Cueza unos minutos más. Enfríe la mezcla antes de rellenar el pavo con ella.

Remoje dos capas de estameña en la mantequilla derretida. Coloque el pavo relleno, con la pechuga hacia arriba, sobre una rejilla metálica dispuesta sobre una cacerola, y cubra el ave con la estameña enmantecada. Ase el pavo en el horno precalentado a 170° por espacio de 2 a 2 ½ horas, hasta que sus jugos fluyan libremente al insertar una broqueta en un muslo del pavo. Rocíe el ave varias veces, durante su cocción, a través de la estameña, con la grasa de la cazuela o con mantequilla derretida.

Cuando el pavo esté cocido, sáquelo del horno y resérvelo al calor. Tire la grasa de la cazuela, excepto 2 cucharadas. Ponga la cazuela a fuego medio y añada 1 cucharada de harina para espesar ligeramente la grasa. Agregue el caldo mezclado con el vino y, con una cuchara de madera, desprenda todas las partículas de grasa de la cacerola y mézclelas con el líquido. Salpimiente al gusto. Sirva esta salsa por separado, en una salsera.

ELIZABETH LAMBERT ORTIZ
THE COMPLETE BOOK OF MEXICAN COOKING

Pollo a la catalana

Para 4 personas

Pollo cuarteado	1 de 1,2 kg
Sal y pimienta	
Aceite	10 cl
Ciruelas secas	150 g
Pasas	75 g
Piñones	50 g
Cebolla picada	1
Tomates maduros troceados y sin semillas	2
Caldo *(p. 1309)* o agua	25 cl
Almendras peladas y tostadas	25 g
Galletas María desmenuzadas	2
Vino blanco	8 cl

Sazone el pollo, caliente el aceite en una sartén grande y dore el pollo uniformemente. Coloque los trozos de pollo fritos en una cacerola.

En el mismo aceite y la misma sartén, fría ligeramente las ciruelas, las pasas y 40 g de piñones. Retírelos de la sartén y colóquelos sobre los trozos de pollo. A continuación, fría la cebolla. Cuando esté bien dorada, añada los tomates y fríalos bien. Vierta encima el caldo o el agua y siga cociendo a fuego lento durante 10 minutos. Tamice esta salsa sobre los trozos de pollo. Coloque la cacerola a fuego lento y cueza de 30 a 40 minutos.

Mientras, machaque los piñones restantes con las almendras y las galletas, y humedezca esta mezcla con el vino. Diez minutos antes de finalizar la cocción agregue esta mezcla a la cazuela.

LUIS BETTONICA
COCINA REGIONAL ESPAÑOLA

Morcillas salteadas con manzanas

Para 4 personas	
Morcillas	1 kg
Manzanas sin los corazones y troceadas	6
Mantequilla	60 g
Sal y pimienta	
Uvas blancas peladas	125 g

Pinche las morcillas con una aguja para que no revienten. Saltéelas en la mitad de la mantequilla en una sartén unos 10 minutos, hasta que estén bien cocidas. En otra sartén, derrita la mantequilla restante y cuando esté muy caliente, dore las manzanas. Si no caben todas las manzanas a la vez, puede dorarlas por tandas.

Disponga las manzanas formando una capa sobre una fuente de servicio caliente y salpiméntela. Coloque las morcillas encima. Caliente las uvas en la sartén en el último momento, y a continuación dispóngalas sobre las morcillas.

ANA MARÍA CALERA
COCINA CASTELLANA

Conejo con ciruelas

Lapin aux pruneaux

Para marinar los trozos de conejo y brasearlos con las ciruelas, consulte las explicaciones de la p. 1304. La autora sugiere marinar el conejo en la nevera de 1 a 2 días, en vez de dejarlo a temperatura ambiente.

Para 4 personas	
Conejo cortado en 6 ó 7 porciones	1
Ciruelas secas	180 g
Aceite	1 cucharada
Mantequilla	15 g
Harina	15 g
Vino tinto	20 cl
Caldo de ave *(p. 1309)*	30 cl
Diente de ajo aplastado	1
Ramillete de hierbas	1
Sal y pimienta	
Perejil picado	1 cucharada

Marinada	
Vino tinto	15 cl
Ramillete de hierbas grande	1
Cebolla groseramente picada	1
Zanahoria groseramente picada	1
Granos de pimienta negra ligeramente aplastados	6
Aceite	1 cucharada

Para marinar los trozos de conejo, póngalos en un cuenco (no utilice uno de aluminio) y agregue los ingredientes de la marinada: vino, ramillete de hierbas, cebolla, zanahoria y granos de pimienta. Vierta encima el aceite. Tape y deje a temperatura ambiente, dando vueltas de vez en cuando a los trozos de conejo, de 4 a 12 horas. Vierta agua hirviendo sobre las ciruelas, tápelas y remójelas unas 3 horas.

Escurra los trozos de conejo y séquelos con papel absorbente. Reserve las hortalizas y el líquido de la marinada; tire el ramillete de hierbas y los granos de pimienta. Caliente en una cacerola para saltear o cacerola poco honda el aceite y la mantequilla, y dore los trozos de conejo uniformemente. Transfiéralos a una fuente. Agregue al recipiente la cebolla y la zanahoria de la marinada y saltéelas ligeramente unos 4 minutos, hasta que se ablanden. Espolvoree con harina las hortalizas y cueza, removiendo, hasta que la harina se oscurezca. Agregue el líquido reservado de la marinada y el vino tinto; lleve a ebullición. Añada el caldo, el ajo y el ramillete de hierbas, y sazone con sal y pimienta. Vuelva a incorporar los trozos de conejo, tape y cueza a fuego lento durante 25 minutos. Transfiera los trozos de conejo a una cacerola poco honda y cuele sobre ellos la salsa, a través de un tamiz, presionando fuertemente sobre las hortalizas. Escurra las ciruelas, agréguelas a la cacerola, tape y cueza a fuego lento de 10 a 15 minutos, hasta que el conejo y las ciruelas estén tiernos.

Transfiera el conejo a una fuente de servicio y disponga sobre el mismo las ciruelas. Si fuese necesario, hierva la salsa para reducirla hasta que revista una cuchara; pruebe la condimentación y vierta la salsa sobre el conejo. Espolvoréelo con el perejil en el momento de servirlo.

ANNE WILLAN Y L'ÉCOLE DE CUISINE LA VARENNE
FRENCH REGIONAL COOKING

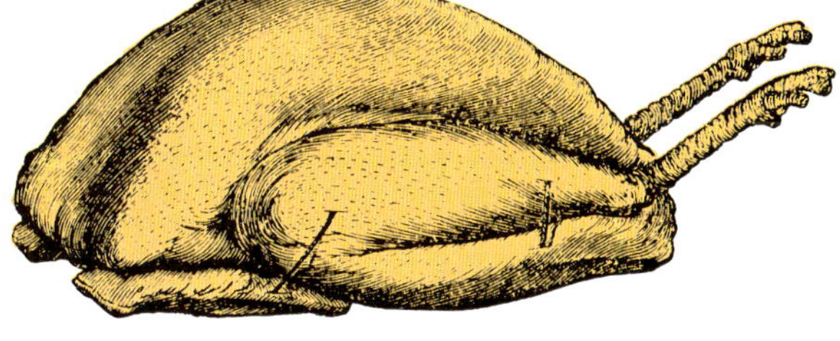

Lomo de cerdo con manzanas

Para evitar que las manzanas se ennegrezcan una vez peladas, sumérjalas en 1 litro de agua acidulada con el zumo de 2 limones.

Para 4 personas	
Lomo de cerdo	750 g
Manzanas peladas, sin los corazones y cortadas en 8 rodajas iguales, corazones reservados	500 g
Aceite	3 cucharadas
Cebolla cortada en rodajas	1
Zanahoria cortada en rodajas	1
Hoja de laurel	½
Sal	
Granos de pimienta	3
Cerveza	50 cl
Vino blanco seco	17 cl
Azúcar	50 g
Harina	2 cucharadas
Mantequilla	50 g

Desgrase el lomo y derrita su grasa con el aceite. Ponga la carne de cerdo en una cacerola con la grasa derretida, la cebolla, la zanahoria, la hoja de laurel, un poco de sal y los granos de pimienta. Introduzca la cacerola en el horno precalentado a 220°. Cuando la carne esté uniformemente dorada, al cabo de unos 30 minutos, vierta la cerveza y los corazones de manzana (sin las semillas). Tape la cacerola, reduzca la temperatura del horno a 180° y cueza durante 1 ½ horas.

Ponga las rodajas de manzana en una tartera, rocíelas con el vino y espolvoréelas con azúcar y harina, esparciendo finalmente sobre ellas trozos de mantequilla. Introduzca las manzanas en el horno hasta que estén blandas y doradas; unos 20 minutos. Cuando el lomo esté cocido, sáquelo del horno y déjelo reposar brevemente. Cuele la salsa y manténgala caliente. Trinche el lomo y disponga las lonchas en una fuente. Cúbralas con la salsa y adorne el borde de la fuente con rodajas de manzana.

ANA MARÍA CALERA
COCINA CASTELLANA

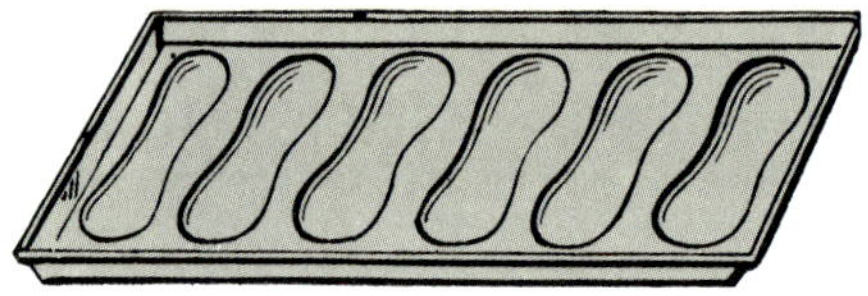

Contrafilete de ternera con manzanas

Para evitar que las manzanas se ennegrezcan una vez peladas, remójelas en 1 litro de agua acidulada con el zumo de 2 limones.

Para 4 a 6 personas	
Contrafilete de ternera, en una sola pieza	1 kg
Manzanas reinetas peladas, sin los corazones y cortadas en rodajas	3
Sal y pimienta	
Harina	60 g
Cebolla cortada en rodajas finas	1
Zanahoria cortada en rodajas finas	1
Ramitas de perejil groseramente picadas	2
Dientes de ajo aplastados	2
Tomillo	
Aceite	50 cl
Vino blanco seco	17 cl
Mantequilla	100 g
Yemas de huevo batidas	2

Ate la carne con un bramante fino, espolvoréela con sal y pimienta y enharínela. Ponga la cebolla y la zanahoria en una placa de hornear y añada la carne, perejil, un poco de tomillo, el ajo y el aceite. Ase la carne en el horno precalentado a 170°, para que no se tueste con exceso. Al cabo de 30 minutos, déle la vuelta y rocíela con el vino. Siga cociendo la carne hasta que esté en su punto, unas 2 horas. Sáquela de la placa y manténgala al calor.

Derrita la mantequilla en un cazo, añada las rodajas de manzana y cuézalas a fuego lento. Pase el jugo de cocción por un tamiz de malla fina y recójalo en una cacerola; con la ayuda de una batidora, incorpórele las yemas de huevo para ligar la salsa. Resérvela al calor en un baño María.

Corte el contrafilete en lonchas y dispóngalas en el centro de una fuente ovalada precalentada. Coloque las rodajas de manzana a un lado de la carne. Rectifique la condimentación de la salsa y viértala sobre la carne.

ANA MARÍA CALERA
COCINA CASTELLANA

Panceta con frutas secas

Schnitzen

Para preparar este plato tradicional de Alsacia-Lorena, consulte las explicaciones de la p.1304. Si la panceta está salada, la autora recomienda poner las lonchas en una cacerola con agua fría, llevar a ebullición y cocerlas a fuego lento de 2 a 3 minutos, escurrirlas, pasarlas por agua fría y después escurrirlas bien otra vez. Para facilitar el revestimiento de la fruta con el caramelo, diluya éste en un poco de agua caliente antes de retirarlo del fuego. En vez de utilizar caldo para disolver el caramelo que pueda quedar en la cacerola, puede remplazarlo por igual cantidad de vino blanco seco, y si fuese necesario, añadir más vino para humedecer el plato mientras se cuece.

Para 6 personas	
Panceta fresca sin la corteza, cortada en lonchas gruesas	300 g
Peras secas, remojadas en agua fría toda la noche y escurridas	150 g
Manzanas secas, remojadas en agua fría toda la noche y escurridas	150 g
Azúcar	60 g
Agua	2 cucharadas
Caldo de ternera *(p. 1309)*	unos 25 cl
Patatas cuarteadas	750 g
Sal y pimienta	

Prepare un caramelo claro calentando el azúcar y el agua en un cazo hasta que el azúcar se disuelva, e hirviendo después la mezcla hasta que adquiera un color dorado oscuro. Retire el cazo del fuego y agregue las manzanas y las peras, removiéndolas para revestirlas con el caramelo. Coloque las lonchas de panceta en otra cacerola y disponga encima de ellas las manzanas y las peras. Disuelva con el caldo el caramelo que haya quedado en el cazo y agréguelo a la panceta y las frutas. Tape la cacerola y cueza a fuego lento de 35 a 45 minutos, hasta que la fruta y la panceta estén casi tiernas.

Añada las patatas y sazone con sal y pimienta. Tape y cueza unos 30 minutos más, hasta que las patatas estén blandas. Si la mezcla parece seca, agregue más caldo durante la cocción; cuando el plato esté terminado, las patatas y la fruta deben estar húmedas, pero sin deshacerse. Pruebe la condimentación y rectifíquela si fuese necesario. Sírvalo todo junto en una fuente o, si lo prefiere, mezcle las patatas con la fruta y disponga encima las lonchas de panceta.

ANNE WILLAN Y L'ÉCOLE DE CUISINE LA VARENNE
FRENCH REGIONAL COOKING

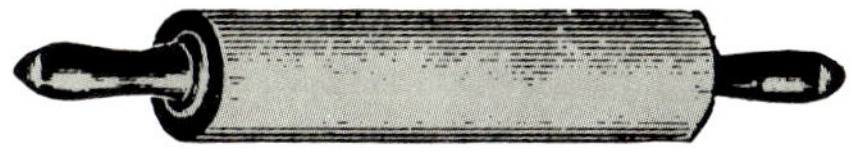

Papayas rellenas

Stuffed papaya

Para rellenar papayas, vea las explicaciones de la p. 1296. La autora recomienda servir las papayas con salsa de tomate. Para preparar la salsa de tomate, fría 1 cebolla finamente picada en 1 cucharada de aceite de oliva, hasta que esté transparente pero no dorada. Añada 750 g de tomates maduros y muy troceados, 2 dientes de ajo picados, 1 cucharadita de tomillo seco, 1 hoja de laurel desmenuzada y, si lo desea, 1 ó 2 cucharaditas de azúcar. Salpimiente y cueza a fuego lento de 20 a 30 minutos, hasta que los tomates queden reducidos a una pulpa espesa. Antes de servir, tamice la salsa ayudándose con una mano de mortero o una cuchara de madera.

Para 6 personas	
Papayas ligeramente verdes, peladas, partidas por la mitad y sin las semillas	500 g
Aceite	2 cucharadas
Cebolla grande finamente picada	1
Diente de ajo picado	1
Buey picado magro	500 g
Tomates medianos pelados y picados	3
Chile rojo o verde, sin las semillas y picado	1
Sal y pimienta	
Parmesano rallado	4 cucharadas
Mantequilla cortada en trozos pequeños	15 g

Ponga las medias papayas en agua hirviendo salada y blanquéelas 10 minutos. Escúrralas a fondo y séquelas con papel absorbente. Caliente el aceite en una sartén y añada la cebolla, el ajo y la carne picada. Saltee durante 15 minutos, removiendo de vez en cuando para disgregar la carne. Añada los tomates, el chile, sal y pimienta al gusto, y cueza breves minutos, removiendo hasta que la mezcla esté bien espesa y ligada. Disponga las mitades de papaya en una placa de hornear engrasada y rellénelas con la mezcla de carne. Espolvoréelas con el queso rallado y esparza encima de ellas los trozos de mantequilla. Cuézalas en el horno precalentado a 180° de 30 a 40 minutos, hasta que las papayas estén perfectamente tiernas.

ELIZABETH LAMBERT ORTIZ
CARIBBEAN COOKING

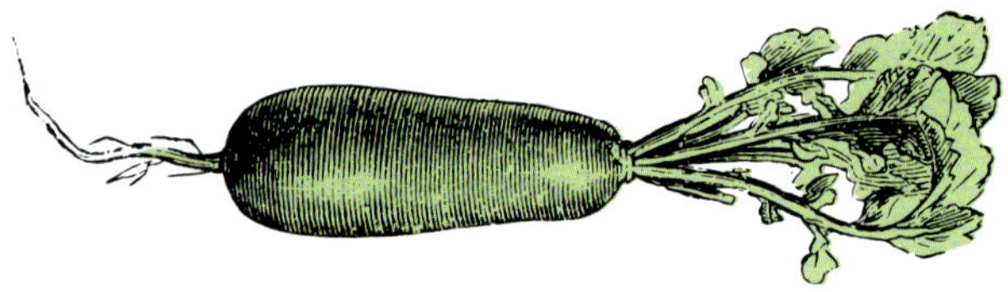

Relleno de mandarinas

Tangerine stuffing

Para preparar el relleno de mandarinas, consulte las explicaciones de la p. 1298. Para evitar que la piel de las nueces confiera un sabor amargo al relleno, sumérjalas, unas pocas cada vez, en agua hirviendo durante 2 minutos, y seguidamente escúrralas y déjelas enfriar antes de extraer con los dedos la piel interior de color marrón. Para pelar las castañas, consulte las instrucciones de la p. 1266.

Para rellenar una oca o un pavo de 5,5 kg

Mandarinas peladas, sin la membrana blanca, gajos separados y cortados por la mitad a lo ancho, sin las pepitas	3
Mantequilla	75 g
Tallos de apio, ½ con sus hojas, cortados en dados pequeños	2 ½
Nueces finamente picadas	90 g
Miga de pan seco de 3 días	250 g
Salvia seca	1 cucharadita
Perejil picado	1 cucharada
Leche o agua (opcional)	1 ½ a 3 cucharadas
Sal y pimienta negra	
Cebolla pequeña finamente picada	1
Castañas peladas, cocidas, escurridas y picadas	300 g
Arroz de grano largo, cocido en agua salada hirviendo 15 minutos, y escurrido	160 g
Tomillo seco	½ cucharadita
Nuez moscada rallada	½ cucharadita
Caldo de pollo caliente *(p. 1309)*	

Derrita en un cazo 30 g de mantequilla a fuego medio. Cuando la espuma desaparezca, añada 2 tallos de apio cortados en dados y saltéelos durante 5 minutos, removiendo constantemente. Agregue las nueces y siga cociendo otros 2 minutos. Retire el cazo del fuego y resérvelo.

En un cuenco grande, mezcle el pan, la salvia y el perejil, humedeciendo la mezcla con leche o agua, si lo desea. Sazone generosamente con sal y pimienta negra.

Derrita la mantequilla restante en otra cacerola colocada a fuego medio y, cuando la espuma se reduzca, saltee la cebolla con el tallo restante de apio, finamente picado con sus hojas durante unos 10 minutos, hasta que esté blando pero no dorado; seguidamente, agréguelos a los ingredientes del cuenco, junto con las castañas, el arroz, el tomillo y la nuez moscada. Vierta el caldo caliente de pollo para humedecer y ligar la mezcla. Con una espumadera, transfiera la mezcla de apio y nueces salteadas al cuenco. Añada los medios gajos de mandarina y amalgame totalmente los ingredientes. Si prefiere obtener un relleno más jugoso, añada la mantequilla en la que se salteó el apio y las nueces.

SUPERCOOK

Arroz con castañas

Arròs amb castanyes

Para 6 personas

Arroz	700 g
Castañas secas, remojadas 4 horas y hervidas en agua unos 2 minutos, hasta que estén blandas	500 g
Sal	
Costillar de cerdo cortado en trozos pequeños	350 g
Manteca	150 g
Cebollas finamente picadas	2
Tomates maduros pelados y picados	6
Piñones	25 g
Dientes de ajo	3
Hebras de azafrán	

Sale el costillar de cerdo y caliéntelo en una cazuela de barro, junto con la manteca. Cuando esté dorado, agregue la cebolla y cuando ésta también esté dorada, añada el arroz y el tomate. Vierta encima algo más de 1 litro de agua hirviendo. Tape y cueza durante 30 minutos.

Machaque los piñones con el ajo y unas hebras de azafrán. Agrégueles un poco del líquido de la cazuela y eche esta mezcla en ella. Incorpore las castañas 10 minutos antes de finalizar el tiempo de cocción. Pruebe la condimentación y sirva el arroz caliente directamente desde la cazuela.

JOSEP LLADONOSA I GIRÓ
LA CUINA QUE TORNA

SEGUNDA PARTE

Postres

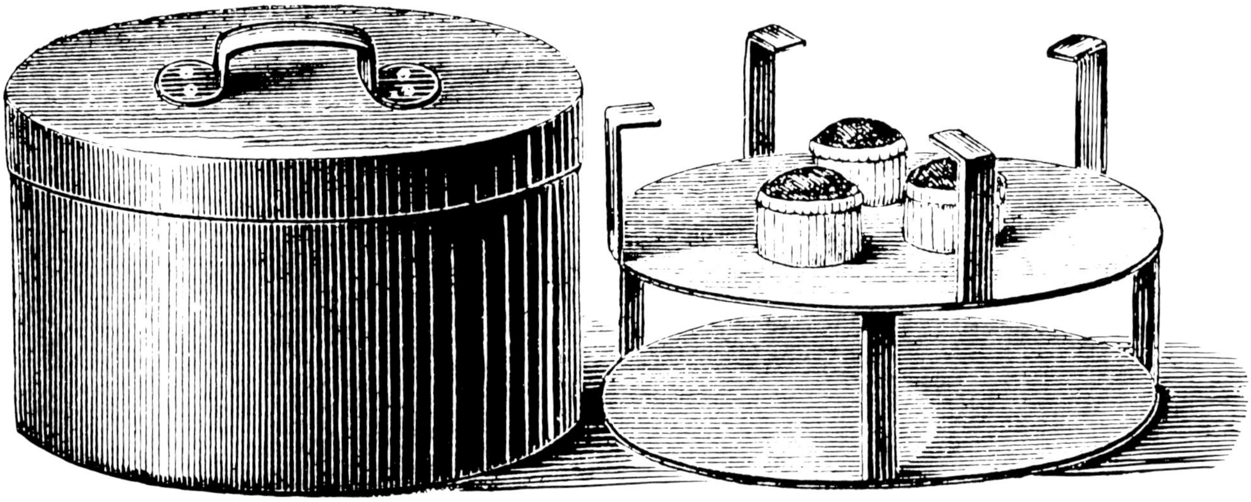

ÍNDICE

SEGUNDA PARTE

Postres

Terminar una comida graciosamente

Si cualquier plato bien preparado aporta cierta satisfacción, los postres están sólo concebidos para dar placer. Al finalizar una comida, cuando el apetito está ampliamente saciado, los postres reavivan el paladar y sugieren un lujo sensual. En el momento en que aparecen en la mesa, se despiertan muchas veces recuerdos de infancia llenos de poesía. Aquí se tratará de la formación de esta «poesía». Desde el punto de vista más sencillo, los postres sólo implican la elección de una fruta perfecta y madura, presentada sin ningún tipo de adorno. Por otro lado, los postres más elaborados requieren la aplicación de varias técnicas (machacar o tamizar, batir o revolver, hornear o congelar), todas ellas explicadas en los siguientes capítulos. Pero sea cual sea su grado de complejidad, todos los postres requieren la atención a los detalles, ya sea para pelar la membrana blanca de una piel de naranja, o separar los huevos para hacer una crema. Afortunadamente, los ingredientes rara vez son sofisticados. Para preparar una exquisita crema bavaresa con capas, sólo se necesitan unos pocos huevos, crema de leche, chocolate o un poco de fruta fresca; con un poco de sémola de la despensa se puede elaborar el budín suflé de la tapa posterior.

Por supuesto, el azúcar está presente prácticamente en todas las creaciones. La mayoría de nosotros tiene un apetito irreprimible de cosas dulces, y los postres sirven para saciarlo. Por supuesto, el desarrollo de la concepción moderna de los postres va aparejado con la disponibilidad, e incluso popularidad, del azúcar. Si bien el azúcar se utilizaba ampliamente en la India hacia el siglo V a. d. J.C., era una delicia desconocida casi en los otros países, se importaba en pequeñas cantidades y se apreciaba tanto que se lo conocía como el «oro blanco». La miel fue el edulcorante principal en la cocina europea hasta el siglo XV. Los árabes extendieron gradualmente el cultivo de la caña de azúcar desde el extremo Oriente, a través del Norte de África, a Sicilia y España, pero los suministros de azúcar a Europa sólo aumentaron considerablemente cuando los españoles colonizaron las Antillas en el siglo XVI, estableciendo plantaciones.

El «oro blanco» no era todavía la sacarosa de granos uniformemente regulares que conocemos en la actualidad. Hasta principios de este siglo, el azúcar se vendía en forma de pilones duros como una roca. Hacía falta pues romper esos pilones, para lo cual el azúcar debía machacarse en un mortero para reducirlo a polvo. Los métodos de refinado eran imperfectos: los cocineros que deseaban un azúcar puro preparaban un almíbar y luego lo clarificaban espumándolo largamente para sacar las impurezas.

Si bien los sistemas culinarios modernos no requieren estas tareas, sigue siendo necesario transformar el azúcar en almíbares y caramelos en casa. Por ello encontrará una guía en la p. 1326 sobre todos los almíbares que se utilizan corrientemente en la confección de postres, así como una explicación de la excéntrica terminología utilizada frecuentemente para describirlos.

Las claras de huevo son también otro ingrediente esencial que ha engendrado misteriosas descripciones y oscuros consejos. A pesar de sugerir lo contrario, la preparación de claras a punto de nieve, voluminosas y estables, no es cuestión de suerte, magia o de las fases de la luna: en la p. 1332 se descubrirá que con un equipo adecuado, perfectamente cuidado y con un batido correcto se obtendrá el punto de nieve requerido. Una vez dominadas estas técnicas básicas en cuanto al batido, no encontrará dificultades para la confección de postres que requieran claras de huevo para subir. En las mismas páginas, una secuencia fotográfica, fase por fase, explica cómo reconocer las diferentes etapas por las que pasa el batido de las claras, e indica el estadio óptimo para los diferentes tipos de postres. Para preparar un suflé o una *mousse,* por ejemplo *(pp. 1380 y 1382),* las claras deben quedar bastante blandas para mezclarse fácilmente con un elemento aromatizante; sólo se han de batir hasta que se forman picos blandos que se desprendan de la batidora. Para los merengues *(p. 1372),* para que queden firmes y aéreos, las claras se han de batir hasta que estén un poco firmes.

Una lista de ingredientes básicos incluye necesariamente la gelatina, la cual permite preparar un postre en un molde atractivo, y darle luego la vuelta para servirlo. La gelatina también añade cuerpo a las *mousses* o los suflés fríos, pero en cualquier caso se ha de utilizar con prudencia: si se pone demasiada, el postre queda duro y algodonoso, y si se pone demasiado poca se echa a perder el postre. En la p. 1334 se explica cómo utilizar la gelatina comercial corriente, tanto si es en forma de hojas como en polvo, y, utilizando los métodos tradicionales, cómo preparar uno mismo la gelatina; empezando con pies de ternera, la fuente de gelatina más fina y pura de todas.

A estos modos de empleo de los ingredientes esenciales, siguen capítulos que tratan sobre las grandes categorías de postres que pueden confeccionarse: entre ellos postres con frutas, *crêpes* y buñuelos, así como postres helados. En estas páginas se explican las técnicas fundamentales para la elaboración de postres, desde la preparación preliminar de las frutas para confeccionar una macedonia a la realización de una crema inglesa. El capítulo final combina y amplía las diferentes técnicas explicadas anteriormente para abarcar creaciones clásicas como la carlota rusa o preparaciones elaboradas como una cesta de merengue rellena con fruta y helado.

Todos los capítulos incluyen una selección de recetas sobre postres, elegidas entre las mejores que se han publicado hasta la fecha. Algunas recetas requieren precisión: no es aconsejable apartarse demasiado de las proporciones y tiempos recomendados en una receta para preparar gelatinas de fruta o un suflé, por ejemplo. Pero otras, como las compotas de frutas o los helados, pueden prestarse a múltiples adaptaciones. Siguiendo los consejos de la descripción de técnicas, déjese inspirar por las recetas y dé curso libre a su imaginación.

Los postres en el menú

Aunque siempre se han consumido diferentes platos dulces desde los tiempos más remotos, la noción de un plato presentado aparte, que se sirve al final de las comidas, es una idea relativamente moderna. Sólo hasta el siglo XIV, como pone de manifiesto un menú parisiense, aparece un manjar de trigo cocido con leche, una especie de gachas dulces, así como gelatinas de fruta y buñuelos servidos junto con piernas de venado y fuentes de lampreas y esturión: los invitados se servían a su antojo lo que les apetecía. La historia de algunos postres pone de manifiesto una clara falta de diferenciación entre los distintos tipos de alimentos. Un manjar blanco, o bavaresa, realizado con leche de almendras, gelatina y crema batida *(p. 1370)* era antiguamente una mezcolanza dulce de pechuga aplastada y almendras. (El nombre de manjar blanco describe adecuadamente ambas versiones: viene a significar «algo blanco para comer».)

Una de las razones por las que se servían juntos platos dulces y salados, fue sin duda la ostentación. Una mesa llena de tantos platos diferentes como fuera posible causaba impresión. Al mismo tiempo, dado que los manjares dulces (así como las especias que solían incluir con frecuencia) eran costosos, un anfitrión que sirviera postres dulces daba en cualquier caso la indudable sensación de ser una persona de recursos.

Incluso cuando se pudo disponer ampliamente de azúcar a bajo precio, llevó tiempo considerar el postre como final de una comida. Los cocineros y sus ayudantes tardaron en renunciar a las grandes mesas llenas de manjares a las que estaban acostumbrados, y sólo a mediados del siglo XIX empezó a tener aceptación la idea de presentar los platos según un orden, a medida que se iban comiendo, de forma que cada plato era remplazado por el siguiente. Pero una vez se hubo adaptado como innovación el «servicio a la rusa», que era como se lo denominaba, se adoptó rápidamente en todo el mundo occidental.

Los comensales fueron los primeros en alabar el nuevo sistema, dado que por fin podían comer los alimentos a la temperatura adecuada. Los cocineros también se alegraron porque se podía disfrutar mejor la comida que preparaban. Al mismo tiempo, podían desarrollar el arte de la preparación del menú. La elección de los platos se sucedía en una secuencia calculada cuidadosamente; el postre culminaba su trabajo.

Presentación y selección

El postre, debido a su posición culminante en el menú, ha de complementar e incluso competir con todo lo que se ha ofrecido anteriormente. Para poder tentar el apetito de los comensales al final de larga comida, la presentación del postre ha de ser excitante y atractiva. Por supuesto, el arte de la preparación de los postres tiene mucho que ver con el arte de la tentación. Antiguamente, el arte de la confección de postres debía más a la arquitectura que a la cocina; la época victoriana favorecía las piezas centrales enormes y de muchos pisos, conjuntos amplios y fantásticos decorados con mucho azúcar y con hojas de oro.

Pocos comensales quedarían impresionados hoy en día con este tipo de creaciones, dado que su enorme tamaño no era el medio más adecuado para apreciarlos como comida. Las preparaciones a base de gelatina, por ejemplo, sólo podían soportar su propio peso si ésta entraba en gran cantidad, por lo que la textura del postre quedaba muy algodonosa. Sin embargo, aunque la tendencia actual implica cierta simplicidad, los cocineros todavía disfrutan haciendo alardes para demostrar la belleza de los materiales que emplean y, dado que éstos son tan amplios y variados a la vista, las presentaciones decorativas prevalecen actualmente tanto como antaño.

Los postres a base de frutas son un ejemplo perfecto. Una ensalada de frutas *(p. 1344)* necesita una mínimo de preparación para irradiar frescura. Los purés a base de fruta mezclados con crema de leche o claras batidas *(p. 1348)* dan lugar a postres de refrescante simplicidad. La fruta también puede servirse de forma más sofisticada; escalfada, por ejemplo, ofrece maravillosos contrastes de formas y colores *(p. 1428)*.

Sin embargo, ningún postre ha de considerarse fuera del contexto de la comida en que se ha de servir. Para que sea una conclusión perfecta, debe depender de los platos anteriores. Exceptuando las fiestas señaladas, los postres más consistentes, como los budines al vapor *(p. 1388)* por lo general, concluyen comidas ligeras, que no van más allá de un plato de sopa de carne como plato principal. Los platos principales requieren postres

ligeros como un sorbete. Y a la inversa, un menú puede estar constituido por platos de complejidad creciente hasta llegar a un postre suntuoso, aunque en ningún caso pesado.

Hay que evitar en un mismo menú la repetición de sabores y texturas. Si hay un solo plato principal con fruta, pato a la naranja por ejemplo, no hay que incluir esta misma fruta en el postre, y sólo hay que servir una salsa a base de huevo en el curso de una comida. El color también es importante. Una serie de platos con salsa blanca y cremosa, finalizada con un postre del mismo color, puede resultar tedioso.

El vino y los postres

La fuerte relación del postre con los vinos, tanto como ingrediente como acompañante, es más amplia e intrincada de lo que mucha gente puede imaginar.

La transformación más simple del vino como parte integrante del postre consiste en verterlo tal cual sobre la fruta, especialmente las fresas. Allí donde crecen vides para hacer vino, la temporada de las fresas ofrece un delicioso ritual para los vinicultores y sus familias; cada día, por lo menos una comida termina con la presentación de un gran cuenco de fresas. A veces, se espolvorean con azúcar y se rocían por anticipado con una botella de vino tinto, pero normalmente los vasos que contienen todavía un poco de vino tinto del que se ha bebido durante la comida, se llenan con las fresas, a fin de que cada uno añada el azúcar que desee y se aplastan ligeramente con una cuchara para que se amalgamen sus perfumes un momento antes de degustarlas. Las calidades de ambos ingredientes se agudizan y cada uno destaca la presencia del otro. El gusto característico de las fresas queda acentuado y el vino cobra repentinamente nueva vida y frescura.

Las fresas no son la única fruta que puede sufrir esta tranformación; los melocotones, ya sean blancos o amarillos, se pueden tratar de la misma forma y con el mismo éxito. A veces, también se vierte champaña sobre las fresas o melocotones. Es una posibilidad especialmente atractiva para el champaña viejo, dada la espuma que forma al envejecer. Pero la síntesis más atractiva que se puede lograr con champaña se alcanza probablemente cuando se vierte un vino espumoso y muy reluciente sobre un sorbete que ya contiene champaña, como el que presentamos en la p. 1410.

Cuando el vino sirve de medio de cocción, sus características se alteran progresivamente, de acuerdo con el grado al que se calienta el vino y el tiempo de duración de la cocción. El sabayón *(p. 1365)* puede ser un buen ejemplo de un tratamiento relativamente suave; el conjunto de los ingredientes sólo se calienta sin ni siquiera llegar a acercarse al punto de ebullición. Las salsas sabayón se suelen preparar con vinos blancos normales, realzados con un elemento aromático como la cáscara de limón o naranja y, frecuentemente, con algún licor. El resultado es notable, pero puesto que el vino que se utiliza en estas preparaciones conserva todas sus características, el cocinero ha de considerar la opción de eliminar los ingredientes aromatizantes y utilizar, en su lugar, un vino especialmente fino que pueda convertir esta salsa en única.

Una cocción prolongada puede alterar un vino hasta dejarlo irreconocible. El almíbar que dejan las peras cocidas en vino tinto es maravilloso, pero debido a la cocción prolongada no queda ni rastro de sus características anteriores; por ello, elija un buen vino rústico de color oscuro.

Durante algún tiempo, no estaba de moda beber vinos dulces, sin duda porque antaño se servían con manjares extraordinariamente dulces o preparaciones muy ricas que sólo encajaban con ellos. A decir verdad, pueden ser sumamente agradables si se sirven con el postre adecuado. A pesar de la tradición francesa de servir champaña con el postre, es prácticamente imposible servir con éxito un vino seco con un postre dulce. Para que la combinación resulte afortunada, el postre ha de ser menos dulce que el vino, puesto que un postre que sea notablemente dulce hará que los vinos más finos que lo acompañen queden flojos y ácidos. También hay que tener en cuenta que el postre ha de estar menos frío que el vino (el helado de champaña rociado con champaña es una excepción poco corriente). El postre también ha de excluir el chocolate, cuyo gusto mata el del vino. Por último, las frutas ácidas han de figurar muy discretamente.

Algunas manzanas cocidas constituyen el complemento ideal para un buen vino dulce. Las manzanas cortadas a rodajas, salteadas en mantequilla, envueltas en *crêpes* calientes y ligeramente espolvoreadas con azúcar y glaseadas rápidamente bajo la parrilla o en el horno caliente, constituyen un acompañamiento tradicional y brillante para un sauternes o para un vino de Alsacia. Los postres con peras quedan muy bien acompañados con vinos, así como los frutos secos, especialmente las almendras. Las bavaresas *(p.1370)* van bien con vinos dulces; una de las experiencias culinarias más maravillosas y complejas la constituye un manjar blanco preparado con leche de almendras, perfumado con una pizca de almendras amargas y saboreado junto con un viejo sauternes. Este vino de sabor muy afrutado y pronunciado realza perfectamente el sabor de este postre. Una combinación de este tipo convierte un gran postre en una experiencia inolvidable.

El azúcar: elemento indispensable de los postres

El elemento que normalmente liga todos los ingredientes de un postre es el azúcar. Se puede esparcir por encima de la fruta, por ejemplo, o batirlo con yemas de huevo para preparar una crema inglesa. Pero en muchos postres, el azúcar se disuelve y cuece en agua para preparar un almíbar.

El recipiente tradicional para preparar el almíbar es de cobre no estañado. El azúcar y el agua se calientan juntos y luego se llevan a ebullición *(recuadro, abajo)*. El azúcar debe haberse disuelto por completo en el agua, removiéndolo a fuego lento, antes de que el almíbar alcance el punto de ebullición; cualquier partícula de azúcar sin disolver puede ser causa de que el almíbar cristalice al hervir. Una vez el almíbar ha alcanzado el punto de ebullición ya no debe removerse.

La densidad del almíbar, es decir, la proporción entre agua y azúcar, se ha de sujetar a las exigencias del postre. Si desea preparar un almíbar y reservarlo en la nevera, hágalo denso; luego lo diluirá.

En la parte superior de la guía de la página siguiente encontrará las proporciones de azúcar y agua que (con idéntico tiempo de cocción, contado a partir del momento en que el líquido entra en ebullición) conducirá a los diferentes tipos de almíbares. De forma adecuada, si bien algo anticuada, los escritores culinarios describen a veces el contenido de azúcar en un almíbar en términos que representan la lectura del almíbar en un sacarímetro (instrumento para medir su densidad) que se calibra en grados Baumé. Hoy en día, los sacarímetros escasean; pero si se ve ante una receta que habla de un almíbar a 22°, puede utilizar la guía para traducir esta cifra en proporciones de agua y azúcar.

Los almíbares de la parte inferior de la guía, cuyo papel es el menos importante en la confección de los postres, son mucho más concentrados, llegando a un contenido de azúcar del 100%. Para hacerlos, se requieren técnicas diferentes. El azúcar se disuelve en una pequeña cantidad de agua, y esta pequeña cantidad se evapora luego rápidamente al hervir. Las propiedades del almíbar cambian al hervir el agua, y es importante calcular cuidadosamente el tiempo para obtener el almíbar requerido. Una vez se ha evaporado toda el agua, sólo queda el azúcar derretido; al cabo de unos pocos segundos empieza a cambiar el color y se convierte en caramelo.

El sistema más preciso de evaluar el grado de cocción de los almíbares concentrados consiste en leer la temperatura del almíbar en ebullición; el azúcar tiene un punto de ebullición más alto que el agua, de modo que cuanto mayor sea la concentración de azúcar más caliente estará el almíbar. Utilice un pesajarabes *(fase 2, abajo)* capaz de registrar estas temperaturas elevadas.

Si no tiene un pesajarabes, básese en la consistencia del almíbar y finalmente en su color *(recuadro, abajo derecha)* para evaluar su grado de cocción.

Preparar un almíbar

1 **Eliminar los cristales.** Ponga la cantidad requerida de azúcar y agua *(guía, p. siguiente)* en una cacerola. Remueva a fuego lento. Con un pincel sumergido en agua caliente, disuelva los cristales de azúcar que se formen en los bordes de la cacerola.

2 **Hervir el almíbar.** Cuando el azúcar se haya disuelto, deje de remover y aumente el fuego. Caliente un pesajarabes en un cuenco con agua caliente para atenuar el contraste con el almíbar caliente e introdúzcalo dentro del mismo. Hierva el almíbar rápidamente el tiempo indicado en la guía, o hasta que el pesajarabes registre la temperatura indicada.

Guía de las proporciones y densidades del almíbar

Nombre	Utilización	Azúcar	Agua	Tiempo de ebullición	Temperatura	Grados Baumé	Cantidad obtenida
Almíbar ligero	Aliño ligero para ensaladas de frutas.	500 g	90 cl	1 min	unos 102°	17°	1,25 l
Almíbar mediano	Aliño de más cuerpo para ensaladas de frutas y líquido de escalfado para frutas.	500 g	60 cl	1 min	unos 102°	22°	90 cl
Almíbar espeso	Líquido de escalfado para frutas ácidas, adecuado para diluir y azucarar purés de frutas y para preparar sorbetes y *parfaits.*	500 g	50 cl	1 min	unos 102°	28°	80 cl
Almíbar concentrado	Para conservar y utilizar a medida que se precise más o menos diluido. Conviene también para ciertos sorbetes y *parfaits.*	500 g	30 cl	1 min	unos 104°	32°	60 cl
Azúcar al punto de hebra	Almíbar muy concentrado utilizado en ciertos helados.	500 g	15 cl	20 seg	unos 102°	38°	30 cl
Azúcar al punto de quebrado duro	Utilizado para glasear frutas y para formar hebras decorativas, como el caramelo.	500 g	15 cl	7 min	157°	—	30 cl
Caramelo	Utilizado para glasear frutas, para preparar hebras decorativas, para recubrir moldes, y como aromatizante.	500 g	15 cl	8 min	173°	—	30 cl

Comprobar la densidad del almíbar

Punto de hebra fina. Al cabo de unos 20 segundos de ebullición, coloque la cacerola en agua fría para detener la cocción. Deje caer un poco de almíbar desde una cuchara: si el almíbar cae formando una hebra fina y corta, ha alcanzado el punto de hebra fina.

Punto de quebrado duro. Una vez el almíbar haya hervido de 6 a 7 minutos, ponga la cacerola en agua fría. Vierta un poco de almíbar en agua fría. Con los dedos retire el trozo de azúcar solidificado y cúrvelo. Si se corta limpiamente *(arriba),* ha alcanzado la fase de quebrado duro.

El caramelo. Hierva el almíbar hasta que empiece a colorearse. Vierta 1 cucharada en un plato blanco; el caramelo debe tener un color ambarino *(arriba).* Saque la cacerola del fuego y enfríela. Si el caramelo se cuece demasiado adquiere un sabor amargo.

Mil y una decoraciones

La mayoría de postres consistentes y de color uniforme, pueden decorarse de forma muy atractiva. Aunque a veces pueda obtenerse un bonito contraste de colores con unos simples pétalos de flores o unas hojas, una decoración comestible es siempre mucho más adecuada.

Sumergiendo frutas enteras pequeñas o rodajas de frutas en un almíbar *(abajo)* quedan cubiertas con una película brillante transparente que se endurece al secarse. Al escalfar tiras finas de cáscara de limón *(p. siguiente, arriba)* y pasarlas a continuación por azúcar se obtiene una decoración crujiente. Ambas guarniciones son apropiadas para purés de frutas y budines.

Unas hebras de caramelo, dejadas caer desde una cuchara en forma de enrejado *(derecha)* pueden utilizarse para adornar helados y otros tipos de postres fríos.

Si vierte chocolate derretido sobre una superficie plana y lo esparce con un cuchillo *(p. siguiente, abajo)* obtendrá volutas con las cuales podrá adornar cualquier postre.

Hebras doradas de caramelo

Preparar hebras de caramelo. Prepare un poco de caramelo *(p. 1326)*. Con una cuchara, espárzalo en tiras finas sobre una placa metálica aceitada. Pase la cuchara sobre la placa de forma que las hebras se crucen unas con otras *(arriba, izquierda)*. Deje endurecer y enfriar el caramelo. Levántelo de la fuente con los dedos o con una espátula pequeña *(arriba, derecha)*.

Frutas glaseadas con un almíbar

Glasear las frutas. Lave las frutas y séquelas sobre una rejilla, sumérjalas luego (aquí fresas, uvas y uvas espinas del Cabo) en un almíbar al punto de quebrado duro *(p. 1327)*. Para sumergir frutas con sus tallos, como las uvas, sujételas por el tallo o sostenga racimos pequeños entre las púas de un tenedor. Ensarte frutas enteras o cortadas en rodajas en una broqueta. Sumerja las frutas en el almíbar, y luego escúrralas sobre una cacerola. Enfríe las frutas sobre una rejilla.

Cáscaras de cítricos confitadas

1 **Preparar las cáscaras.** Lave la fruta, aquí 1 naranja y 1 limón. Pélela lo más finamente posible con un cuchillo afilado. Retire todas las membranas blancas amargas, de forma que sólo quede la cáscara propiamente dicha.

2 **Cortar las cáscaras.** Con un cuchillo afilado, corte la piel a lo largo formando tiras finas, cada una más fina que una cerilla. Para obtener un efecto profesional, corte las tiras lo más regularmente posible.

3 **Cocer las tiras.** Hierva las tiras en un almíbar ligero 5 minutos. Con un tenedor, retírelas del almíbar y déjelas enfriar en un plato. Si lo desea puede enrollar las tiras frías en una fuente espolvoreada con azúcar refinado.

Preparar volutas de chocolate

1 **Verter el chocolate.** Ponga chocolate negro en un cazo de fondo grueso y derrítalo manteniéndolo sobre agua caliente. Cuando el chocolate se haya derretido, viértalo sobre una superficie plana y dura; un mármol, como aquí, o una fuente para hornear.

2 **Extender el chocolate.** Con una paleta, extienda rápidamente el chocolate caliente hasta darle el espesor de una tarjeta. Alise su superficie para que quede lo más uniforme posible.

3 **Formar las volutas.** Trabajando en dirección opuesta a la suya, deslice un cuchillo afilado sobre la superficie de trabajo, sujetándolo con ambas manos y manteniendo la hoja en un ángulo de 45°. El chocolate se irá enrollando formando volutas.

Los versátiles frutos secos

Los frutos secos, enteros o molidos, tostados o caramelizados, constituyen un ingrediente indispensable en la preparación de los postres. Aromatizan crema y helados, constituyen rellenos para frutas y *crêpes* y sirven para decorar gran número de postres.

La primera fase en la preparación de los frutos secos consiste en descascarillarlos, tarea fácil por lo general que requiere sólo un cascanueces adecuado. En el interior de las cáscaras, estos frutos están envueltos por una capa fina y amarga que se suele retirar. Las almendras y los pistachos se pelan fácilmente blanqueándolos primero en agua hirviendo *(abajo, izquierda),* proceso que desprende las pieles; luego, se secan en el horno. El blanqueado no hace saltar las pieles de las avellanas y de las nueces del Brasil con tanta eficacia, pero si se calientan 15 minutos en el horno a temperatura moderada, las pieles quedan escamosas y se desprenden fácilmente frotándolas.

Para desprender las pieles de los frutos secos una vez blanqueados o tostados, éstos se pueden pelar con los dedos o bien frotar los frutos secos con una servilleta.

Los cocos requieren un tratamiento especial. Antes de abrir uno rompiéndolo, escurra el líquido que contiene agujereando con una broqueta las tres entallas u «ojos» de, su corteza. Vierta el líquido. Utilice el dorso de una cuchilla para abrir el coco, un golpe seco a un tercio aproximadamente del extremo opuesto de los «ojos», permitirá abrirlo. Pele y raspe o pique la carne blanca del coco.

Los frutos secos utilizados para decorar proporcionan además un contraste de texturas. Como guarnición, puede utilizar frutos enteros sumergidos en un almíbar espeso *(p. 1326);* añadir frutos picados o fileteados a los rellenos de frutas cocidas *(p. 1350);* o bien puede utilizarlos como cobertura. Para picar los frutos siga el método aquí indicado *(recuadro, derecha).* Para filetear almendras, separe ambas mitades, póngalas con la parte plana hacía abajo y córtelas a lo largo en 5 ó 6 trozos. Puede realzar su sabor calentándolas en el horno a 180° unos 5 minutos.

Los frutos secos molidos, machacados o rallados, sueltan aceites aromáticos y son unos aromatizantes excelentes. Las almendras molidas, por ejemplo, pueden mezclarse con azúcar para obtener pastas dulces; las avellanas molidas a veces se incorporan a una base de merengue *(p. 1372).* Los frutos secos pueden machacarse en un mortero o en un robot.

Para preparar una leche de almendras y otras deliciosamente aromatizadas, para perfumar cremas *(p. 1364)* o bavaresas *(p.1370),* haga una infusión de almendras machacadas, o coco rallado, en leche o agua.

Las almendras, con o sin piel, y a veces ligeramente tostadas, son la base del praliné *(p. siguiente, abajo)* preparado cociendo las almendras con azúcar caramelizado y dejándolo endurecer sobre un mármol.

Blanquear y pelar almendras

1 **Ablandar las pieles.** Ponga las almendras descascarilladas en una cacerola con agua hirviendo. Al cabo de 1 minuto, retire una almendra: si la piel sale con facilidad, las almendras están listas. Escúrralas.

2 **Quitar las pieles.** Con los dedos, pele las almendras. Sumérjalas en agua fría para mantenerlas blancas. Para secarlas y conservarlas más tiempo, espárzalas sobre una fuente de hornear y póngalas en el horno a 170° unos 5 minutos.

Machacar en un mortero

Machacar las almendras. Ponga las almendras peladas en un mortero; para evitar que salten al trabajarlas, no llene el mortero más que a un tercio de su altura. Con una mano de mortero, machúquelas hasta que queden reducidas a la consistencia deseada.

Pelar pistachos

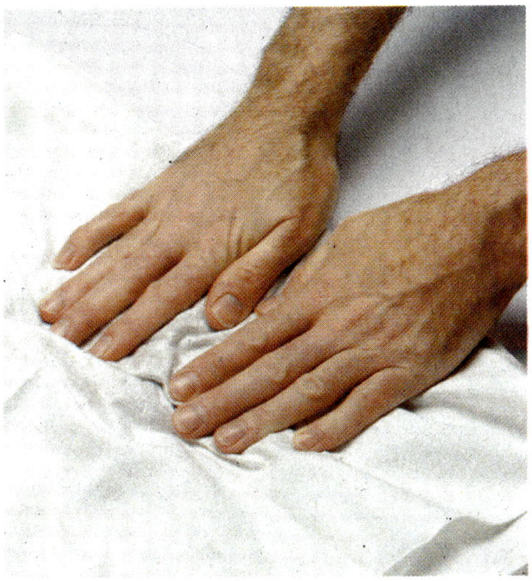

1 **Desprender las pieles.** Ponga un lienzo limpio sobre la superficie de trabajo. Envuelva los frutos blanqueados o tostados, aquí pistachos blanqueados, en el lienzo. Con las palmas de las manos, haga rodar los pistachos en el lienzo.

2 **Pelar los pistachos.** Después de haber rodado los pistachos de 1 a 2 minutos, desenvuélvalos. La mayoría habrán perdido sus pieles; si algunas quedan pegadas retírelas con las manos, puesto que si se vuelven a rodar podrían estropearse.

Picar avellanas

Balancear la hoja del cuchillo. Ponga avellanas sobre la superficie de trabajo. Ponga encima la hoja de un cuchillo, colocando los dedos de la mano libre sobre el cuchillo. Utilizando la punta como pivote, balancee la hoja; pique lentamente para que las avellanas no salten.

Preparar el praliné

1 **Caramelizar las almendras.** Ponga en una cacerola de fondo grueso igual cantidad de almendras que de azúcar. Cueza lentamente, removiendo. Cuando el azúcar adquiera color ámbar pálido, vuelque la mezcla sobre un mármol aceitado y extiéndala con una espátula.

2 **Machacar el praliné.** Deje enfriar el praliné hasta que se haya solidificado, póngalo en una bolsa de plástico y con un rodillo machákuelo hasta obtener el grosor deseado. La bolsa evitará que las partículas de praliné salten de la superficie de almendras.

Preparar leche de coco

Colar la leche. Haga una infusión con almendras machacadas, o como aquí con coco rallado, en leche escaldada o agua hirviendo 1 hora. Cuele la infusión a través de un tamiz forrado con una muselina. Exprima el coco de la muselina y añada su jugo a la leche.

Claras de huevo: una base formada con aire

Cuando se baten claras de huevo crudas, éstas aprisionan aire en forma de burbujas. Estas bolsas de aire se vuelven más pequeñas y numerosas a medida que se sigue batiendo aumentando el volumen de las claras y endureciéndolas progresivamente. El grado de batido de las claras depende de la utilización que vaya a darles: las claras formando picos blandos *(fase 3, abajo)* van bien para los suflés y las *mousses (pp. 1380-1383)*, mientras que para los merengues *(p. 1372)* las claras se han de batir a punto de nieve *(fase 4, abajo)*.

La grasa es el gran enemigo al batir las claras; la menor traza evitará que suban de la forma adecuada. Como la yema de huevo es rica en grasa, hay que separar las yemas de las claras cuidadosamente *(fase 1, abajo)*. Si una yema se rompe y cae en la clara, podrá sacarla con una cuchara; pero como precaución casque cada huevo por separado en un cuenco pequeño antes de añadir la clara a las otras.

Muchas preparaciones, como la crema inglesa (p. 1364) y los helados (p. 1412) requieren yemas pero no claras. Cuando prepare estos platos, separe las yemas de las claras de la forma habitual. Las claras sobrantes se pueden guardar, herméticamente tapadas, en la nevera de 4 a 5 días. Hay que dejarlas a temperatura ambiente antes de batirlas, pues las claras enfriadas no suben tan bien.

Los utensilios han de estar tan libres de grasa como las claras. Antes de utilizarlos, lave los cuencos cuidadosamente con agua caliente jabonosa y enjuáguelos bien con agua con un chorrito de limón. Seque cuidadosamente el equipo con un lienzo limpio antes de poner las claras.

Para batir las claras, utilice un cuenco que no absorba grasa con facilidad; preferentemente de cristal, porcelana o acero inoxidable. Los mejores son los de cobre no estañado, ya que una reacción química entre el metal y las claras de huevo endurece las paredes de las burbujas que se forman al batir. La espuma resultante es estable, incluso cuando se mezcla con otros ingredientes; por ello se obtienen mejores resultados en postres como los merengues y los suflés. No obstante, otra reacción química decolora las claras si se dejan en el cuenco más de 15 minutos.

Puesto que la más ligera mancha en el cuenco de cobre interfiere la reacción que refuerza las claras de huevo, su interior requiere un lavado minucioso antes de utilizarlo *(recuadro, derecha)*.

El tamaño y la forma del cuenco también juegan su papel, El cuenco ha de ser lo suficientemente grande como para poder batir las claras vigorosamente. Su interior debe ser semiesférico, pues un cuenco de fondo plano obstruiría la acción de la batidora.

Una batidora de varillas es el mejor instrumento para batir las claras de huevo. Cuando empiece a batir las claras,

Batir las claras a punto de nieve

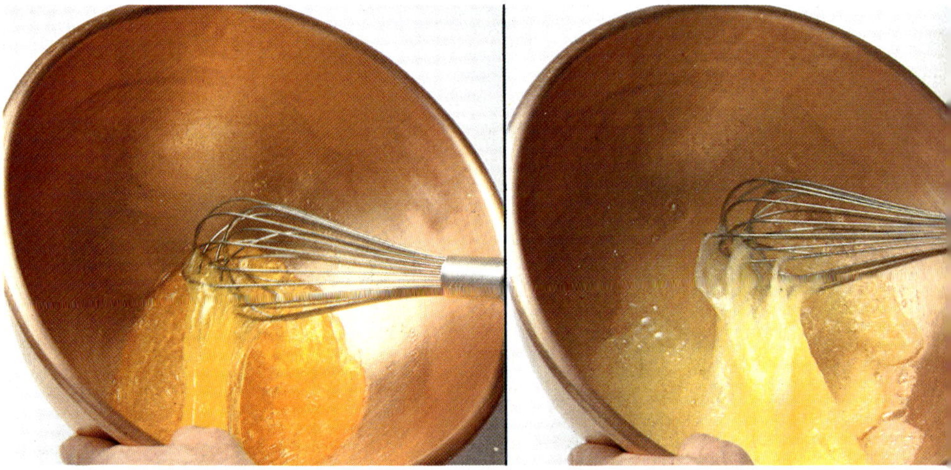

1 **Separar los huevos.** Casque cada huevo contra el borde de un cuenco pequeño; abra la cáscara por la mitad dejando la yema en una mitad y escurra la clara en el cuenco *(arriba)*. Pase la yema a la otra mitad, y de una mitad a la otra, hasta que haya escurrido toda la clara al cuenco. Transfiérala a un cuenco mayor.

2 **Batir las claras.** Cuando haya puesto todas las claras en el cuenco para batirlas, añada una pizca de sal, la cual ayuda a subirlas. Con una batidora de varillas, bata lenta y suavemente al principio, con un movimiento regular en forma de ocho *(arriba, izquierda)*. Cuando las claras empiezan a cambiar quedando espumosas *(arriba, centro)* bátalas con mayor velocidad. Cuando formen una crema espumosa y uniforme *(arriba, derecha)*, bátalas rápidamente con un movimiento circular que levanta las claras e incorpora aire.

tiene que seguir sin parar hasta que estén a punto; cualquier paro prolongado puede dar lugar a que las claras bajen o que se desmoronen en un líquido acuoso.

Trabaje con el cuenco rodeado por el brazo; de este modo podrá mover la batidora de forma rítmica.

Las batidoras eléctricas pueden batir las claras deprisa y sin esfuerzo, pero los resultados no son muy buenos; las claras suben menos que cuando se baten a mano debido a que las cuchillas de la batidora no pasan por todos los sitios al mismo tiempo de forma continuada. Si utiliza una batidora eléctrica es más difícil apreciar los cambios de consistencia de las claras cuando éstas van subiendo. La diferencia entre las claras que forman picos blandos y las que están batidas a punto de nieve *(fases 3 y 4)* es sólo cuestión de unos cuantos movimientos más de la batidora; unas cuantas pasadas más y las claras darán una masa seca y compacta.

Limpiar un cuenco de cobre

Pulir con sal y zumo de limón. Ponga en el cuenco 2 cucharaditas de sal y el zumo de ½ limón, como aquí, o 1 cucharada de vinagre. Con las yemas de los dedos o un lienzo suave, frote la solución ácida y salada por todo el cuenco. Aclárelo bien con agua caliente y séquelo con un lienzo limpio.

3 **Reconocer si forman picos blandos.** Tan pronto como las claras ofrezcan una resistencia definida al batido, levante una parte de las claras con la batidora. Si forman un pico blando, que cae ligeramente *(arriba)*, están lo suficientemente firmes para preparar un suflé o una *mousse*.

4 **Reconocer el punto de nieve.** Para alcanzar la consistencia requerida para los merengues, bata las claras unos cuantos segundos más y vuelva a comprobar de nuevo. Cuando las claras se mantengan en la batidora sin caer, puede empezar a añadir el azúcar para preparar el merengue *(p. 1372)*.

La gelatina: un elemento que transforma los postres

La gelatina es un elemento fundamental en muchos postres fríos y moldeados. Es la base de las gelatinas traslúcidas aromatizadas con vino o zumo de frutas; también se utiliza para dar cuerpo a las bavaresas, *mousses* y purés de frutas *(recetas, pp. 1336-1339)*.

En los postres en los que la gelatina es el ingrediente principal (como la gelatina de fruta de la p. 1346) elija el agente más puro para dar cuerpo, el cual tiene el sabor más delicado; es decir, la gelatina que se extrae de los pies de ternera *(derecha; receta, p. 1336)*.

Hay que cocer 3 ó 4 pies de ternera en 2,5 l de agua para obtener 1 litro de gelatina firme que se solidificará con 90 cl de líquido adicional. No obstante, no hay que hacer demasiados preparativos especiales para preparar la gelatina que se utiliza en un postre. Primero hay que dejarla enfriar para poder quitar toda la grasa. Luego la gelatina se recalienta y para retirarle cualquier gusto de carne se edulcora y aromatiza ligeramente con especias y cáscara de limón. Finalmente, ha de clarificarse cociéndola a fuego lento con claras de huevo batidas y cáscaras de huevo, y colarla a través de un lienzo. El líquido clarificado que quedará se convertirá en gelatina, a la que se podrán añadir vino o zumo de frutas.

En postres como las bavaresas *(p.1370)*, la gelatina vendida en hojas o en polvo *(recuadro, abajo derecha)* es un solidificante adecuado. No sólo se requiere poca cantidad de gelatina, puesto que el postre se aguanta en parte gracias a contener huevos cocidos o crema batida, sino que la consistencia de los pies de ternera quedaría enmascarada. La gelatina en polvo es rápida y de fácil preparación; la gelatina en hojas requiere un remojado previo de 30 minutos.

Las diferentes marcas de gelatina difieren ligeramente en su capacidad de solidificación. Si los fabricantes indican cuánta hay que usar, siga sus instrucciones. En caso contrario, utilice 15 g de gelatina (generalmente 4 hojas) para solidificar 60 cl de líquido.

1 **Partir los pies de ternera.** Si el carnicero no lo ha hecho, sumerja los pies de ternera en agua fría varias horas, para quitarles la sangre, y enjuáguelos. Corte cada pie por la mitad. Para mantener blancos los trozos cortados, póngalos en un cuenco con agua fría mientras va preparando los otros.

2 **Espumar.** Ponga los pies de ternera en una cacerola y cúbralos con agua fría. Blanquéelos de 5 a 6 minutos. Escúrralos y enjuáguelos. Póngalos en una cacerola limpia y cúbralos con agua fría. Lleve a ebullición y cueza lentamente, con la tapadera entreabierta 7 horas como mínimo. Espume de vez en cuando *(arriba)*.

Utilizar la gelatina en hojas y en polvo

Disolver la gelatina en hojas. Ponga las hojas de gelatina en un cuenco con agua fría *(arriba)* y déjelas en remojo. Cuando las hojas estén blandas, póngalas en un cazo pequeño de fondo grueso con un poco de agua. Póngalo a fuego lento hasta que la gelatina se haya disuelto y el líquido esté claro.

Disolver la gelatina en polvo. Por cada 15 g de gelatina, ponga 3 cucharadas de agua muy caliente, sin hervir, en un cuenco pequeño y espolvoree con la gelatina en polvo. La gelatina aumentará y empezará a disolverse. Para completar el proceso, coloque el cuenco en una cacerola de agua caliente a fuego lento 3 minutos.

3 Desgrasar la gelatina. Cuele el líquido a través de un tamiz sobre un cuenco *(arriba, izquierda)*, y resérvelo en la nevera toda la noche. Tire los pies de ternera. Retire la gelatina de la nevera y desgrásela con una cuchara. Si queda grasa, sáquela con un lienzo humedecido con agua caliente.

4 Clarificar la gelatina. Caliente la gelatina suavemente en una cacerola, hasta que se derrita. Añada los aromatizantes: zumo y cáscara de naranja y limón, especias y azúcar *(arriba, izquierda)*. En una ensaladera, bata claras con un poco de vino blanco hasta que formen picos blandos. Añada la mezcla, con las cáscaras de huevo, al líquido de la gelatina. Bata a fuego medio hasta que se forme una capa de espuma *(arriba, derecha)*. Deje de batir y espere a que la gelatina llegue a ebullición. Baje el fuego y manténgalo por debajo del punto de ebullición unos 15 minutos.

5 Colar la gelatina. Suspenda una bolsa para gelatina de un caballete situado encima de un cuenco. Pase la gelatina líquida a la bolsa *(izquierda)* y deje que se vaya escurriendo al cuenco. Si fuese necesario, repita el proceso hasta que el líquido del cuenco esté límpido. Enfríe el líquido hasta que la gelatina se solidifique *(abajo)*.□

Recetas

Gelatina de pies de ternera

Esta gelatina básica permite solidificar 40 cl de vino o zumo de frutas. Prepare la gelatina la vigilia. Para partir los pies de ternera, consulte las explicaciones de la p. 1334.

Para unos 60 cl

Pies de ternera pequeños (o 1 grande), troceados	2
Agua	1,25 l
Azúcar	175 g
Canela molida	
Tiras finas de cáscara de naranja o de limón	
Claras de huevo	2
Naranja o limón, zumo colado	1 de cada
Vino blanco	8 cl
Cáscaras de huevo machacadas	2

Remoje los trozos de pies de ternera en agua fría varias horas para extraer los restos de sangre. Escúrralos, póngalos en una cacerola y cúbralos generosamente con agua fría. Llévelos a ebullición y cuézalos a fuego lento de 8 a 10 minutos. Escurra los pies de ternera, enjuáguelos y póngalos de nuevo en una cacerola limpia y profunda. Añada el agua, que ha de cubrirlos generosamente, lleve a ebullición, espume, tape parcialmente y cueza con el líquido àpenas agitándose unas 7 horas. Los pies de ternera han de quedar sumergidos durante la ebullición: si fuese necesario, añada un poco de agua hirviendo de vez en cuando. Cuele el líquido a través de un tamiz situado sobre un cuenco y resérvelo en la nevera toda la noche.

Al día siguiente, retire de la superficie de la gelatina las trazas de grasa con una cuchara, y seque la superficie con un lienzo previamente sumergido en agua caliente y retorcido.

Caliente la gelatina en una cacerola grande para que se derrita, y añada el azúcar, 1 pizca de canela molida, varias tiras de cáscara de naranja o de limón y el zumo de la naranja y el limón. Bata las claras de huevo y el vino blanco juntos en un cuenco grande, añada luego esta mezcla a la gelatina líquida, junto con las cáscaras de huevo machacadas, batiendo constantemente. Lleve a ebullición, batiendo todavía, hasta que se forme una capa espesa de espuma. Reduzca el fuego al mínimo y cueza lentamente unos 15 minutos. Transfiera el líquido a un cuenco a través de una bolsa para gelatina, o un tamiz recubierto con un lienzo de textura compacta, o una servilleta de lino. El líquido ha de ser muy transparente: si fuese necesario, cuélelo de nuevo. Tapada y reservada en la nevera, la gelatina se mantendrá unos 5 días.

Crema a la francesa

French flummery

Para 6 personas

Crema de leche espesa	90 cl
Azúcar	unos 90 g
Hojas de gelatina ablandadas en 3 a 4 cucharadas de agua	20 g
Agua de rosas y de azahar	1 cucharada de cada

Ponga la crema de leche en un cazo y cuézala lentamente 15 minutos, removiendo constantemente. Retírela del fuego, agréguele azúcar al gusto, añada la gelatina y remueva hasta que se haya disuelto. Incorpore el agua de rosas y de azahar. Cuele la mezcla en un molde de 1,25 l de capacidad. Reserve en la nevera alrededor de 1 ½ horas, hasta que la crema se haya solidificado. Desmoldéela sobre una fuente y coloque a su alrededor peras cocidas. Sirva con crema de leche.

THE ART OF COOKERY, MADE PLAIN AND EASY

Crema al vino y al limón

Berliner Luft

Para 4 personas	
Vino	15 cl
Limón, cáscara rallada	1
Hojas de gelatina disueltas en 10 cl de agua caliente	15 g
Huevos	4
Zumo de limón	5 cucharadas
Coñac	1 cucharada
Crema de leche espesa batida	25 cl

Añada el vino y la cáscara de limón a la gelatina disuelta. Bata los huevos en un baño María colocado sobre agua caliente, pero no hirviendo, hasta que empiecen a espesarse ligeramente. Retírelos del fuego. Cuele la mezcla de gelatina sobre los huevos, y añada el zumo de limón y el coñac. Bata la mezcla hasta que esté fría. Finalmente, incorpórele la crema batida. Sirva en vasos; adorne con almendrados o barquillos.

GRETE WILLINSKY
KOCHBUCH DER BÜCHERGILDE

Crema de fresas

Strawberry cream

Para 4 personas	
Fresas sin los tallos	250 g
Azúcar	60 g
Zumo de limón	2 cucharadas
Hojas de gelatina remojadas en 4 cucharadas de agua fría	15 g
Leche	10 cl
Crema de leche espesa fría	30 cl

Pase las fresas a través de un tamiz de nilón sobre un cuenco, y añada el azúcar y el zumo de limón. Disuelva la gelatina en la leche, en un cazo colocado a fuego lento. Cuele luego sobre las fresas. Bata la crema de leche y agréguela a la mezcla de fresas. Mezcle a fondo y vierta en un molde de 1 litro de capacidad. Deje el molde sobre hielo, o en la nevera, hasta el momento de servir. Desmoldee entonces.

COR. A.F. KENNEY-HERBERT (WYVERN)
FIFTY DINNERS

«Mousse» de manzanas

Fresh apple mousse

Para 8 personas	
Manzanas grandes para cocer peladas, sin el corazón y cortadas en rodajas de 1 cm de grosor	10
Azúcar	100 g
Agua	15 a 20 cl
Zumo de limón	2 ó 3 cucharadas
Gelatina en polvo disuelta en 5 cucharadas de agua caliente	15 g
Ron	2 cucharadas
Crema de leche espesa batida	40 cl

Ponga las manzanas en una cacerola con el azúcar, el agua y el zumo de limón. Cuézalas de 10 a 12 minutos, hasta que alcancen la consistencia de una salsa de manzana espesa, removiendo con frecuencia. Retire la cacerola del fuego.

Añada la gelatina disuelta a la mezcla de manzanas cocidas, y bata con una batidora de varillas o eléctrica. Vierta la mezcla en un cuenco y póngala en la nevera o sobre agua fría, removiendo de vez en cuando para acelerar el proceso de enfriado. Cuando la mezcla esté fría y empiece a solidificarse, incorpórele el ron y la crema batida. Vierta en 8 copas de champaña, enfríe 1 hora aproximadamente hasta que se haya solidificado, sirva muy frío.

DOMINIQUE D'ERMO
THE CHEF'S DESSERT COOKBOOK

Crema de frambuesas

Crème celesta

Para 6 a 8 personas	
Frambuesas reducidas a puré, aromatizadas con 1 cucharada de kirsch o marrasquino	25 cl
Almíbar frío a 22° Baumé	20 cl
Yemas de huevo	10
Vaina de vainilla	1
Crema de leche espesa	30 cl
Azúcar refinado	60 g

Vierta el almíbar en una cacerola mediana de cobre estañado, colocada dentro de otra más grande con agua por debajo del punto de ebullición. Añada las yemas de huevo y bata a fondo. Incorpore la vainilla y cueza, removiendo constantemente, hasta que la mezcla esté lisa y brillante. Cuando tenga la consistencia de una salsa holandesa, retire la vainilla. Transfiera la preparación a un cuenco esmaltado y bátala hasta que se enfríe.

Añada el puré de frambuesas y vierta la crema en tazas o moldes de porcelana individuales, llenándolos hasta los dos tercios de su altura. Enfríe en la nevera durante 1 hora. Bata la crema de leche con el azúcar. Llene las tazas o moldes hasta arriba con la crema azucarada, y enfríe de nuevo en la nevera hasta el momento de servir.

ÉDOUARD NIGNON
LES PLAISIRS DE LA TABLE

Crema panal de miel

Honeycomb cream

Esta crema aromatizada simplemente con limón es un postre delicioso. También puede aromatizarla con una vaina de vainilla para acompañar a la perfección cualquier postre de bayas, las cuales pueden disponerse en una compotera para realzar la crema. Es mejor servida con una crema inglesa, a la que se habrá agregado un poco de crema de leche batida en el último minuto.

Para 6 a 8 personas	
Crema de leche ligera	20 cl
Limón, cáscara rallada, zumo colado	1
Leche	40 cl
Huevos grandes, yemas separadas de las claras	3
Azúcar	60 g
Hojas de gelatina remojadas en 4 cucharadas de agua	20 g

Añada la cáscara de limón rallada a la crema de leche y la leche. Lleve lentamente a ebullición, para que el aroma del limón se comunique al líquido.

Bata en un cuenco las yemas de huevo, el azúcar, el zumo de limón y agrégueles la gelatina remojada. Batiendo vigorosamente, agregue la mezcla de leche y crema de leche caliente.

Coloque el cuenco en un recipiente con agua fría, procurando que no entre agua en la crema. Remuévala de vez en cuando mientras se enfría, removiendo la crema de los lados con el resto, puesto que en las paredes del cuenco es donde se solidifica primero.

Mientras la crema se está enfriando, bata las claras de huevo a punto de nieve. Incorpore éstas cuidadosamente, pero por completo, a la crema fría pero no firme.

Vierta la mezcla en un molde de suflé de 90 cl de capacidad humedecido. Reserve la preparación hasta el momento de servirla, en un sitio fresco como la despensa o la bodega. Intente no ponerla en la nevera a no ser que la temperatura sea muy elevada. Todos los postres a base de gelatina quedan mejor si no se ponen en la nevera, pues pueden adquirir una consistencia algodonosa si se dejan enfriar más allá de unas horas.

MICHAEL SMITH
FINE ENGLISH COOKERY

Bavaresa «Perfect love»

Bavarian cream Perfect love

Para preparar una bavaresa de chocolate, derrita 90 g de chocolate en la leche; para una bavaresa de café, sustituya la leche por café fuerte recién preparado.

Para 8 a 10 personas	
Azúcar	400 g
Yemas de huevo	8
Leche	45 cl
Clavos	6
Gelatina en polvo remojada en 4 cucharadas de agua fría	15 g
Crema de leche espesa batida	40 cl
Limones, cáscara rallada	2

Bata el azúcar y las yemas de huevo en un cuenco hasta que la mezcla tenga un color amarillo limón. Caliente la leche con los clavos. Cuando la leche alcance el punto de ebullición, retire los clavos y vierta lentamente la leche sobre las yemas de huevo y el azúcar, removiendo o batiendo. Ponga esta mezcla en una cacerola a fuego muy lento, y remuévala constantemente con una cuchara de madera hasta que ésta quede recubierta. No deje hervir. Retire del fuego y vierta sobre la gelatina remojada. Remueva siguiendo la misma dirección hasta que la gelatina se haya disuelto por completo; luego cuele y remueva de vez en cuando, hasta que la mezcla esté fría. Cuando empiece a espesarse, incorpórele la crema batida con la cáscara de limón rallada. Vierta la mezcla en un molde ligeramente aceitado de 1,75 l de capacidad, reserve en la nevera 4 horas. Desmolde sobre una fuente antes de servirlo.

ALICE B. TOKLAS
THE ALICE B. TOKLAS COOK BOOK

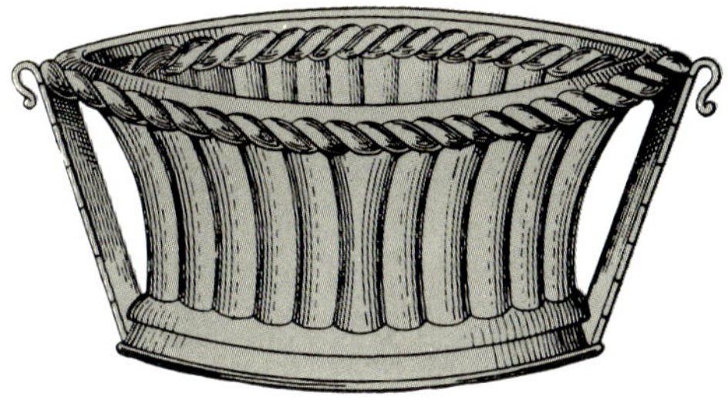

«Mousse» de moca con salsa Tía María

Para preparar la crema inglesa, consulte las explicaciones de la p. 1364.

Para obtener una salsa límpida, como la de esta receta, es preferible el arrurruz a la harina de maíz. En lugar de Tía María, puede emplear otro licor de café.

Para 8 personas	
Café fuerte	35 cl
Yemas de huevo	6
Azúcar granulado	150 g
Hojas de gelatina	30 g
Agua fría	10 cl
Crema de leche espesa	90 cl

Salsa Tía María	
Licor Tía María	4 cucharadas
Café fuerte	75 cl
Azúcar	300 g
Arrurruz	2 cucharadas
Agua fría	4 cucharadas

Prepare una crema inglesa con las yemas, el azúcar y el café. Ablande la gelatina en agua fría y añádala a la crema. Remuévala y enfríela. Bata la crema de leche y agréguela a la crema inglesa. Vierta la mezcla en un molde en forma de melón de 1,75 l de capacidad y enfríela.

Para preparar la salsa, caliente el café con el azúcar. Mezcle el arrurruz con el agua fría y añádalo a la mezcla de café. Cueza lentamente y remueva hasta que espese. Añada el Tía María y enfríe.

Desmoldee la *mousse* y vierta por encima la salsa Tía María antes de servir.

JOSÉ WILSON (REDACTOR)
HOUSE AND GARDEN NEW COOKBOOK

1

Postres de frutas
Diversidad de gustos y colores

Una salsa de frambuesa completa una ensalada de frutas colocada en una corteza de piña. Fresas enteras y rodajas de actinidias se mezclan con la carne de la piña; unos trozos de hielo colocados en torno a la piña mantienen la ensalada fría y confieren al postre una presentación atractiva.

La mejor preparación para cualquier alimento es aquella que respeta al máximo su sabor natural, y puesto que la fruta madura y perfecta necesita poca preparación por parte del cocinero, la mayoría de postres a base de fruta proporcionan el máximo de recompensa con un mínimo de esfuerzo. Enjuagar o pelar, espolvorear con azúcar, o rociar con vino o un poco de licor, es suficiente para obtener postres suculentos, servidos fríos, pero no helados porque disminuiría el sabor y el perfume de la fruta. Las fresas frescas en un vaso de buen vino, por ejemplo, constituyen un postre tan exquisito como simple. Por supuesto, puede combinar una amplia variedad de frutas en una ensalada *(pp. anterior y 1344)* armonizando tanto los colores como los sabores y texturas.

Los postres de fruta cocidos oscilan desde las manzanas rellenas horneadas *(p. 1350)* a la elegancia de las compotas *(p. 1356)*. Un puré de frutas mezclado con crema batida se convierte en un fantástico postre *(p. 1348)*; batido con claras de huevo se convierte en hinchado y cremoso *(p. 1349)*; recubiertos con pan y horneados, los purés de fruta se transforman en deliciosas carlotas consistentes *(p. 1354)*.

Antes de decidir qué postre de frutas se va a preparar, determine qué frutas se pueden comprar en el mercado. En lo posible, compre frutas de la estación; no sólo porque tienen más sabor, sino porque su abundancia abarata los precios.

Aprenda a reconocer las señales de la madurez. Un color vivo es la guía obvia: los albaricoques maduros tienen un matiz dorado, las uvas espinas maduras deben ser doradas o rosáceas. Otros signos útiles son la blandura y la fragancia. Una piña madura tiene un aroma dulce y la base cede a una presión ligera. De igual modo, un melón muy maduro tiene aroma y es ligeramente blando por un lado; se ahueca cuando se presiona con la mano o se golpea.

La mayoría de frutas se pueden obtener en distintas variedades, adecuadas para diferentes preparaciones. Las manzanas crujientes y azucaradas son lo mejor para la ensalada de frutas por ejemplo, mientras que las harinosas, que no se desintegran al cocerse, son más adecuadas para hornear o reducir a puré; las peras de carne dulce y suculenta son ideales para comer frescas, pero sólo resisten una cocción breve; otras variedades son duras y van perfectamente bien para hornear o para escalfar en vino largo tiempo. Compre y pruebe tantas variedades de frutas como pueda; la experiencia es la mejor maestra.

Preparar las frutas para comer y cocinar

Aunque los comensales puedan pelar fácilmente una manzana o un plátano en la mesa, las frutas destinadas a las ensaladas, guarniciones o postres cocidos deben prepararse con antelación. Aquí explicamos las diferentes técnicas de preparación de frutas, desde la naranja al mango.

La finalidad de estas técnicas es liberar las frutas de las partes duras, pero los subproductos no han de desecharse. Recoja y guarde el jugo que sale de las frutas al manipularlas; extraiga el sabor de las pieles comestibles, como las de los melocotones o las peras, escalfándolas en un almíbar.

Para obtener el máximo de sabor fresco y color no pele ni corte en rodajas hasta el último momento. Use cuchillos de acero inoxidable. Algunas frutas, una vez cortadas se ennegrecen al contacto con el aire: sumérjalas en zumo de limón y agua, o en almíbar, o frótelas con un cuarto de limón.

Trocear una piña

1 **Pelar la piña.** Corte la parte superior de la piña, así como la base. Coloque la piña sobre una superficie de trabajo y sosténgala con un tenedor. Sujete el tenedor para que la fruta no se mueva y corte la piel en tiras verticales. Con la punta de un cuchillo, desprenda los trozos de piel adheridos *(arriba).*

2 **Retirar el corazón.** Coloque el cuchillo a un lado del corazón fibroso y corte verticalmente a través de la piña. En el trozo que contiene el corazón, dé un segundo corte vertical a 90° del primero, retire el corazón de la tercera sección restante y resérvelo para aromatizar un almíbar. Trocee la carne.

Cortar gajos de naranja perfectos

1 **Pelar las naranjas.** Haciendo rodar lentamente una naranja en la mano, y con un cuchillo pequeño y afilado, vaya pelando la fruta en forma de espiral continua. Si lo desea, corte la piel tan finamente como le sea posible y utilícela para aromatizar un almíbar o decorar un postre *(p. 1329).*

2 **Cortar las naranjas.** Para separar cada gajo de naranja de la membrana que lo envuelve, corte a ambos lados del gajo entre la carne y la membrana. Ponga los gajos de naranja sobre un cuenco para recoger los zumos.

3 **Exprimir el zumo.** Cuando haya separado todos los gajos, exprima lo que queda de la naranja sobre el cuenco para extraer todo el zumo. Sirva el zumo con los gajos de naranja o resérvelo para aromatizar un almíbar.

Preparar un mango de carne blanda

1 Pelar el mango. Para pelar un mango maduro sin estropear su carne blanda, sosténgalo con un tenedor por uno de sus extremos. Haga unas incisiones en la piel a lo largo para dividirla en cuatro secciones. Sujete la piel entre el pulgar y la hoja del cuchillo y tire de cada trozo *(arriba).* Deseche la piel.

2 Cortar el mango a rodajas. Corte el mango a lo largo y, trabajando hacia usted, corte en torno al hueso. Sáquelo y tírelo. Corte en rodajas el mango para incorporarlo a una ensalada *(p. 1344)* o páselo por un tamiz de nilón para obtener un puré.

Retirar las pieles

Pelar una nectarina. Vierta agua muy caliente sobre la fruta; al cabo de breves segundos, escurra y cubra con agua fría. Saque la piel a tiras, tirando de ella entre el pulgar y el cuchillo hacia usted.

Quitar los tallos

Quitar los tallos de las grosellas. Pase los tallos de un pequeño racimo de grosellas rojas entre las púas de un tenedor. Presione suavemente *(arriba).* Los frutos caerán intactos y sin estropearse.

Vaciar una papaya

Extraer las semillas. Pele la papaya con un cuchillo en tiras longitudinales *(fase 1, arriba).* Tire la piel. Corte la fruta por la mitad y retire las semillas con una cuchara. Para servir las mitades de papaya, espolvoréelas con azúcar y zumo de limón; para una ensalada, córtelas en tiras finas.

Abrir una granadilla

Sacar la pulpa. Corte ambos extremos de la fruta, utilice una cuchara para vaciar la pulpa y las semillas comestibles en un cuenco. Tire las pieles. Añada la pulpa y las semillas a una macedonia de frutas, o empléelas para una salsa, que se puede verter, por ejemplo, sobre un helado *(p. 1413).*

Pelar las actinidias

Sacar las pieles. Pele la piel rugosa y marrón de la actinidia con las uñas o con un cuchillo pequeño y afilado. Tire las pieles; corte la carne verde y brillante y agréguela a una ensalada.

Ensaladas de frutas exóticas o sencillas

Las ensaladas de frutas son algunos de los postres más sencillos y refrescantes. Presentadas en cuencos de cristal o en recipientes confeccionados a base de la misma fruta, constituyen un placer para la vista. Puede servir porciones individuales en cáscaras de naranjas grandes y de pomelo *(receta, p. 1358)*, o en un melón como aquí *(derecha)*. Las frutas más grandes, como la piña *(p. 1340)* y la sandía *(abajo, derecha)*, pueden vaciarse para obtener recipientes que contengan una ensalada abundante.

La elección de la fruta para una ensalada depende de la disponibilidad de los ingredientes, así como del gusto personal. Hay que seleccionar siempre fruta perfecta y madura y sacar partido de la producción estacional; peras, mandarinas y manzanas en invierno, por ejemplo; bayas y otras frutas blandas en verano. Para mantener el sabor distintivo de cada fruta, no incluya más de 4 ó 5 frutas distintas en cada conjunto. Aquí presentamos en las mitades de un melón una mezcla de actinidias, papaya, mango y granadilla; en la cesta de sandía se encuentran gajos de naranja, cerezas deshuesadas y uvas peladas, que se mezclan con la propia pulpa de la sandía.

Para que el color de la fruta se mantenga brillante, no la pele ni corte *(p. 1342)* hasta el último momento, y añada un chorrito de lima o de limón. Una pizca de sal ayudará a mantener las frutas aromáticas. Para realzar sus sabores naturales, espolvoree las frutas con un poco de azúcar y rocíelas con un poco de vino o de licor; especialmente ron, coñac o licor de frutas. El Grand Marnier, por ejemplo, va bien con las ensaladas de agrios; el licor de pera con las peras, y el kirsch con casi todo. Un puré de frutas o un almíbar ligero *(p. 1326)*, en el que se ha escalfado fruta o pieles comestibles, puede constituir una salsa ideal. Utilice cada uno de estos ingredientes solos, o experimente hasta encontrar la combinación que va bien con su paladar y su ensalada.

Una ensalada tropical dentro de un melón

1 Cortar el melón. Retire el pedúnculo del melón y haga una incisión en el centro, utilice esta marca como guía para cortarlo en zigzag. Separe ambas mitades *(arriba)*. Corte una rodaja fina en los extremos para que pueda mantenerse en pie.

2 Retirar las semillas. Saque las semillas con una cuchara, así como la membrana que envuelve las semillas y presiónelas contra un tamiz para extraer su jugo. Si lo desea, utilice un cuchillo o una cucharilla especial para retirar parte de la fruta: puede agregarla a la ensalada o reducirla a puré y agregarla a un sorbete *(p. 1410)*.

Una cesta de frutas

1 Confeccionar la cesta. Ate un cordel por el centro de la sandía para delimitar el borde de la cesta. Con un cuchillo afilado, marque dos arcos en cada lado del tallo para delinear el asa. Corte vertical y horizontalmente a lo largo de las guías *(arriba)*. Corte a través del centro de la sandía, pero no corte la base del asa.

2 Cortar el asa. Saque los dos trozos de sandía de cada lado del asa y resérvelos. Corte delicadamente la carne situada debajo del asa cercana a la piel y a lo largo de la base del arco *(arriba)*.

3 **Añadir el almíbar.** Prepare un almíbar ligero *(p. 1326)*; puede utilizar un almíbar en el que se hayan escalfado frutas, aquí grosellas *(p. 1356)*. Mientras el almíbar se enfría, prepare las frutas *(p. 1342)*, aquí una mezcla de frutas tropicales. Ponga los trozos de fruta en una ensaladera y vierta el almíbar enfriado *(arriba)*.

4 **Mezclar la ensalada.** Rocíe con un poco de zumo de lima o de limón y añada 1 pizca de sal. Mezcle la fruta y el almíbar con las manos. Al mezclar la ensalada a mano, los trozos quedan uniformemente revestidos sin que la fruta se estropee.

5 **Servir la ensalada.** Transfiera cuidadosamente la ensalada de frutas con una cuchara dentro de cada mitad de melón *(arriba)*; ponga las mitades en platos. Enfríe los melones rellenos 2 horas antes de servirlos.☐

3 **Terminar la cesta.** Sujete la base de la sandía con una mano y corte suavemente la pulpa situada debajo del asa. Corte alrededor de la corteza interior de la cesta para retirar la carne.

4 **Preparar la fruta.** Corte la pulpa de los trozos de sandía y tire las cortezas. Retire las semillas con la punta de un cuchillo *(arriba)*. Corte la pulpa en trozos. Prepare las otras frutas, aquí naranjas, cerezas y uvas negras. Póngalas en un cuenco con la sandía.

5 **Rellenar la cesta.** Añada 1 pizca de sal y rocíe con azúcar y zumo de lima, mezcle a mano *(fase 4, arriba)* y coloque la ensalada en la cesta. Ponga la cesta en un cuenco lleno hasta la mitad con hielo picado. Ponga más hielo picado *(arriba)* y enfríe la fruta 15 minutos más antes de servir.☐

Una gelatina de fruta límpida

Una gelatina de fruta moldeada en un atractivo molde acanalado alía a su apariencia atractiva una ligereza bien recibida después de una comida copiosa. La gelatina límpida de esta preparación se ha hecho con gelatina de pies de ternera *(p. 1334)* mezclada con zumo de naranja fresco; la adición del zumo de un limón realza el sabor de la fruta *(receta, p. 1358)*. Puede sustituir el zumo de naranja por zumo de lima o pomelo, pero sin añadir limón.

Utilice un exprimidor para extraer el zumo de los agrios, y para que la gelatina quede lo más límpida posible, pase el zumo por un tamiz recubierto con una muselina.

Si utiliza gelatina de pies de ternera, derrítala a fuego lento y mézclela con un volumen de zumo de fruta ligeramente inferior al suyo. Añada azúcar si fuese necesario (los pies de ternera se suelen endulzar durante la preparación) y luego vierta la mezcla en el molde para que solidifique. Si usa gelatina comercial *(recuadro, p. 1334)*, las instrucciones le indicarán qué proporciones debe emplear; tenga en cuenta que quizá deba endulzar el postre. Mezcle la gelatina una vez remojada con agua y azúcar, y remueva a fuego lento hasta que ambos se hayan disuelto.

Asegúrese de que la cantidad de gelatina aromatizada es suficiente para llenar el molde, pues si el postre sobresale más de 1 cm del borde del molde puede estropearse al volcarlo sobre una fuente.

La gelatina necesita unas 4 horas en la nevera para solidificarse; tápela para evitar que se contamine con otros olores. Si fuese necesario se puede conservar de 1 a 2 días, pero pierde sabor y frescura.

El desmoldeado es sencillo. Derrita la superficie exterior de la gelatina sumergiendo 1 segundo el molde en agua caliente; la gelatina se desprenderá fácilmente al dar la vuelta al molde. Cuide de no prolongar demasiado la inmersión, pues los contornos se derretirían y la gelatina no tendría unas formas puras.

1 **Preparar el aromatizante.** Exprima el zumo de 1 limón y varias naranjas. Deje reposar el zumo 30 minutos y viértalo luego a través de un tamiz recubierto por dos capas de muselina humedecida. El tiempo de espera permite que los trocitos de pulpa se reúnan en la superficie formando una capa *(recuadro)*; la capa espesa queda atrapada en la muselina.

2 **Aromatizar la gelatina.** Caliente la gelatina de pies de ternera hasta que se derrita ligeramente. Mida el volumen del zumo de naranja, debe llenar casi la mitad del molde. Vierta un poco más de gelatina derretida que de zumo en un cuenco y mezcle. Si no se llena el molde, añada más gelatina.

3 **Hacer cuajar la gelatina.** Para acelerar el proceso de cuajado, ponga el cuenco con la gelatina dentro de otro que contenga hielo picado. Remueva la gelatina hasta que empiece a espesarse, luego transfiérala a un molde enfriado. Refrigérela 4 horas como mínimo. Compruebe su solidez ladeando el molde.

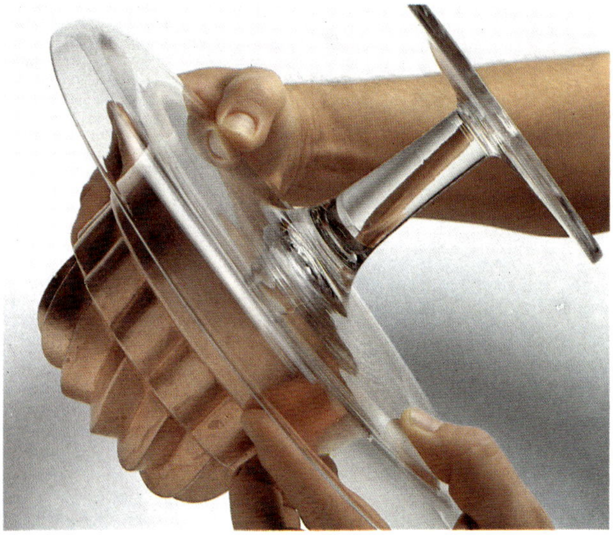

4 **Desmoldear sobre una fuente.** Pase la punta de un cuchillo por la parte interior del molde, sumerja luego todo el molde en agua caliente para que la gelatina se desprenda. Invierta una fuente sobre el molde. Sujete el molde contra la fuente y luego levántelo.

5 **Decorar y servir.** Si al sumergir el molde la gelatina se ha derretido ligeramente, póngala de nuevo en la nevera para que se solidifique. Adórnela con fruta fresca; aquí, gajos de naranja sin pepitas ni membranas *(p. 1342)*.☐

Los purés de frutas: solos o acompañados

Los purés de frutas son uno de los elementos clave en la confección de postres; también constituyen postres refrescantes por sí mismos cuando se preparan en forma de *mousse*.

La preparación del puré no sólo depende de la utilización que vaya a dársele, sino también del tipo de fruta y de la textura que desee obtener *(recuadro, abajo)*. El ruibarbo se utiliza para la *mousse* de la derecha, y las uvas espinas para el postre de la página siguiente, abajo *(recetas, pp.1358-1359)*; ambas frutas se cuecen y luego se reducen a puré en la batidora eléctrica.

Para preparar una *mousse* de ruibarbo, éste se mezcla con crema de leche batida; para preparar el postre de uvas espinas, el puré se bate con claras de huevo a punto de nieve o almíbar azucarado. Estos postres pueden prepararse con purés de frutas crudas y cocidas, pero los mejores tipos de frutas para las *mousses* son las que tienen suficiente acidez para contrarrestar la riqueza de la crema de leche.

Suavizar un puré con crema de leche

1 **Cocer el ruibarbo.** Quite las hojas al ruibarbo. Corte los tallos en trozos de 5 cm y póngalos en una cacerola de fondo grueso, con la mitad de su peso de azúcar moreno y un poco de mantequilla. Remueva el ruibarbo y el azúcar a fuego lento hasta que estén mezclados. Tape y cueza la mezcla hasta que la fruta esté tierna; de 20 a 30 minutos.

2 **Reducir el ruibarbo a puré.** Para asegurarse que el postre quede bien firme, eche el ruibarbo cocido en un colador y deje que escurra el exceso de líquido. Coloque un pasapurés sobre un cuenco y haga pasar unos pocos cucharones cada vez para reducirlos a puré. Enfríe el puré y resérvelo.

El mejor método para obtener un puré de frutas

Tamizar frambuesas crudas

Tamizar manzanas cocidas

Fragmentar piña en un robot

Las frutas, como las frambuesas maduras o los plátanos, que son suficientemente blandas pueden tamizarse crudas. Emplee un tamiz de nilón para frutas ácidas.

Sin embargo la mayoría de las frutas han de cocerse primero para que se ablanden sus fibras. Para que el puré no quede acuoso, cueza la fruta solamente con un trocito de mantequilla o una cucharada de agua. Si la fruta ha soltado líquido, escúrrala, reduzca este líquido y devuélvalo a la fruta. La fruta se ha de pasar luego por el pasapurés *(fase 2, arriba)* o por el tamiz. Use un tamiz de tambor si ha de emplear gran cantidad de fruta. Para obtener un puré muy firme, cuézalo 15 minutos como mínimo, removiéndolo.

La piña es demasiado fibrosa para reducirla a un puré homogéneo, ni siquiera cocida. A fin de reducirla a pulpa, pásela cruda algunos segundos por un robot.

3 **Agregar la crema de leche.** Bata crema de leche hasta que forme picos blandos. Agregue el puré a la crema, hasta que ambos ingredientes estén amalgamados. Pruebe si está dulce y añada azúcar si fuese necesario. Vierta la *mousse* a cucharadas en copas de cristal, sírvala acompañada de pastas secas. Esta *mousse* puede guardarse varios días en la nevera.□

Aligerar con claras de huevo

1 **Mezclar la fruta con las claras.** Ponga uvas espinas en una cacerola con un poco de azúcar y agua; cueza con el recipiente tapado y a fuego lento de 20 a 30 minutos, hasta que la fruta esté blanda. Escurra. Reduzca la fruta a puré y déjela enfriar. Bata claras de huevo hasta que estén opacas. Añada el puré a las claras.

2 **Batir la mezcla.** Prepare un almíbar a punto de hebra fina *(p. 1327)* y déjelo enfriar. Bata la mezcla de puré de frutas y claras de huevo hasta que empiece a estar firme. Incorpore gradualmente el almíbar a la mezcla, removiendo sin cesar, para que se incorpore de modo uniforme.

3 **Servir el postre.** Siga batiendo hasta que la mezcla esté casi blanca y como si estuviera a punto de nieve. Sirva inmediatamente en copas de cristal o cuencos y acompañe con pastas secas o barquillos *(arriba)*. Si deja un rato, irá bajando, pero si la vuelve a batir, recuperará su ligereza.□

Frutas enteras, rellenas y horneadas

Las frutas horneadas dan lugar a postres fragantes y reconfortantes; cocidas lentamente con el agua o mantequilla precisa para humedecerlas, las frutas quedan tiernas sin que se disipe su aroma. Aquí, se usan manzanas enteras *(receta, p. 1360)*, pero puede aplicar la misma técnica con otras frutas, tales como melocotones, peras y plátanos.

La mayoría de las frutas, melocotones y peras, por ejemplo, se pelan antes de cocerse. Para mantener su color, frótelas con zumo de limón. Si les deja la piel, prepárela para que la fruta quede intacta al expandirse la carne durante la cocción. Pele parcialmente la fruta, como aquí, o practique pequeñas incisiones alrededor del centro de la misma. No es siempre necesario retirar el corazón y el hueso: a las manzanas se les suele quitar el corazón antes de hornearlas, pero los huesos de los melocotones y los albaricoques no crean demasiados problemas a los comensales y se pueden dejar o quitar, según se desee.

De todos modos, al deshuesar y quitar el corazón de una fruta se gana un espacio que puede rellenarse. Aquí, las manzanas se rellenan con una pasta de mantequilla y azúcar, aromatizada con cáscara de naranja. Entre otras posibilidades, se pueden rellenar con frutos secos picados, frutas secas, especias como la canela o nuez moscada, y pastas picadas, como los almendrados.

Para evitar que la fruta se reseque y se pegue al fondo de la fuente, cuézala con un poco de líquido (vino, un licor o zumo de naranja, por ejemplo) y rocíela de vez en cuando. El consistente almíbar resultante glasea la fruta y sirve de salsa: si desea reducir parte del almíbar, cueza la fruta sobre rebanadas de pan o de *brioche*.

1 **Extraer el corazón de las manzanas.** Lave unas manzanas. Extraiga el corazón de cada una con el utensilio especial o, sujetándola sobre la mesa de trabajo, inserte un cuchillo cerca del corazón y hasta la mitad de la altura de la manzana, dé la vuelta al cuchillo para desprender el corazón, sáquelo y tírelo. Repita la operación por el otro lado.

2 **Pelar las manzanas.** Pele unos 5 cm de piel a partir de la parte superior de cada manzana. Para evitar que las manzanas se ennegrezcan, frote las superficies peladas con un trozo de limón y exprima zumo de limón en sus centros.

3 **Preparar los redondeles de pan.** Corte 1 rebanada de pan de 1 cm de grosor para cada manzana, preferentemente de un pan de molde que tenga 1 ó 2 días. Retire las cortezas, ponga cada manzana sobre 1 rebanada de pan y córtela en círculos del tamaño de la manzana *(arriba)*. Si el pan es fresco, ponga las rebanadas en el horno 5 minutos para que se sequen.

4 Preparar el relleno. Ponga los redondeles de pan en una fuente refractaria enmantecada; coloque 1 manzana sobre cada redondel. Mezcle en un cuenco grande mantequilla y un poco de azúcar moreno *(arriba).* Prepare bastante relleno para las manzanas, ya que se derretirá durante la cocción dejando sitio sobrante para añadir más.

5 Rellenar las manzanas. Coloque la mezcla en el centro de las manzanas. Si lo desea, añada más aromatizantes, aquí las manzanas se han espolvoreado con azafrán y pinchado con almendras. Espolvoree las manzanas con un poco de azúcar refinado y vierta unos 5 mm de vino blanco en la fuente.

6 Cocer y rociar las manzanas. Ponga la fuente en el horno precalentado a 150° y cuézalas de 1 a 1 ½ horas según su tamaño y rocíelas con su jugo frecuentemente. A medida que el relleno se derrite, ponga más en las cavidades.

7 Servir las manzanas. Retire la fuente del horno. El líquido de cocción se habrá caramelizado y reducido hasta transformarse en un almíbar espeso y dorado. Sirva tal cual, con crema inglesa, o como aquí con crema de leche batida y pistachos picados.□

Un cremoso puré de castañas

En términos culinarios, las castañas desafían cualquier clasificación. Si bien su cáscara dura podría colocarlas dentro de la categoría de los frutos secos, los cocineros prefieren tratarlas como frutas, dada su suavidad al escalfarlas y servirlas enteras en un almíbar, por ejemplo *(receta, p. 1360)*, o al reducirlas a puré y utilizarlas como aromatizante para otros postres, o como aquí, como postre por derecho propio *(receta, p. 1361)*.

Las castañas que deban reducirse a puré han de cocerse en dos etapas. Primero, debe practicárseles una incisión y hervirlas para que pierdan sus cáscaras, las cuales pueden pelarse con relativa facilidad, a condición de que las incisiones sean amplias. Al blanquearlas se desprende la membrana que cubre la carne. Otra manera de pelar las castañas consiste en pincharlas y ponerlas en el horno a 180° durante 20 minutos, y luego quitar las cáscaras mientras las castañas están todavía calientes. En cualquier caso, se cuecen a continuación en leche endulzada y aromatizada con vainilla, hasta que estén lo bastante blandas para pasar por el pasapurés.

Puede servir el puré al natural, pero si desea una presentación más elaborada, utilice un prensapurés (una especie de prensa para alimentos) para dar forma al puré.

Sólo puede pasar por este aparato una mezcla firme; si el puré quedase demasiado líquido al pasarlo por el prensapurés, séquelo en una cacerola a fuego lento *(fase 3, derecha)*. La adición de un poco de azúcar en este momento ayuda a espesar el puré, pero no lo endulce demasiado.

Sirva el puré frío o a temperatura ambiente adornado con un montículo de crema batida. Si lo desea, puede poner el puré de castañas en un molde dándole una forma más decorativa, tal como aparece en el recuadro de la página siguiente.

1 **Descascarillar y pelar las castañas.** Con un cuchillo pequeño y afilado, haga una incisión en forma de cruz en un lado de la cáscara de cada castaña. Cuanto más larga sea la cruz, más fácil será pelarla. Sumerja las castañas en agua hirviendo durante 10 minutos. Retire la cacerola del fuego. Con una cuchara, retire las castañas por pequeñas cantidades, dejando el resto en remojo. Corte la cáscara de cada castaña *(arriba, izquierda)*; si la piel no sale con la cáscara, pélela *(arriba, derecha)*.

4 **Prensar el puré.** Llene el prensapurés con puré de castañas con una cuchara o una espátula de madera. Coloque el prensapurés sobre el centro de una fuente de servir grande. Presione los dos mangos para obligar a pasar el puré por los agujeros; saldrá en forma de fideos. Vaya prensando hasta que pase todo el puré.

2 **Reducir a puré.** Ponga las castañas en una cacerola y cúbralas ligeramente con leche. Añada 1 vaina de vainilla. Lleve la leche a ebullición, tape y reduzca el fuego. Cueza a fuego lento unos 45 minutos, hasta que la leche haya sido absorbida. Retire la vainilla. Pase las castañas por el pasapurés *(arriba).*

3 **Secar el puré.** Los purés de castañas deben quedar homogéneos pero firmes. Si el puré queda demasiado líquido, póngalo en una cacerola a fuego lento. Añada azúcar refinado al gusto, hasta que quede firme. Si la mezcla queda seca y grumosa, añada un poco de leche.

5 **Decorar y servir.** No toque el montón de puré, pues si lo hiciera se estropearían los fideos frágiles. Cúbralo con crema batida con una cuchara *(arriba)*, y sirva.☐

Un postre de castañas nevado

Para una presentación más simétrica, puede llenar un molde de savarin con puré de castañas o, como aquí, puede prensar el puré sobre el molde. Para enriquecerlo, agregue al puré fuera del fuego unas yemas y mantequilla antes de prensarlo. El puré se puede desmoldear inmediatamente, sin necesidad de refrigerarlo, dando al molde un golpe seco.

1 **Llenar el molde.** Pase el puré de castañas por el prensapurés situado encima del molde, distribuyendo los fideos tan uniformemente como sea posible. Distribuya los fideos con una espátula.

2 **Decorar y servir.** Desmoldee el puré sobre una fuente de servicio. Llene la cavidad central con crema batida. Sumerja una espátula metálica en agua caliente, para evitar que la crema se pegue a ella, y dé forma de cono a la misma.

Dos preparaciones a base de frutas y pan

El pan constituye un revestimiento excelente para los postres de fruta moldeados. Si se cuece en el molde, se convierte en una envoltura rígida; si se deja sin cocer, absorbe los jugos de la fruta quedando lo bastante consistente para poder desmoldearse.

En la carlota de manzanas *(derecha; receta, p. 1360)* se encabalgan trozos de pan enmantecados dentro de un molde formando un dibujo decorativo. El revestimiento de pan se rellena con puré de manzanas *(p. 1348)* que ha sido reducido hasta quedar firme y evitar así que el pastel se derrumbe al desmoldearlo. Al hornear la carlota, el revestimiento de pan enmantecado queda dorado y crujiente; una vez el postre se ha enfriado, se desmoldeará fácilmente.

En el budín veraniego *(p. siguiente; receta, p. 1361)* un molde revestido con pan se rellena con frutas veraniegas blandas (frambuesas, grosellas rojas y negras) que se han cocido para que extraigan todo su jugo. El budín no se cuece; se comprime toda la noche con un plato con un peso, de modo que la fruta, el pan y los jugos se convierten en un conjunto jugoso y unificado.

Carlota de manzanas

1 **Preparar el revestimiento.** Corte tiras de pan ligeramente seco en rectángulos estrechos, más largos que la profundidad del molde. Pincele un lado con mantequilla clarificada, y ponga luego los lados enmantecados contra las paredes del molde, superponiendo ligeramente unos sobre otros. Revista la base con triángulos.

2 **Llenar el molde.** Prepare un puré consistente con manzanas cocidas *(p. 1348)*, aromatizado con azúcar y canela o clavos. Vierta el puré en el molde revestido. Corte rebanadas de pan para tapar el molde. Pincele la tapa con mantequilla clarificada *(arriba)* y póngala en su sitio.

3 **Desmoldar la carlota.** Cueza la carlota en el horno precalentado a 200° unos 35 minutos, hasta que la cobertura de pan esté dorada. Para comprobarlo, aparte un trozo del lado con un cuchillo *(arriba)*. Deje enfriar la carlota unos 20 minutos, desmoldéela y sírvala con puré de fruta *(p. 1348)*; aquí, albaricoque *(derecha)*. □

Budín estival

1 **Enfondar el molde.** Corte un círculo de una rebanada de pan blanco ligeramente seco para enfondar la base de un molde para budín. Corte tiras de pan para revestir las paredes del molde. Utilice los recortes de pan para tapar los huecos que queden al enfondar el molde.

2 **Preparar las frutas.** Seleccione las frutas (aquí grosellas rojas y negras y frambuesas) retirando las que estén estropeadas. Ponga las grosellas negras en una cacerola de fondo grueso, espolvoréelas con azúcar y cuézalas lentamente 5 minutos. Añada las grosellas rojas y las frambuesas y cueza 5 minutos.

3 **Rellenar el molde.** Retire la fruta de la cacerola con una espumadera y llene el molde hasta la mitad. Ponga una capa de pan sobre la fruta *(arriba, izquierda)* y vierta encima el resto de la fruta. Cubra la fruta con una tapa de pan y vierta el zumo de la cacerola de modo que todo el pan quede bien impregnado *(arriba, derecha).*

4 **Comprimir el budín.** Ponga sobre el budín un plato que encaje con los bordes del mismo y coloque unas pesas encima *(arriba).* Ponga el molde sobre una bandeja o fuente grande para recoger los jugos que se desborden. Reserve en la nevera toda la noche.

5 **Desmoldear el budín.** Retire las pesas y el plato. Desprenda suavemente el budín de la base con un cuchillo. Desmoldéelo sobre una fuente de servicio; elija una fuente honda para que recoja los jugos que se escapen. Sirva el budín con crema de leche espesa.☐

Las ventajas del escalfado

La fruta escalfada en almíbar *(p. 1326)* queda más dulce y perfumada, y el almíbar, reducido tras la cocción, proporciona una salsa traslúcida que transforma a la fruta escalfada en un postre completo.

Las frutas maduras y frescas sólo se han de escalfar brevemente: los melocotones quedan muy blandos al cabo de unos 10 minutos, y las grosellas se desintegran después de 2 ó 3 minutos de escalfado. Si el postre consiste en una mezcla de frutas como la compota de grosellas rojas, uvas espinas, peras, melocotones, albaricoques y nectarinas que aquí presentamos *(receta, p. 1361)*, hay que escalfar los diferentes tipos de frutas por separado.

En lugar de almíbar, puede utilizar vino endulzado con azúcar o miel, para escalfar frutas frescas o secas *(recuadro, abajo; receta, p. 1359)*. La acidez del vino ayuda a mantener firme la fruta. La cocción prolongada hace que la fruta y el vino intercambien sus sabores y elimina el sabor ácido del vino poco cocido.

1 **Escalfar las groseilas.** Prepare un almíbar medio *(p. 1326)* y caliéntelo de modo que apenas se agite. A ser posible utilice una cacerola de cobre no estañado, como aquí: una reacción inofensiva del metal con las grosellas intensificará el color de éstas. Introduzca suavemente las grosellas en el almíbar *(arriba, izquierda)* y cuézalas 2 minutos. Retírelas con una espumadera *(arriba, derecha)*. El almíbar absorberá el color y el aroma de las frutas: utilícelo como líquido para escalfar las otras frutas *(fases 2 y 3, derecha)* o resérvelo para aliñar una ensalada de frutas *(p. 1344)*.

Sacar partido de un almíbar preparado con vino

1 **Cocer los higos.** Ponga higos secos en una cacerola y cúbralos apenas con vino tinto. Añada miel y unas ramitas de tomillo fresco o seco envueltas en una muselina. Caliente el vino por debajo del punto de ebullición, tape la cacerola y cueza los higos lentamente hasta que estén tiernos.

2 **Reducir el vino.** Con una espumadera, retire los higos de la cacerola y póngalos en una fuente de servicio. Tire el tomillo. Para preparar la salsa de acompañamiento, aumente el fuego y hierva el vino hasta que se haya reducido a la consistencia de almíbar *(arriba)*.

3 **Servir los higos.** Vierta el almíbar de vino sobre los higos *(arriba)*. Sirva los higos tibios o enfríelos en la nevera. Acompáñelos, si lo desea, con crema batida y pastas secas.

2 **Escalfar las frutas firmes.** Pele, parta por la mitad y deshuese las otras frutas (aquí, melocotones, peras, albaricoques y nectarinas); reserve las pieles. Para evitar que las frutas se ennegrezcan, resérvelas en un cuenco con agua acidulada con un chorrito de zumo de limón. Cueza suavemente las frutas en el almíbar. Verifique la cocción con un palillo para ver si están tiernas y retírelas tan pronto como estén cocidas *(arriba)*.

3 **Cocer las pieles.** Corte los extremos superiores e inferiores de las uvas espinas y cuézalas en almíbar de 2 a 3 minutos. Transfiéralas a una fuente de servicio junto con las otras frutas. Añada las pieles de fruta al almíbar *(arriba)*. Hierva el almíbar rápidamente para extraer el color y el sabor de las pieles y reduzca su volumen a una tercera parte.

4 **Servir la fruta escalfada.** Enfríe ligeramente el almíbar y cuélelo directamente sobre la fruta escalfada en la fuente *(arriba)*. Tire las pieles de la fruta. Sirva la compota tibia o fría *(derecha)*.□

Recetas

Gelatina de naranja

Gelée à l'orange

Para preparar esta gelatina en un molde de gelatina de 1,25 l de capacidad, aumente la cantidad de gelatina a 30 g, y utilice 400 g de azúcar. Refrigere unas 2 horas antes y después de añadir los gajos de naranja.

Para 12 personas

Naranjas peladas y cortadas en gajos, sin la membrana blanca ni la piel	1 ó 2
Hojas de gelatina ablandadas en un poco de agua	15 g
Azúcar refinado	300 g
Agua fría	50 cl
Terrón de azúcar, frotado con una cáscara de naranja	1
Zumo de naranja recién exprimida	15 cl
Zumo de limón recién exprimido	2 ó 3 cucharadas

Ponga la gelatina, el azúcar y el agua en una cacerola de cobre; remueva y bata a fuego lento hasta que el azúcar y la gelatina se hayan disuelto.

Disuelva el terrón de azúcar en los zumos de naranja y de limón, cuele el zumo, y agréguelo a la mezcla de gelatina caliente removiendo.

Llene hasta la mitad cuencos de cristal o vasos de vino con la gelatina y deje solidificar en la nevera 1 hora como mínimo. Ponga un gajo de naranja en cada cuenco o vaso, llene con el resto de la gelatina y deje solidificar en la nevera unas 2 horas, hasta que la gelatina esté a punto.

ÉMILE DUMONT
LA BONNE CUISINE

Ensalada de agrios

Citrussalade

Para 4 personas

Pomelos, naranjas y mandarinas	2 de cada
Azúcar	3 ó 4 cucharadas
Grand Marnier	2 cucharadas
Canela molida	

Corte los pomelos por la mitad, separe los gajos con un cuchillo especial para pomelos, cortando la membrana blanca, y pique la pulpa en trozos grandes. Raspe el interior de los pomelos y déjelos limpios. Resérvelos después de cortar una rodaja fina en su base para que se sostengan de pie.

Ralle la cáscara de 1 de las naranjas, sin alcanzar la parte blanca, y resérvela. Pele las naranjas y divídalas en gajos: retire las membranas y trocéelas. Pele las mandarinas, retire las membranas y píquelas groseramente.

Mezcle las frutas picadas y llene las 4 cáscaras de los pomelos con esta mezcla. Espolvoree con azúcar al gusto, la cáscara de naranja rallada y vierta el Grand Marnier. Cubra con una película de plástico y reserve la ensalada en la nevera. Sírvala fría y espolvoreada con canela molida.

HUGH JANS
VRIJ NEDERLAND

Postre de uvas espinas

Gooseberry huff

Para cocer el almíbar al punto de hebra fina, consulte las explicaciones de la p. 1327. Puede sustituir las uvas espinas por 325 g de puré de manzanas.

Para 4 a 6 personas

Uvas espinas cocidas en agua y reducidas a puré a través de un tamiz	600 g
Azúcar refinado	250 g
Agua	2 cucharadas
Claras de huevo	3

Prepare un almíbar con azúcar y agua y cuézalo al punto de hebra fina. Enfríe el almíbar casi por completo. Bata las claras de huevo hasta que estén espumosas, mézclelas con el puré de uvas espinas y bata hasta que la mezcla blanquee. Viértala en tazas o copas y sírvala.

J. STEVENS COX (REDACTOR)
DORSET DISHES OF THE 17TH CENTURY

Crema de uvas espinas

Gooseberry cream

Para 4 personas	
Uvas espinas sin los pedúnculos	500 g
Mantequilla	15 g
Azúcar	60 g
Yemas de huevo	4

Hierva las uvas espinas rápidamente en el agua suficiente para cubrirlas e incorpore removiendo la mantequilla; cuando las uvas espinas estén blandas, tamícelas para obtener una pulpa, endulce la pulpa con azúcar al gusto mientras todavía esté caliente, y luego bátala con las yemas de huevo. Sirva la crema en una fuente, tazas o vasos.

JOSEPHINE DAVID
EVERYDAY COOKERY FOR FAMILIES OF MODERATE INCOME

«Mousse» de ruibarbo

Rhubarb cream

Para 4 personas	
Ruibarbo, cortado en trozos de 2,5 cm	500 g
Zumo de manzana	8 cl
Azúcar moreno (o al gusto)	100 g
Canela molida	¼ de cucharadita
Huevos, yemas separadas de las claras	2
Crema de leche espesa batida	10 cl

Ponga el ruibarbo y el zumo de manzana en un cazo. Lleve a ebullición, reduzca el fuego, tape y cueza unos 10 minutos, hasta que el ruibarbo esté tierno.

Pase la mezcla por un pasapurés o por la batidora eléctrica hasta que esté homogénea. Vuelva a ponerla en el cazo.

Bata el suficiente azúcar moreno con el ruibarbo para endulzarlo. Añada la canela.

Bata las yemas de huevo con 1 cucharada de azúcar moreno y agréguelas a la mezcla de fruta. Caliente brevemente sin dejar de remover, hasta que la mezcla se espese ligeramente. No la deje hervir.

Enfríe y reserve en la nevera. Bata las claras de huevo a punto de nieve y agréguelas al ruibarbo frío; incorpore finalmente la crema batida.

JEAN HEWITT
THE NEW YORK TIMES WEEKEND COOKBOOK

«Mousse» de uvas espinas

Gooseberry fool

Para 6 a 8 personas	
Uvas espinas	1 kg
Azúcar refinado	250 g
Crema de leche espesa, batida	30 a 60 cl

Lave las uvas espinas. No es necesario sacarles la parte superior y el pedúnculo. Póngalas en la parte superior de un recipiente para cocer al vapor junto con el azúcar, tape y cueza al vapor unos 30 minutos, hasta que estén muy blandas. Escurra el exceso de líquido, que daría lugar a una crema aguada, y reduzca a puré las uvas espinas a través de un pasapurés. Cuando el puré obtenido esté bien frío, añádale la crema. Agregue más azúcar si fuese necesario.

ELIZABETH DAVID
SYLLABUBS AND FRUIT FOOLS

Higos al tomillo

Figues au thym

(Ver p. 1356)

Para 4 a 6 personas	
Higos secos	500 g
Ramitas de tomillo (o ½ cucharadita de tomillo seco desmenuzado), atadas con un poco de muselina	2 ó 3
Vino tinto	45 cl
Miel	3 cucharadas

Mezcle los ingredientes en una cacerola de acero inoxidable o esmaltada y cueza con el recipiente tapado durante 1 hora, dando la vuelta a los higos de vez en cuando si no están completamente cubiertos por el líquido. Transfiera los higos a una fuente de servicio, tire el tomillo, y reduzca el líquido de cocción a fuego vivo, a una tercera parte o a la consistencia de un almíbar ligero, y viértalo sobre los higos. Este plato puede degustarse tibio o frío. Sirva con pastas secas.

RICHARD OLNEY
SIMPLE FRENCH FOOD

Compota de castañas

Chestnut compote

Para pelar las castañas, consulte la p. 1352.

Para 6 a 8 personas	
Castañas, con un corte en la corteza, asadas, peladas y ligeramente aplastadas con las manos	1 kg
Almibar de azúcar mediano *(p. 1326)*, enfriado	50 cl
Zumo de limón	1 cucharada
Corteza de limón cortada a tiras finas	2 cucharaditas
Azúcar lustre	30 g

Ponga las castañas y el almíbar frío en una cacerola y caliéntelos a fuego lento, sin alcanzar el punto de ebullición, de forma que el almíbar pueda penetrar en las castañas. Añada el zumo y la cáscara de limón y ponga las castañas con azúcar lustre y glaséelas en una salamandra o sobre la parrilla.

G. A. JARRIN
THE ITALIAN CONFECTIONER

Manzanas horneadas con mantequilla

Pommes au beurre

Para pelar las manzanas y frotarlas con zumo de limón, consulte las explicaciones de la p. 1350.

Para 8 personas	
Manzanas grandes de igual tamaño, sin el corazón	8
Rebanadas de pan duro de 1 cm de grosor cortadas en redondeles del mismo diámetro que las manzanas	8
Azúcar moreno	125 g
Mantequilla	250 g

Ponga los redondeles de pan en una fuente refractaria enmantecada y coloque 1 manzana sobre cada uno. Mezcle el azúcar con la mantequilla y rellene los agujeros de las manzanas con parte de la mezcla.

Cueza en el horno precalentado a 150° durante 1 hora, rocíe regularmente y vaya poniendo trocitos de la mezcla de mantequilla restante sobre cada manzana de vez en cuando, a medida que el relleno se va derritiendo.

Sirva muy caliente con crema de leche batida.

X. MARCEL BOULESTIN
THE FINER COOKING

Carlota de manzanas

Apple charlotte

Para 8 a 10 personas	
Manzanas peladas, sin el corazón y cortadas a rodajas	24 a 36
Azúcar	500 g
Mantequilla	60 g
Ramito compuesto de 1 cáscara de limón y 1 trozo de canela en rama	1
Agua	30 cl
Pan de molde blanco de 2 días finamente desmigajado, sin la costra	1
Mantequilla clarificada derretida	unos 125 g
Azúcar lustre	unos 30 g
Confitura de albaricoques diluida con 2 ó 3 cucharadas de agua hirviendo	250 g

Prepare un poco de mermelada o puré espeso de manzana del siguiente modo: ponga las manzanas en una cacerola con el azúcar, la mantequilla y el ramito de piel de limón y canela atados; humedezca con el agua, tape la cacerola y cueza las manzanas a fuego vivo, hasta que estén blandas. Retire la tapa, y con una cuchara de madera, siga removiendo la mermelada hasta que se haya reducido y tenga consistencia firme.

Recubra el fondo de un molde de carlota de 2 l de capacidad con rebanadas finas de pan circulares, sumergidas en mantequilla clarificada, superponiendo unas sobre otras de forma que todo el fondo quede bien recubierto. Luego, corte rectángulos de pan finos, sumérjalos en mantequilla clarificada, y colóquelos sobre las paredes del molde, para que se mantengan firmemente. Llene la cavidad con la mermelada de manzanas, cubra la parte superior con un círculo fino de pan sumergido en mantequilla clarificada; ponga la carlota en una placa para hornear y cueza en el horno precalentado a 190° de 30 a 50 minutos, hasta que el pan esté ligeramente dorado.

Retire la carlota, déjela entibiar unos minutos, y desmoldéela cuidadosamente, sobre una fuente de servicio refractaria. Espolvoree con azúcar lustre tamizado y ponga bajo la parrilla caliente unos minutos. Vierta la confitura de albaricoque diluida alrededor de la base de la carlota y sirva.

CHARLES ELMÉ FRANCATELLI
THE MODERN COOK

Compota de frutas

Compote de fruits

El autor sugiere utilizar manzanas, peras, membrillos, albaricoques y melocotones cortados en rodajas para este postre. También puede incluir frutas pequeñas, como fresas, uvas espinas, grosellas rojas, cerezas y ciruelas claudias, pero deje éstas enteras.

Para 6 a 8 personas	
Frutas frescas variadas, preparadas según su variedad, y cortadas en rodajas o cuartos	1 kg
Almíbar de azúcar mediano *(p. 1326)*	60 cl
Azúcar refinado	

Ponga las frutas preparadas y el almíbar en una cacerola y cuézalas a fuego lento unos 15 minutos, hasta que la fruta esté tierna. Vierta la fruta y el almíbar en una fuente de cristal, espolvoree con azúcar si fuese necesario y sirva la compota caliente o fría.

ADRIEN-JEAN BOBINET
GASTRONOMIE

Budín veraniego

Summer pudding

Para 4 a 6 personas	
Frambuesas, grosellas rojas y moras Logan	125 g de cada
Grosellas negras	250 g
Azúcar refinado	175 g
Rebanadas de pan blanco algo gruesas, sin la costra	8
Crema de leche (opcional)	

Retire los tallos de las frutas. Lávelas si fuese necesario y póngalas con el azúcar en una cacerola. Tape y cueza lentamente de 5 a 10 minutos, hasta que la fruta esté tierna. Escurra su zumo y reserve 6 cucharadas. Enfonde un molde de 1 litro de capacidad con parte de las rebanadas de pan, cortándolas para que encajen bien. Agregue la fruta, de forma que quede bien repartida. Vierta el líquido reservado. Ponga el pan sobre la fruta. Cubra con un plato o fuente ligeramente menor que el budín o molde y coloque encima un peso de 1 kg como mínimo. Deje el budín toda la noche en la nevera u otro sitio fresco. Desmoldéelo y sírvalo con crema de leche si lo desea.

SUSAN KING
SUSAN KING'S COOK BOOK

«Mont Blanc» de castañas

Le Mont Blanc aux marrons

Para 6 personas	
Castañas, con una incisión practicada en las cáscaras	1 kg
Sal	
Leche	unos 50 cl
Azúcar	75 g
Vaina de vainilla	1
Mantequilla	30 g
Yemas de huevo	2
Crema de leche espesa	30 cl
Azúcar refinado	60 g

Hierva las castañas 10 minutos en agua salada. Enfríelas ligeramente. Pélelas, sacando la cáscara exterior y la piel interna. Ponga las castañas en una cacerola, cúbralas con leche y añada el azúcar y la vainilla. Cuézalas muy lentamente 1 hora, o hasta que estén tiernas. Retire la vainilla. Escurra las castañas y redúzcalas a puré pasándolas por un tamiz con la ayuda de una mano de mortero. Añada un poco de leche caliente para dar al puré una buena consistencia. Incorpore removiendo la mantequilla y las yemas de huevo. Disponga el puré en forma de montículo y enfríelo en la nevera.

Bata la crema de leche con el azúcar. Sirva el postre muy frío, cubierto con la crema batida.

ÉDOUARD DE POMIANE
LE CODE DE LA BONNE CHÈRE

2

Cremas y merengues
Las múltiples aplicaciones de los huevos

Preparar una crema inglesa
El ligero sabayón
Infusiones fragantes
Desmoldear un flan
La bavaresa, una mezcla de crema y gelatina
Merengues cocidos o escalfados

Eneas Sweetland Dallas, filósofo escocés y gastrónomo del siglo XIX, escribió a propósito de los huevos: «En cuestión de comidas no hay nada más simple que un huevo, ni nada más rápido y maravilloso en sus múltiples usos y transformaciones.» Tres de estas «rápidas y maravillosas» transformaciones las constituyen la crema inglesa, diferentes cremas y los merengues. Ya sea utilizando huevos enteros, como en algunas cremas, o por separado las yemas y las claras, como en la crema inglesa y los merengues, la clave del éxito de estos postres estriba en su cocción lenta y uniforme.

La crema inglesa se prepara removiendo yemas de huevo, aromatizantes, azúcar y crema de leche o leche a fuego muy lento *(p. 1364)*. Las yemas se espesan durante la cocción, obteniéndose una crema uniforme y sabrosa. Si la crema inglesa se recubre con azúcar y se glasea sobre una parrilla caliente, se convierte en crema quemada *(p. anterior; receta, p. 1374)*. Si bate yemas de huevo y azúcar sobre agua caliente, y añade un poco de vino, obtendrá un sabayón ligero y espumoso *(p. 1365)*. Si a la crema inglesa le añade gelatina y la mezcla con crema batida, obtendrá una preparación suficientemente firme para poder moldearla y podrá degustar una suculenta bavaresa.

Las cremas cocidas, otra de las múltiples variedades de la crema inglesa, suelen contener una pequeña proporción de clara de huevo, la cual confiere a la crema una textura más ligera. Según la proporción de clara, puede preparar unos tarritos de crema ligeramente cuajados *(p. 1366)* o un flan al caramelo lo suficientemente consistente para poderse desmoldear *(p. 1370)*. Estas cremas se cuecen lentamente al baño María sobre el fuego o en el horno moderado. La temperatura constante del agua (unos 85°) solidifica las claras de huevo que contiene la crema. Dado que el agua no alcanza nunca el punto de ebullición, la crema queda muy homogénea, sin separarse y sin que se formen pequeñas burbujas de aire que estropearían su aspecto.

La textura de los merengues, a base de claras de huevo, aromatizante y azúcar, puede ser esponjosa o crujiente, según si se escalfan como en el caso de los huevos nevados *(p. 1373)*, o se hornean a temperatura muy reducida *(p. 1372)*. Ambos merengues pueden servirse muy simplemente o bien incorporarlos a postres más sofisticados compuestos de una mezcla de helado y frutas *(p. 1430)*.

De un golpe de cuchara firme se rompe la capa caramelizada de una crema quemada, para descubrir la crema inglesa que permanece debajo. Para que la crema no se corte bajo el efecto del calor necesario para derretir la capa de azúcar, la fuente se coloca en un recipiente con cubitos de hielo.

La crema inglesa: una salsa o un elemento de base

La crema inglesa líquida y lisa, conocida como salsa de acompañamiento de budines y frutas cocidas, es también un elemento de base para muchos otros postres. Adicionada con gelatina, por ejemplo, constituye la base de las bavaresas *(p. 1370)*; helada se convierte en un helado tradicional *(p. 1412)*.

Sea cual sea el papel que desempeñe la crema inglesa, los ingredientes principalmente siguen siendo los mismos: leche o crema de leche, azúcar y yemas de huevo. El sabayón se puede preparar sustituyendo la leche o crema de leche por vino *(recuadro, derecha; receta, p. 1374)*. En ambos casos, las yemas de huevo son el agente espesante.

De hecho, todas las fases de la preparación de la crema inglesa necesitan ciertas precauciones para evitar que la crema se corte. La primera es que las yemas estén cuidadosamente separadas de las claras, luego el azúcar se bate a fondo con las yemas. Las yemas amalgamadas con el azúcar se conservan uniformes a una temperatura más elevada, pudiéndose así cocer directamente la crema inglesa sobre el fuego. Al verter la leche caliente sobre los huevos para empezar la cocción, ponga la preparación en una cacerola de fondo grueso que calentará la crema lenta y uniformemente hasta que se espese.

La consistencia de la crema una vez terminada depende de la proporción de yemas de huevo respecto a la leche; cuantas más yemas de huevo, más espesa quedará la crema. En la crema inglesa que aquí presentamos *(receta, p. 1374)*, se utilizan 6 yemas de huevo por cada 60 cl de leche.

Para el sabayón, el método varía un poco. Primero el azúcar y las yemas de huevo se baten juntos y luego se baten a fuego muy lento. Antes de servir el sabayón, puede añadirle limón o vainilla. Puede utilizar casi cualquier vino blanco; los italianos utilizan marsala para hacer el *zabaglione*, la versión original de este exquisito postre.

1 **Separar los huevos.** Casque cada huevo por la mitad y deslice su contenido en la palma de la mano, dejando que la clara resbale entre los dedos a un cuenco. Con el pulgar y el índice, retire cuidadosamente de la yema toda traza de albúmina; vierta la yema en un cuenco.

2 **Mezclar las yemas con el azúcar.** Añada azúcar a las yemas del cuenco y bata la mezcla hasta que el azúcar quede completamente absorbido. Al cabo de unos 10 minutos, la mezcla estará cremosa y casi blanca.

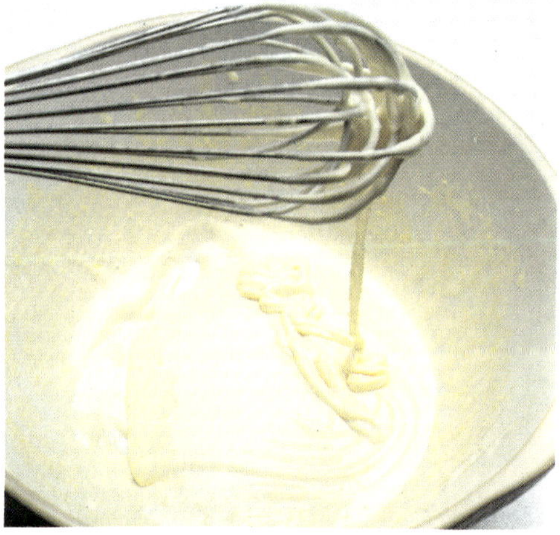

3 **Verificar la consistencia.** Siga batiendo la mezcla hasta que forme una «cinta». Para comprobarlo, levante una porción de la mezcla con la batidora de varillas y déjela caer en el cuenco *(arriba)*; ha de formar un trazo o cinta visible en la superficie.

4 **Añadir la leche escaldada.** Lleve la leche a ebullición a fuego medio; cuando se aproxime al punto de ebullición, remuévala para evitar que se forme una película. Vierta la leche lentamente sobre las yemas mezcladas con el azúcar, batiendo suavemente. Transfiera la mezcla a una cacerola de fondo grueso.

5 Cocer la crema. Ponga la cacerola a fuego lento. Teniendo cuidado de mantener la crema siempre por debajo del punto de ebullición, remuévala dibujando un ocho *(recuadro)*, así, a cada vuelta, la cuchara pasará dos veces por el medio, que es la parte más caliente. Una cuchara cuadrada, como la que aquí vemos, alcanzará todos los rincones y evitará la formación de grumos. Cuando la crema revista la cuchara, habrá alcanzado la consistencia adecuada. En este momento, coloque la cacerola sobre un cuenco con hielo *(arriba)* para evitar que la crema siga espesándose

6 Colar la crema. Para que la crema quede lisa, tamícela *(arriba)*. Sírvala inmediatamente. Si desea mantenerla caliente, resérvela en una cacerola con agua caliente. Para evitar que se forme una película en la superficie, añada un trocito de mantequilla o ponga un redondel de papel sulfurizado sobre la crema inglesa.□

El sabayón: una «mousse» de huevos y vino

1 Batir los huevos y el azúcar. En un cuenco grande, o como aquí, en una cacerola para sabayón, bata las yemas y el azúcar hasta que estén pálidos y cremosos. Ponga el cuenco sobre una cacerola grande con agua, calentada por debajo del punto de ebullición; siga batiendo.

2 Verter el vino. Vierta el vino, aquí cava, y siga batiendo unos 10 minutos, hasta que la mezcla esté ligera y espumosa. Retire la cacerola del baño María.

3 Servir el sabayón. Como postre, el sabayón suele servirse caliente. Viértalo en copas individuales *(arriba)* y sírvalo inmediatamente. Como salsa, el sabayón se emplea caliente o frío. En este último caso, ponga la cacerola sobre hielo antes de utilizarlo.

Postres ligeros y perfumados

Mezclando un poco de claras de huevo a las yemas y la leche que se emplean para preparar una crema inglesa *(p. 1364)*, se obtiene una crema muy ligera, como la peruana que aquí presentamos *(receta, (p. 1375)*. Un huevo entero por cada 5 yemas, da una crema poco firme, apenas cuajada, que es preferible cocer y servir en tarros individuales.

Ya que las claras de huevo se coagulan fácilmente, es difícil preparar la crema directamente sobre la llama del fuego. Un baño María proporciona una cocción más suave. Los tarros, parcialmente llenados con la crema, se ponen en una cacerola grande refractaria, y parcialmente llena de agua caliente, el conjunto se tapa y se pone sobre fuego lento o en el horno moderado. El agua del baño María asegura al contenido de los tarros una cocción lenta y uniforme.

La crema puede aromatizarse de muchas maneras: aquí, se utiliza una mezcla de café, vainilla, chocolate y caramelo. La manera más pura y discreta de aromatizar con café y vainilla consiste en hacer una infusión con los granos de café y la vainilla por separado en la leche caliente utilizada para la crema *(fases 1 y 2)*. También se puede utilizar este método para aromatizar una crema con piel de limón o de naranja.

Luego se añade a la leche chocolate derretido y caramelo. Para que la preparación quede lo más lisa posible, derrita el chocolate suavemente *(fase 3)* y prepare un caramelo *(p. 1327)* muy fluido de forma que se pueda diluir fácilmente con la leche.

1 **Aromatizar la leche con café.** Caliente los granos de café en el horno moderado unos minutos. En una cacerola, lleve leche a ebullición a fuego medio. Añada los granos de café *(arriba)*, retire la cacerola del fuego, tápela y resérvela al calor. Al cabo de unos 30 minutos, cuele la leche.

2 **Agregar la vainilla.** Devuelva la leche a la cacerola y llévela a ebullición. Retire la cacerola del fuego. Corte por la mitad una vaina de vainilla y cada mitad a lo largo. Con la punta de un cuchillo, eche las semillas de uno de los cuartos de la vaina a la leche. Deje reposar la leche tapada 15 minutos. Cuélela de nuevo.

3 **Derretir el chocolate.** Trocee el chocolate y póngalo en la cacerola vacia. Coloque la cacerola a fuego muy lento y vierta leche hasta cubrir escasamente el fondo de la cacerola *(arriba)*. Remueva el chocolate mientras se derrite hasta que forme una pasta y vierta el resto de la leche.

4 **Agregar el caramelo.** Prepare un poco de caramelo en un cazo *(p. 1327)*. Cuando adquiera un color dorado, retírelo del fuego y sumerja su base en agua fría. Agregue un poco de agua caliente al caramelo, vuélvalo a poner a fuego lento y remueva hasta que se forme un almíbar ligero. Vierta sobre la leche.

5 **Mezclar la crema.** Ponga huevos enteros y yemas (5 yemas por cada huevo entero) en un cuenco y bata hasta que la mezcla esté uniforme. Vierta gradualmente la leche caliente aromatizada, batiendo suavemente con la batidora de varillas *(arriba).*

6 **Espumar la crema.** Para asegurarse de que la crema quedará completamente uniforme, cuélela sobre un tamiz de malla fina dispuesto sobre un cuenco. Espume la superficie de la crema con una cuchara *(arriba).*

7 **Cocer al baño María.** Llene los tarros con la crema y póngalos en una cacerola ancha y profunda; para evitar que el agua salpique la crema mientras la vierte, hágala resbalar por una espátula colocada a un lado de la cacerola *(izquierda).* Tape y cueza en el horno a 150° unos 20 minutos. Enfríe y sirva con pastas o lenguas de gato *(abajo).*□

Un flan revestido con caramelo

Puede preparar cremas bastante firmes para poder desmoldearlas, siguiendo el mismo método empleado para la elaboración de la crema peruana de la p. 1366. No obstante, para obtener la consistencia adecuada, hay que incluir más huevos de los que se agregan en la mencionada crema. La proporción entre claras y yemas es primordial. Demasiadas claras dan un flan granuloso, de textura algodonosa; demasiado pocas dan lugar a un flan que se desmorona al desmoldearlo. La proporción de 4 huevos y 4 yemas por cada 60 cl de líquido da la consistencia requerida.

Estas cremas pueden aromatizarse con piel de naranja o de limón finamente rallada, chocolate, café o vainilla, y hornearse a continuación en un molde aceitado; pero la versión clásica del postre es el flan al caramelo que aquí presentamos *(receta, p. 1376)*. El flan al caramelo es básicamente una crema aromatizada con vainilla horneada en un molde caramelizado *(recuadro, abajo)*. Mientras el flan se cuece, el revestimiento de caramelo se derrite, facilitando el posterior desmoldeado.

1 **Llenar el molde.** Bata en un cuenco los huevos enteros, las yemas, el azúcar, unas gotas de extracto de vainilla y 1 pizca de sal. Vierta leche caliente sobre la mezcla, removiendo. Cuele la mezcla y espume. Coloque un molde caramelizado *(recuadro, abajo)* en una fuente refractaria y vierta la crema.

2 **Comprobar la cocción.** Vierta agua caliente en la fuente hasta alcanzar dos tercios de la altura del molde. Cueza 1 hora en el horno precalentado a 170°. Verifique la cocción introduciendo un cuchillo en el flan, éste ha de salir limpio: si no es así, hornee 10 minutos más.

Caramelizar un molde

1 **Preparar el caramelo.** En un cazo de fondo grueso, disuelva a fuego lento el azúcar en un poco de agua. Cueza a fuego medio hasta que la mezcla adquiera un color ligeramente ambarino *(arriba)*. Detenga la cocción sumergiendo el cazo en un cuenco con hielo y agua.

2 **Revestir el molde.** Vierta el caramelo en un molde seco y caliente. Tome el molde con unos guantes para horno e inclínelo para que el caramelo se deslice por el interior del molde revistiéndolo por completo.

3 **Aceitar el molde.** Para evitar que el flan se pegue al molde, pase un pincel untado con un poco de aceite de almendras, o un aceite neutro, por todas las áreas del molde que no estén revestidas o cubiertas por caramelo *(arriba)*.

3 **Separar el flan.** Retire el molde de la fuente y déjelo enfriar. Cuando el flan se haya entibiado, deslice un cuchillo alrededor de las paredes *(arriba)* para separar el flan de éstas.

4 **Desprender el flan.** Sujete firmemente el molde con una mano y con las yemas de los dedos de la otra presione suavemente sobre la superficie *(arriba)*, para desprender el flan. Verifique que ninguna parte del flan se adhiere a las paredes del molde.

5 **Desmoldear el flan.** Elija una fuente de servicio honda para que recoja el líquido caramelizado. Invierta la fuente sobre el flan y dé la vuelta a ambos. Levante el molde suavemente *(arriba)*. Sirva el flan tibio o enfríelo unas horas en la nevera.☐

Esculturas de crema y gelatina

Las bavaresas, postres mundialmente reputados, están realizadas con gelatina y crema batida, ingredientes que les permiten adoptar formas a veces bastante complicadas. En esta categoría se incluyen los clásicos manjares blancos *(derecha; receta, p. 1376)*, las bavaresas rayadas *(abajo, derecha; receta, p. 1377)* y toda una serie de *mousses* frías y suflés.

En cada caso, la gelatina se añade a una preparación aromatizada; cuando la gelatina empieza a solidificarse, se le agrega la crema de leche y la mezcla se vierte a continuación en un molde y se enfría. Para el manjar blanco se utiliza leche aromatizada con almendras; en la bavaresa rayada, se emplean dos bases aromatizadas (puré de frambuesas y una crema inglesa a la vainilla) que colorean las dos capas contrastantes del molde.

Elija un molde decorativo y úntelo con aceite de almendras o un aceite neutro antes de empezar la cocción, para que la bavaresa se deslice fácilmente del molde una vez haya cuajado.

Para hacer estos postres, es preciso mezclar de forma homogénea la gelatina *(p. 1334)* con las bases aromatizadas y añadir la crema de leche en el momento adecuado. La mezcla de gelatina se solidifica rápidamente al enfriarse. Por ello, la gelatina líquida ha de estar caliente cuando se añada a la base aromatizada, de lo contrario cuajaría inmediatamente al entrar en contacto con la base y formaría grumos.

Una vez haya añadido la gelatina, la mezcla debe enfriarse. Póngala sobre un cuenco con hielo y agua mientras bate la crema de leche. Remueva la mezcla con frecuencia, hasta que empiece a cuajar. Su consistencia debe parecerse a la de la crema de leche batida. Si la gelatina no ha empezado a solidificarse, quedará demasiado líquida para mezclarse con la crema de leche; si se solidifica demasiado pronto en este punto, no podrá mezclarse bien. Para evitar la solidificación prematura, caliente la mezcla al baño María medio minuto, removiendo.

Manjar blanco aromatizado con almendras

1 **Preparar la leche de almendras.** Machaque almendras peladas *(p. 1330)* con un poco de agua hasta obtener una pasta homogénea. Ponga la pasta en una cacerola, añada leche y azúcar y caliente justo por debajo del punto de ebullición. Retire del fuego y cuele a través de un lienzo. Junte las esquinas del lienzo y retuérzalo *(arriba)*.

2 **Agregar la gelatina.** Ablande gelatina en hojas *(p. 1334)*, póngala en un cazo, cúbrala con agua y caliéntela. Cuando la gelatina empiece a disolverse, mézclela con la leche de almendras caliente *(arriba)*. Añada más azúcar y remueva hasta que la gelatina se haya disuelto. Retire del fuego y vierta la leche en un cuenco colocado sobre hielo. Remueva la mezcla hasta que se enfríe.

Una bavaresa de colores contrastantes

1 **Preparar la mezcla de frutas.** Prepare un puré de frambuesas *(p. 1348)*. En otro cazo, prepare una cantidad igual de almíbar *(p. 1326)*. Cuando el almíbar hierva, retírelo del fuego y añada gelatina en polvo disuelta *(p. 1334)*, removiendo hasta que se disuelva. Cuando el almíbar esté tibio, mézclelo con el puré de frutas *(arriba)*. Remueva la mezcla sobre hielo o póngala en la nevera removiéndola de vez en cuando.

2 **Preparar la crema de vainilla.** Prepare una crema inglesa *(p. 1364)* aromatizada con vainilla. Remueva la mezcla a fuego lento y añada la gelatina en polvo previamente disuelta en agua *(arriba)*. Siga removiendo, sin dejar que la crema alcance el punto de ebullición. Cuando la crema se haya espesado lo suficiente y recubra la cuchara, retírela del fuego y remuévala sobre hielo.

3 Añadir la crema batida. Mientras la leche de almendras se enfría, bata crema de leche espesa hasta que forme picos blandos. Siga removiendo la leche de almendras a intervalos regulares; tan pronto como empiece a cuajarse, incorpórele la crema de leche *(arriba)* y remueva hasta que se hayan amalgamado. Vierta la mezcla en un molde aceitado. Tápelo y refrigérelo unas 5 horas.

4 Desmoldear y servir. Destape el molde y verifique si la mezcla ha cuajado; ha de estar firme al tacto. Separe los bordes del manjar blanco con un cuchillo y sumerja rápidamente el fondo del molde en un cuenco con agua caliente *(arriba, detalle)*. Desmoldee el manjar blanco volcándolo sobre una fuente *(p. 1347)*.□

3 Agregar la crema batida. Bata crema de leche espesa azucarada. Cuando la fruta y la crema estén frías por igual y empiecen a cuajarse, incorpore la mitad de la crema de leche batida a cada una *(arriba)*. Para evitar que las capas se mezclen unas con otras, el puré de fruta y la crema han de tener la misma consistencia: así, una mezcla puede necesitar más crema que la otra.

4 Terminar la bavaresa. Llene un molde aceitado con capas alternas de ambas cremas *(izquierda)*. Vierta cada parte de forma que ambas capas queden separadas. Tape el molde y resérvelo en la nevera unas 5 horas. Desmoldéelo como el manjar blanco *(fase 4, arriba)*.□

Claras batidas: crujientes o blandas

Cuando se ha preparado una crema con yemas de huevo, las claras sobrantes pueden utilizarse para confeccionar merengues. Una fórmula básica para preparar merengues consiste simplemente en claras de huevo y azúcar, a veces mezclados con aromatizantes como el café o el chocolate. Según como se cueza, la misma mezcla puede dar lugar a dos postres completamente diferentes. Los merengues horneados son duros y se desmenuzan fácilmente *(derecha; receta, p. 1375)*, y suelen servirse rellenos con crema batida. Los merengues escalfados son esponjosos y ligeros: por lo general se sirven sobre una crema inglesa, presentación denominada huevos nevados *(p. siguiente; receta, p. 1377)*.

La mezcla de merengue requiere unos 15 minutos de batido vigoroso. Primero, las claras se baten hasta que estén firmes y luego se les incorpora el azúcar poco a poco, batiendo tras cada adición.

En cuanto a los merengues horneados, se colocan unas cucharadas de la mezcla sobre una placa de hornear. Para obtener formas más decorativas, utilice una manga pastelera provista de una boquilla rizada, como aquí.

Para obtener unos merengues ligeros y secos, sin que se peguen, la cocción ha de ser lenta y suave. Cueza los merengues unas 3 horas en el horno lo más bajo posible.

Para escalfar los merengues, dé forma a los mismos dejando caer cucharadas de la mezcla dentro de leche azucarada, cociéndolos muy lentamente. El escalfado es mucho más breve que el horneado; con 3 minutos se cocción se obtienen unos merengues firmes y esponjosos.

En cuanto a los huevos nevados que aquí presentamos, la leche del escalfado se utiliza para preparar una crema inglesa *(p. 1364)* sobre la que se colocan los merengues. Amontone los merengues, decorados con hebras de caramelo si lo desea *(fase 3, p. siguiente)* o flotando sobre una crema aromatizada al caramelo *(recuadro, p. siguiente)*.

Merengues horneados

1 **Incorporar el azúcar.** Bata claras de huevo a punto de nieve *(p. 1332)*. Añada azúcar refinado, un poco cada vez *(arriba)*: unos 60 g de azúcar por cada clara. Bata a fondo tras cada adición. Agregue los aromatizantes. Aquí, una tercera parte de la mezcla se ha aromatizado con cacao, una tercera parte con café fuerte y el resto se deja tal cual.

2 **Rellenar la manga pastelera.** Inserte una boquilla en la manga. Doble hacia el exterior la tercera parte de la manga y llénela con una cuchara con la preparación, desdoble de nuevo la manga para encerrar la mezcla. Retuerza el extremo y apóyela suavemente sobre la parte superior hasta que empiece a salir el merengue por la boquilla.

3 **Formar los merengues.** Aceite ligeramente una placa de hornear y extienda encima papel sulfurizado o de aluminio aceitado. Forme pequeños merengues en forma de espiral *(arriba)*; para ello, sujete con una mano la parte superior de la manga para que permanezca cerrada mientras va apretando, y con la otra guíe la boquilla.

4 **Servir los merengues.** Cueza los merengues 3 horas en el horno muy lento. Cuando estén suficientemente secos para desprenderse fácilmente del papel, retírelos del horno y déjelos enfriar. Sírvalos a modo de sandwich, rellenos con crema de leche batida. Si lo desea, puede aromatizar la crema con un poco de praliné *(p. 1331)* y esparcir un poco de éste sobre los merengues.□

Merengues escalfados

1 **Escalfar los merengues.** Caliente leche azucarada, en una cacerola ancha y poco profunda, por debajo del punto de ebullición. Tome 1 cucharada de la mezcla de merengue cruda *(fase 1, izquierda)* y deslícela en la leche con la punta de una espátula. Escalfe 3 ó 4 merengues al mismo tiempo: cuézalos unos 3 minutos, dándoles la vuelta de vez en cuando. Retírelos y escúrralos sobre un tamiz o un lienzo.

2 **Preparar la crema.** Escalfe los merengues en pequeñas tandas. Cuando todos los merengues estén cocidos, cuele la leche *(arriba)* para retirar los fragmentos de clara. Mezcle la leche con yemas de huevo batidas y azúcar y cueza lentamente la mezcla para obtener una crema inglesa *(p. 1364)*.

3 **Componer el postre.** Vierta la crema en un cuenco de cristal. Ponga encima los merengues. Cuando la superficie esté cubierta, apile el resto de merengues sobre la pimera capa. Si lo desea, puede decorar el plato con hebras de caramelo *(p. 1327)* como aquí. Sirva el postre tibio o frío. □

Las islas flotantes

1 **Aromatizar la leche.** Diluya caramelo *(p. 1327)* en un poco de agua caliente. Escalfe los merengues *(fase 1, izquierda)*, escúrralos y cuele la leche. Remueva el caramelo en la leche aún caliente *(arriba)*.

2 **Colocar los merengues.** Prepare una crema inglesa, cociendo la leche aromatizada con caramelo con yemas de huevo batidas *(p. 1374)*. Vierta la crema en un cuenco; deslice los merengues cocidos sobre la superficie de la crema inglesa *(arriba)*.

Recetas

Crema inglesa

Para unos 60 cl

Yemas de huevo	6
Azúcar refinado	60 a 125 g
Leche escaldada	60 cl

Bata los huevos y el azúcar en un cuenco con una batidora de varillas metálicas hasta que la mezcla blanquee y forme una «cinta» cuando se deja caer en la superficie. Vierta lentamente la leche escaldada, removiendo sin cesar.

Transfiera la mezcla a una cacerola de fondo grueso. Cueza la crema a fuego lento y vaya removiéndola constantemente con una cuchara de madera, trazando ochos. No la deje hervir. Cuando la crema recubra la cuchara, retírela del fuego inmediatamente y coloque la cacerola sobre un cuenco con hielo, al que habrá añadido un poco de agua a fin de detener la cocción y evitar que la crema se corte. Para asegurarle una consistencia homogénea, siga removiéndola durante 5 minutos, hasta que se enfríe un poco. Cuele la crema para retirar los grumos. Para mantenerla caliente, transfiérala a un baño de agua caliente y remuévala de vez en cuando. Si desea servirla fría, siga removiéndola de vez en cuando sobre hielo, hasta que se haya enfriado lo suficiente.

Crema inglesa a la vainilla. Ponga 1 vaina de vainilla en la cacerola con la leche escalfada, tape la cacerola y deje en infusión 20 minutos antes de retirar la vaina. La vaina se puede enjuagar y utilizarse otra vez.

Crema inglesa al café. Mezcle 30 g de café recién molido con de 8 a 10 cl de agua hirviendo; la suficiente para obtener una pasta homogénea. Pase la pasta por varias capas de muselina antes de añadirle la leche escaldada.

Crema inglesa al caramelo. Caramelice 90 g de azúcar con 1 cucharada de agua en un cazo de fondo grueso *(p. 1326)*, retire el cazo del fuego y vierta la leche escaldada sobre el caramelo. Devuelva el cazo a fuego lento, y remueva hasta que el caramelo se haya disuelto en la leche.

Crema inglesa al ron. Remueva 1 cucharada de ron en la crema inglesa ya preparada.

Sabayón

Para unos 60 cl

Yemas de huevo	6
Azúcar refinado	200 g
Vino blanco seco, champaña o jerez	30 cl
Tiras de cáscara de limón finamente cortadas (opcional)	6

En un cazo suficientemente grande para contener el triple de su volumen, bata las yemas de huevo y el azúcar hasta que la mezcla esté cremosa. Sumerja parcialmente el cazo en una cacerola grande en agua apenas agitándose. Siga batiendo la mezcla. Agréguele el vino, la cáscara de limón si lo desea, y bata hasta que la preparación forme una *mousse* abundante. Retire el cazo de la cacerola y siga batiendo 1 minuto aproximadamente.

Como postre, el sabayón suele comerse caliente: viértalo en copas y sírvalo inmediatamente. Como salsa, el sabayón se puede utilizar caliente o frío. Para una salsa fría, ponga el cazo sobre un cuenco con cubitos de hielo y bata el sabayón hasta que esté suficientemente frío. Si lo desea, puede incorporarle crema batida.

Crema quemada

Crème brûlée

Para 4 a 6 personas

Crema de leche espesa (o 30 cl de crema de leche espesa y 30 cl ligera)	60 cl
Yemas de huevo grandes batidas	4
Azúcar refinado	60 a 90 g

Lleve la crema de leche a ebullición y hiérvala unos 30 segundos. Viértala inmediatamente sobre las yemas de huevo y bátalo todo junto. (En este punto, aunque la receta no lo indica, vuelva a poner la mezcla en la cacerola, y cuézala sin dejarla hervir, hasta que espese y recubra la cuchara.) Vierta la mezcla cremosa en una fuente refractaria poco profunda y enfríela en la nevera toda la noche.

Dos horas antes de la comida, espolvoree la crema enfriada con el azúcar formando una capa uniforme, y póngala bajo la parrilla precalentada a la máxima temperatura. El azúcar se caramelizará formando una capa uniformemente dorada; quizá deba girar la fuente mientras está bajo la parrilla para que se dore uniformemente.

JANE GRIGSON
ENGLISH FOOD

Merengues

Meringues ordinaires

Para 3 a 4 docenas de merengues, según el tamaño	
Claras de huevo	8
Azúcar lustre	500 g

Bata las claras hasta que estén firmes, tamice por encima el azúcar, batiendo constantemente. Siga batiendo 10 minutos más. Ponga cucharadas del merengue en una placa de hornear aceitada e introduzca ésta en el horno a 50° 3 horas, seque los merengues varias horas o toda la noche.

EUGÉNIE BRAZIER
LES SECRETS DE LA MÈRE BRAZIER

Crema peruana

Para 6 personas	
Leche	60 cl
Granos de café recién tostados	60 g
Vaina de vainilla	¼
Azúcar refinado o de terrón	90 g
Agua fría	2 cucharadas
Agua caliente	2 ó 3 cucharadas
Chocolate negro, roto en 4 ó 5 trozos	100 g
Yemas de huevo	5
Huevo	1

En una cacerola, caliente la leche al punto de ebullición. Mientras, esparza los granos de café en una placa de hornear y caliéntelos en el horno precalentado a 180° durante unos minutos, hasta que los granos empiecen a transpirar. Retire la leche hirviendo del fuego y añádale los granos de café junto con la vainilla. Tape y ponga en infusión 30 minutos sobre el fuego al mínimo, protegiendo la cacerola con una placa difusora del calor.

Mientras, disuelva en una cacerola pequeña el azúcar en agua fría y cueza a fuego medio, hasta que el azúcar alcance el punto de caramelo dorado y adquiera un color muy pálido. Sumerja inmediatamente el fondo de la cacerola en un cuenco con agua fría en el que ha de ajustar; esta inmersión ha de detener el proceso de cocción. Añada 2 ó 3 cucharadas de agua caliente para diluir el caramelo. Ponga de nuevo la cacerola a fuego muy lento y remueva la mezcla con una cuchara hasta que se convierta en un almíbar homogéneo. Resérvela hasta el momento de su empleo.

Ponga el chocolate en una cacerola y añada unas cucharadas de leche en infusión, las justas para cubrir los trozos de chocolate. Tape la cacerola y póngala sobre un fuego sumamente bajo. Cuando el chocolate se haya ablandado, al cabo de unos minutos, remuévalo con una cuchara de madera hasta que se convierta en una pasta lisa.

Retire el resto de la leche en infusión del fuego y pásela a través de un tamiz de malla fina a un cuenco limpio. Tire los granos de café. Añada el chocolate y luego el caramelo.

Ponga las yemas y el huevo entero en un cuenco y mezcle a fondo con una batidora pequeña. Añada lentamente la mezcla de leche, el chocolate y caramelo, batiendo sin cesar para asegurarse de que los huevos y el líquido se mezclan. Sin embargo, no bata demasiado vigorosamente: es innecesario, ya que se formaría excesiva espuma. Pase la mezcla a través de un tamiz de malla fina para retirar cualquier partícula de huevo.

Elija una cacerola lo bastante amplia para contener los tarros o moldes de crema, de forma que queden unos junto a otros, pero sin tocarse. Llene los recipientes con la crema y póngalos en la cacerola. Vierta agua hirviendo en la cacerola hasta alcanzar las dos terceras partes de la altura de los moldes (puede utilizar un embudo para esta operación). Ponga la cacerola en el horno precalentado a 150°. Tápela inmediatamente con una tapa que ajuste herméticamente; es vital taparla para proteger la superficie de la crema de un calor demasiado vivo. El horno ha de estar a una temperatura lo bastante alta para que el agua de la cacerola esté casi hirviendo; es decir, tan caliente como sea posible sin que esté realmente hirviendo. Tan pronto como note el más ligero temblor del agua, signo de que puede empezar a hervir inmediatamente, añada un par de cucharadas de agua fría.

El tiempo de cocción varía de acuerdo con el tamaño de los tarros utilizados. Si tienen una capacidad de 8 a 9 cl, déjelos de 18 a 20 minutos. Si tienen 10 cl, déjelos un poco más; de 23 a 25 minutos. Antes de sacar la cacerola del horno, pruebe si la crema está cocida tocando ligeramente con la punta de un dedo uno de los tarros: la crema ha de temblar pero ha de permanecer firme.

Retire la cacerola del horno. Deje los tarros en el agua unos minutos, retírelos y enfríelos destapados unas 2 ½ horas.

En el momento de servir, seque los tarros cuidadosamente y colóquelos sobre una fuente de servicio cubierta con una servilleta; la servilleta sirve para que los tarros no resbalen mientras se van sirviendo.

MADAME SAINT-ANGE
LA CUISINE DE MADAME SAINT-ANGE

Flan caramelizado a la vainilla

Crème caramel renversée à la vanille

Para caramelizar el molde, consulte la p. 1368.

Para 3 personas

Huevos	1
Yemas de huevo	2
Azúcar refinado	2 cucharaditas
Extracto de vainilla	½ cucharadita
Sal	
Leche	30 cl
Caramelo	
Azúcar granulado	90 g
Agua fría	5 cucharadas
Zumo de limón	1 cucharadita

Ponga los ingredientes del caramelo en un cazo pequeño estañado y cuézalos hasta que adquieran un color café claro. Vigile cuidadosamente el caramelo, ya que podría quemarse. Cuando esté a punto, viértalo en un molde liso para suflé, seco, de 60 cl de capacidad, de paredes rectas y fondo plano, y dé vueltas al molde varias veces hasta que el caramelo lo revista uniformemente. Es un buen sistema para calentar el molde. Deje enfriar el caramelo mientras prepara el flan.

Ponga los huevos y las yemas en un cuenco junto con el azúcar refinado, el extracto de vainilla y 1 pizca de sal, y mezcle hasta obtener una crema con una cuchara de madera. Caliente la leche y viértala lentamente sobre la mezcla de huevos, removiendo constantemente. Tamice la crema sobre el molde preparado y cubra éste con un papel engrasado. Cueza al vapor *muy* lentamente durante 1 hora, hasta que el flan esté firme en el centro; o cueza en el horno precalentado a 180° con un poco de agua tibia alrededor del molde. Deje reposar el flan hasta que esté tibio antes de desmoldearlo. El flan quedará caramelizado por encima, y parte del caramelo correrá por los lados como una salsa. Sírvalo tibio, o enfríelo y sírvalo bien frío.

FLORENCE B. JACK
COOKERY FOR EVERY HOUSEHOLD

Manjar blanco de almendras

Blanc-manger aux amandes

Para pelar las almendras, consulte la p. 1330.

Para 5 personas

Almendras, incluyendo 5 amargas, peladas	250 g
Agua fría	10 cl
Leche	10 cl
Azúcar	250 g
Hojas de gelatina	20 g
Crema de leche espesa	50 cl

Machaque finamente las almendras en un mortero, añadiendo el agua poco a poco. Vierta luego la leche, y siga machacando las almendras haciendo girar la mano de mortero. Ponga esta leche de almendras en una cacerola con el azúcar. Caliente a fuego muy lento de 2 a 3 minutos, cuidando de que no llegue a hervir.

Retire la cacerola del fuego. Ponga una servilleta sobre un cuenco grande y vierta la mezcla poco a poco sobre ella. Retuerza la servilleta a fondo para extraer toda la leche de almendras. Derrita la gelatina en un cazo pequeño a fuego lento, con 20 cl de agua. Cueza unos minutos y espume las impurezas que se forman. Mezcle la gelatina derretida con la mezcla de leche de almendras.

Bata la crema de leche. Entibie la leche de almendras y en este punto, y no antes, mézclela con la crema batida. Vierta la mezcla en un molde de 1,25 l de capacidad y enfríe en un sitio fresco o en la nevera unas 5 horas.

Antes de servir, desmoldee el manjar blanco *(p. 1371)*.

J. B. REBOUL
LA CUISINIÈRE PROVENÇALE

Bavaresa rayada

Striped bavarian cream

La bavaresa rayada se prepara alternando en un molde capas de bavaresa de vainilla con otras de sabores y colores contrastantes. La bavaresa de fresas aquí utilizada puede sustituirse por otra preparada con puré de frambuesas o cualquier fruta de color rojo, o bien albaricoques secos, remojados y reducidos a puré en el pasapurés. Para preparar una bavaresa aromatizada con café, siga las instrucciones de la crema de vainilla, pero prepare una infusión de leche con 30 g de café recién molido, mezcle con suficiente agua caliente para obtener una pasta homogénea y cuélela a través de varias capas de muselina.

Para 12 personas

Bavaresa de fresas	
Fresas pasadas a través de un tamiz fino de nilón (unos 30 cl de puré)	250 g
Azúcar refinado	250 g
Agua	15 cl
Gelatina en polvo disuelta en 3 cucharadas de agua	15 g
Limón, zumo colado	½
Crema de leche espesa, batida firme	30 cl
Bavaresa de vainilla	
Azúcar refinado	175 g
Yemas de huevo	6
Sal	
Leche llevada a ebullición, y 10 minutos en infusión con una vaina de vainilla, o mezclada con 1 cucharadita de extracto de vainilla	40 cl
Gelatina en polvo disuelta en 3 cucharadas de agua	20 g
Crema de leche espesa batida firme con 30 g de azúcar refinado	40 cl

Prepare primero la bavaresa de fresas. Prepare un almíbar hirviendo el azúcar en el agua a fuego medio, de 1 a 2 minutos. Fuera del fuego, añada la gelatina removiendo hasta que se haya disuelto por completo. Incorpore el zumo de limón al puré de fresas. Agregue el almíbar caliente, removiendo hasta que esté amalgamado. Deje la mezcla aparte para que se enfríe mientras prepara la bavaresa de vainilla. Tan pronto como el puré de fresas empiece a solidificarse, agréguele la crema batida.

Prepare la bavaresa de vainilla mezclando con una cuchara de madera el azúcar, las yemas de huevo y 1 pizca de sal en una cacerola puesta a fuego muy bajo. Cuando la mezcla esté homogénea, vierta gradualmente la leche y añada luego la gelatina. Removiendo sin cesar, mantenga la mezcla en el fuego hasta que recubra la cuchara, pero no la deje hervir. Transfiera la bavaresa de vainilla a un cuenco y enfríela, removiendo, sobre hielo. Tan pronto como la mezcla empiece a solidificarse, incorpórele la crema batida.

Elija un molde de 2 l de capacidad, preferentemente uno con anillo interior, y pincélelo con aceite de almendras dulces, o enjuáguelo con agua helada. Llene el molde con capas alternas de ambas cremas, procurando no añadir una capa nueva hasta que la precedente haya solidificado de forma adecuada. Tape el molde y póngalo en la nevera unas 5 horas.

Para servir, sumerja el molde rápidamente en agua tibia y séquelo. Desmoldee el postre sobre una fuente de servicio que puede cubrirse con una servilleta doblada o una servilleta de papel, si lo desea, o sobre una fuente de cristal poco profunda.

PROSPER MONTAGNÉ
NOUVEAU LAROUSSE GASTRONOMIQUE

Huevos nevados

Oeufs à la neige

Para preparar la crema inglesa, consulte la p. 1364.

Para 6 personas

Huevos, yemas separadas de las claras	8
Azúcar lustre tamizado	500 g
Leche	1 litro
Azúcar refinado	350 g
Vaina de vainilla cortada a lo largo	1

Lleve la leche a ebullición con la mitad del azúcar lustre y la vainilla. Deje en infusión unos 10 minutos y luego retire la vainilla.

Bata las claras a punto de nieve, e incorpore gradualmente el azúcar lustre sin dejar de batir. Moldee las claras de cucharada en cucharada, dándoles la forma de un huevo, y luego escálfelas en la leche caliente por debajo del punto de ebullición, dándoles la vuelta de modo que sólo se cuezan 1 minuto por cada lado. El número de huevos nevados, o merengues escalfados, depende del tamaño de las cucharas empleadas. Cuando los merengues escalfados estén firmes, escúrralos y colóquelos en una fuente honda. Reserve la leche caliente.

Prepare una crema inglesa con las yemas de huevo, el resto del azúcar refinado y la leche reservada. Vierta en la fuente, alrededor de los merengues, no por encima. Los merengues han de flotar sobre la salsa. Sirva este postre tibio o frío.

RAYMOND OLIVER
LA COCINA: SU TÉCNICA, SUS SECRETOS

3
Suflés y budines
Ligeros y alimenticios

Incorporar claras de huevo
Dos postres de chocolate
Cocción suave al baño María
Sacar partido de los cereales

Con una manga pastelera se adorna con crema de leche batida un budín de chocolate cocido a fuego muy lento en un molde colocado al baño María. Para facilitar el desmoldeado, el molde generosamente enmantecado se ha dejado reposar 15 minutos para que quede consistente antes de darle la vuelta.

Los suflés calientes y los budines calientes o fríos engloban una serie de postres etéreos y consistentes. Estos dos extremos parecen tener poco en común, pero entre ellos hay una progresión de técnicas que ofrecen un postre para cualquier temperamento, estación o apetito.

Los suflés calientes horneados *(p. 1380)* figuran entre los postres más ligeros. Las claras batidas a punto de nieve que les dan volumen, se incorporan a una base aromatizada; durante el horneado, el aire atrapado en las claras de huevo se expande y el suflé sube a alturas insospechadas. Una vez cocido, hay que llevarlo rápidamente a la mesa antes que su frágil estructura se desmorone. En los suflés más ligeros, las claras de huevo se mezclan con un puré de fruta azucarado; en los otros, la mezcla básica se enriquece con yemas de huevo antes de incorporarla a las claras.

La *mousse* de chocolate *(p. 1382)* es otro postre aligerado con claras de huevo batidas, pero en el caso de la *mousse* los ingredientes no se cuecen. En su lugar el postre se enfría; al enfriarse se hace más firme y las burbujas de aire quedan atrapadas dentro. Si bien una *mousse* no alcanza nunca la ligereza de un suflé, se puede servir sin temor a que se desmorone.

Un poco más allá de la ligereza milagrosa del clásico suflé caliente, se sitúa el budín suflé. Un budín suflé contiene menos claras de huevo, y se cuece en el calor húmedo de un baño María. Como resultado, no se expande como el suflé, pero no se cae cuando se enfría. Así pues un budín suflé, como el de chocolate *(pp. anterior y 1383)* o el *flamri* de sémola *(p. 1384)*, se puede desmoldear y decorar antes de servirlo.

Sin el efecto de elevación de las claras de huevo, la sémola y otros ingredientes feculentos forman budines mucho más sustanciosos. El arroz, por ejemplo *(p. 1386)*, cocido en leche azucarada y aromatizada da lugar a un plato simple y nutritivo; con la adición de crema de leche y yemas de huevo, el arroz se convierte en un budín nutritivo y consistente.

Los budines cocidos al vapor son reconfortantes y por lo tanto apropiados para el invierno; el tradicional budín inglés de grasa de riñón de buey, especias y frutas humectado con coñac *(p. 1388)*, por ejemplo, es particularmente apropiado por Navidad. Un budín de este tipo puede necesitar unas 12 horas de cocción al vapor. Algunos se pueden conservar durante unos 18 meses o más, a la vez que mejoran su sabor.

El arte de atrapar el aire

El más ligero de todos los postres, el suflé, consiste en claras de huevo batidas y mezcladas con una base aromática. La tarea principal del cocinero consiste en incorporar en las claras tanto aire como sea posible *(p. 1332)*.

El primer paso en la elaboración de un suflé consiste en calentar el horno a la temperatura requerida: unos 180°. Mientras el horno se calienta, puede preparar el molde y la base aromática. Para cerciorarse de que el suflé subirá sin obstáculos, utilice un molde de paredes rectas y cúbralo con mantequilla ablandada y azúcar para evitar que el suflé se pegue a las paredes.

Cuando todo esté a punto, bata las claras a punto de nieve. Bata las claras en el último momento; si las deja reposar, perderán aire y bajarán. Mezcle una parte de las claras batidas con la base aromatizada; una vez la base se haya aligerado, podrá mezclarla con el resto de las claras *(fase 4, derecha)*. Vierta a continuación la mezcla en el molde y cueza el suflé en el horno precalentado unos 30 minutos.

Los ingredientes normalmente utilizados son harina, leche, y yemas de huevo, mantequilla y azúcar, en proporciones variables y mezclados con cualquier tipo de aromatizantes; el suflé de vainilla que presentamos a la derecha se ha aromatizado con vainilla y frutas confitadas *(receta, p. 1390)*. Pero algunos suflés *(recuadro, p. siguiente; receta, p. 1391)* utilizan sólo como base un puré de frutas ligeramente azucarado. Este tipo de suflé es una manera excelente de presentar frutas blandas como las frambuesas o, como aquí, las fresas silvestres. El sabor de las frutas no queda enmascarado por otros ingredientes, y las claras de huevo, sin las yemas o la harina, se expanden rápidamente.

Puesto que el suflé de frutas es muy frágil, debe cocerse rápidamente, de forma que las claras cuajen antes de que se pueda escapar el aire que contienen. Precaliente el horno a 190° y utilice un molde metálico. Las claras suben rápidas y altas; envuelva el molde con un aro de papel, a fin de que la preparación no se derrame.

1 **Preparar el molde.** Enmanteque un molde para suflés de paredes rectas y espolvoréelo con un poco de azúcar refinado. Haga girar el molde para que el azúcar se adhiera a las superficies enmantecadas. Haga caer el exceso de azúcar golpeando suavemente las paredes del molde y volcando éste.

2 **Preparar la base.** Ponga harina en un tazón e incorpórele removiendo la suficiente leche fría para obtener una pasta fina. Hierva la leche y el azúcar con una vaina de vainilla, e incorpore batiendo la pasta de harina y leche. Bata a fuego lento hasta que la mezcla espese. Retire el cazo del fuego y saque la vainilla.

3 **Agregar las yemas.** Una vez la leche espesada se haya entibiado unos minutos, añada las yemas *(arriba)* y la mantequilla. Bata hasta que las yemas estén amalgamadas con la mezcla base, y luego incorpore removiendo las frutas confitadas y picadas.

4 **Agregar las claras.** Bata las claras a punto de nieve. Añada una cuarta parte de las claras a la mezcla de base para aligerar su textura. Vierta esta mezcla sobre el resto de las claras. Con una espátula, lleve las claras situadas en el fondo del recipiente hacia arriba. Mezcle hasta que el suflé esté homogéneo.

5 **Llenar el molde.** Vierta la mezcla en el molde de suflé previamente preparado *(arriba)* e introdúzcalo en el horno precalentado. Al cabo de unos 30 minutos, compruebe si el suflé está cocido, introduciendo la hoja de un cuchillo. La hoja saldrá ligeramente húmeda si el suflé no está cocido del todo, pero limpia si lo está. Sirva el suflé inmediatamente *(derecha)*. Si lo deja enfriar, se desmoronará, especialmente si no está bastante cocido.☐

El suflé más sencillo: fruta y claras

1 **Preparar un collar.** Envuelva un doble espesor de papel sulfurizado en torno a un molde metálico. Si fuese necesario, haga unos cortes en el papel para que puedan pasar las asas del molde. Mantenga el papel en su sitio atándolo con un cordel. Pincele el molde y el papel con mantequilla ablandada y espolvoree con azúcar.

2 **Llenar el molde.** Mezcle las claras a punto de nieve con el puré azucarado de fresas silvestres u otra fruta blanda *(fase 4, izquierda)* para obtener una mezcla espumosa y coloreada. Transfiérala al molde preparado con una cuchara; el suflé ha de alcanzar sólo el borde de la fuente, por debajo del collar de papel.

3 **Cocer y servir el suflé.** Cueza el suflé en el horno precalentado a 190° unos 25 minutos. La parte superior ha de quedar ligeramente dorada, pero el centro ha de quedar algo jugoso. Retire el suflé del horno y sírvalo inmediatamente para que no se desmorone.

Chocolate frío y chocolate cocido

Mezclado con yemas de huevo y mantequilla, y después aireado con claras batidas, el chocolate se convierte en una *mousse* lisa y ligera *(derecha; receta, p. 1395)*. Reduciendo la proporción de claras, añadiendo harina y horneando la mezcla se obtiene un sustancioso budín de chocolate *(recuadro, p. siguiente; receta, p. 1392)*.

Prepare la base con chocolate negro o bien, si lo desea, con chocolate amargo, que contiene menos azúcar. Derrita lentamente el chocolate con un poco de agua en una cacerola de fondo grueso. Si se han formado grumos, retire la cacerola del fuego, añada unas cuantas gotas de agua hirviendo y bata vigorosamente.

Una vez haya mezclado el chocolate con la mantequilla y las yemas para obtener una pasta lisa, pero antes de aligerarlo con las claras, puede agregarle azúcar y aromatizantes, como ron o coñac si está preparando una *mousse* o un budín; el café o el zumo de naranja (o licores diversos aromatizados con café o naranja) también casan con el chocolate. La crema batida constituye un acompañamiento tradicional.

1 **Derretir el chocolate.** Rompa el chocolate y póngalo en una cacerola con muy poca agua, la suficiente para cubrir el fondo. Ponga la cacerola a fuego muy lento y remueva continuamente con una espátula de madera *(arriba)* hasta que el chocolate se derrita y se amalgame con el agua formando una pasta lisa.

2 **Incorporar la mantequilla y los huevos.** Retire la cacerola del fuego. Añada la mantequilla en trozos pequeños, poco a poco, removiendo hasta que se haya amalgamado con el chocolate *(arriba, izquierda)*. Separe los huevos, reservando las claras en un cuenco, y añada las yemas a la cacerola de una en una *(arriba, derecha)*, removiendo continuamente. Remueva la mezcla hasta que esté lisa y brillante, añada azúcar al gusto y aproximadamente 1 cucharada de ron, coñac u otro aromatizante.

3 **Agregar el chocolate a las claras.** Bata las claras hasta que estén a punto de nieve *(p. 1332)*. Para mezclarlas bien con el chocolate. sin que queden bolsas de clara sin aromatizar, deje caer un poco del chocolate muy denso sobre la superficie de las claras batidas *(arriba)*. Bata suavemente hasta que la mezcla quede uniformemente coloreada.

4 **Mezclar las claras y el chocolate.** Vierta las claras en la cacerola que contiene el chocolate. Incorpore el chocolate a la mezcla de claras, batiendo suavemente para levantar y distribuir uniformemente el chocolate desde el fondo de la cacerola hacia arriba. Siga incorporando la mezcla de esta forma hasta que la *mousse* tenga una consistencia y un color uniformes.

5 **Servir la «mousse».** Ponga la *mousse* de chocolate en copas de cristal con una cuchara *(izquierda)* y enfríela 2 horas como mínimo, para que quede consistente. Antes de servir, decore la *mousse* con crema de leche batida y, si lo desea, cáscara de naranja confitada.□

Budín de chocolate

1 **Tamizar la harina.** Derrita el chocolate y añádale mantequilla y yemas de huevo *(fases 1 y 2, p. anterior).* Incorpore el azúcar removiendo y luego la harina tamizada *(arriba).* Mezcle el chocolate con claras batidas *(fases 3 y 4, p. anterior).*

2 **Llenar el molde y cocer.** Vierta la mezcla de chocolate en un molde enmantecado *(arriba),* hasta llegar a unos 2,5 cm del borde, dejando sitio para que el budín suba. Ponga el molde al baño María y vierta agua hasta los dos tercios de la altura del molde. Introduzca el molde en el horno precalentado a 170°.

3 **Servir el budín.** Al cabo de unos 40 minutos, pinche el budín con una broqueta fina. Si ésta sale limpia, está cocido. Déjelo reposar unos minutos y desmoldéelo sobre un plato. Déjelo enfriar, decórelo con crema de leche batida y sírvalo *(arriba).*

Dos budines suflés poco habituales

Mezclando una pequeña cantidad de claras batidas con una base consistente, se obtiene un budín suflé, un plato que combina parte de la ligereza del clásico suflé *(p. 1380)* con la consistencia del budín más ortodoxo *(pp. 1386-1389)*. En el *flamri* que presentamos *(derecha; receta, p. 1395)*, su base está formada por sémola; en cuanto al pan de frutos secos *(abajo, derecha; receta, p. 1390)*, unas almendras y pistachos molidos aromatizados con pieles de fruta constituyen la base de la preparación. Dado que ni el *flamri*, ni el pan de frutos secos ha de quedar ligero, ambas mezclas se ligan con las claras suficientes para aligerar sus texturas.

En vez de hornearse destapados, los budines suflés se hornean al baño María (p. 1367). El budín, parcialmente sumergido en agua, se mantiene por debajo del punto de ebullición, cociéndose lenta y uniformemente. Subirá mientras cuece, pero no tanto como el clásico suflé.

En la mayoría de budines suflés a base de sémola, ésta empieza cociéndose en leche. No obstante, en el *flamri* la sémola adquiere más sabor si se cuece en una mezcla de vino blanco y agua. Dosifique la cantidad de azúcar de acuerdo con el vino y el propio gusto. Para enriquecer la sémola, se le agregan yemas de huevo antes de añadir las claras batidas. El budín es más fácil de desmoldear si se cuece en una fuente no demasiado honda; puede elaborar un budín más alto utilizando dos o más moldes y desmoldeándolos uno encima del otro, como aquí. El *flamri* suele servirse con una salsa de frutas aciduladas como moras o frambuesas.

El pan de frutos secos también incluye vino blanco y yemas de huevo. Las cáscaras de limón y naranja cocidas añadidas a los frutos secos molidos atenúan el aroma acentuado de los aceites aromáticos de estos frutos secos.

«Flamri» o suflé de sémola

1 **Cocer la sémola.** Hierva fuertemente igual cantidad de agua y vino blanco. Manteniendo el mismo calor, vierta la sémola en forma de lluvia, removiendo constantemente. Tape, reduzca el fuego y cueza unos 20 minutos, hasta que la sémola forme una pasta espesa y lisa.

2 **Agregar los huevos.** Retire la cacerola del fuego y entibie la sémola unos minutos. Incorpore azúcar al gusto, 1 pizca de sal y los huevos enteros sin dejar de batir. Bata claras a punto de nieve. Incorpórelas *(arriba)* suavemente con una espátula.

Un pan de frutos secos

1 **Preparar la pasta.** Machaque en un mortero almendras y pistachos hasta obtener una pasta homogénea. Si tiene un robot utilícelo en esta etapa. Cueza lentamente unas tiras de cáscara de naranja y limón en almíbar *(p. 1326)*, y añádalas junto con el almíbar a los frutos machacados *(arriba, izquierda)*. Mezcle la piel y los frutos secos e incorpore removiendo pequeñas cantidades alternas de vino blanco y azúcar *(arriba, centro)*. Añada las yemas de huevo y bata la mezcla hasta que esté consistente *(arriba, derecha)*.

3 **Cocer la mezcla.** Vuelque la mezcla en 2 moldes enmantecados. Cubra cada molde con papel sulfurizado y ponga cada uno en una cacerola grande *(arriba).* Vierta dentro agua caliente hasta alcanzar dos tercios de la altura de los moldes. Tape y cueza a fuego lento de 25 a 40 minutos, hasta que el *flamri* quede firme.

4 **Desmoldear el budín.** Entibie el contenido de los moldes. Desmoldee primero el *flamri* grande, utilizando una fuente invertida. Ponga una espátula ancha sobre el molde más pequeño, inviértalo y déjelo desprender sobre el primer budín suflé *(arriba).* Deslice la espátula cuidadosamente antes de sacar el molde.

5 **Decorar y servir.** Decore el *flamri* con moras, como aquí, o con frambuesas. Prepare una salsa con un puré de frutas azucarado al gusto. Si la fruta escogida no es de la estación, utilice fruta congelada, o, para la salsa, puede utilizar puré de albaricoques secos.□

2 **Agregar las claras.** Bata las claras a punto de nieve. Mezcle 1 cucharada de claras con el puré de frutos secos, y luego añada delicadamente esta mezcla al resto de las claras *(arriba).* Vierta la mezcla en un molde enmantecado. Coloque el molde al baño María *(fase 3, arriba)* e introdúzcalo en el horno precalentado a 190° unos 25 minutos, hasta que la preparación esté consistente.

3 **Servir el budín.** Desmoldee el pan de frutos secos sobre una fuente. Déjelo reposar unos minutos para que se asiente y decórelo luego con crema batida. Si lo desea, añada tiras de piel de naranja confitada *(p. 1329).*□

Arroz con leche enriquecido con huevos y crema

El arroz cocido en leche hasta que sus granos queden hinchados y blandos se transforma en todo un abanico de postres sustanciosos y económicos que oscilan desde los más simples a los más refinados. Debido a su sabor neutro, el arroz se adapta a otros muchos sabores. En esta preparación se ha aromatizado con un ramillete de cáscaras de naranja y limón *(receta, p. 1391)*. La canela y la vainilla son otros aromatizantes apropiados: los alemanes utilizan manzanas para cocer y sidra dulce *(receta, p. 1395)*; los indios los aromatizan con almendras y agua de rosas *(receta, p. 1394)*.

Puede preparar estos postres con arroz de grano largo, como el patna aquí utilizado, con arroz de grano redondo o con el arroz perlado de la cocina oriental. Los granos de arroz patna quedan intactos tras la cocción y dan lugar a un postre con granos claramente separados. Los granos de arroz redondo absorben más líquido, obteniéndose un postre más compacto.

Antes de cocerlo, lave el arroz con agua fría para retirarle el almidón que lo recubre. Blanquee el arroz *(fase 1, derecha)* unos minutos, enjuáguelo de nuevo con agua fría para retirarle los restos de almidón y detener la cocción.

Durante el siguiente estadio de cocción, el arroz absorberá tres veces su propio volumen de leche azucarada y aromatizada (vino o agua en algunas recetas). Puede servir el postre cuando la leche haya sido absorbida, o bien preparar un postre más elaborado. Aquí, unas yemas de huevo y crema de leche se mezclan con el arroz cocido, y se prosigue la cocción en el horno a temperatura elevada para dar al postre una costra dorada. También puede mezclar el arroz con claras de huevo, cocer la mezcla en un molde al baño María y servirlo con una compota. También puede incorporar gelatina y frutas confitadas y enfriar el arroz para obtener un «Arroz a la emperatriz» *(receta, p. 1394)*.

1 **Blanquear el arroz.** Enjuague el arroz con agua fría y sumérjalo luego en una cacerola de fondo grueso con agua hirviendo. Hierva el arroz unos 5 minutos, removiéndolo de vez en cuando con una cuchara de madera; escúrralo luego en un colador. Enjuáguelo bajo el chorro del agua fría y escúrralo de nuevo.

2 **Preparar los aromatizantes.** Caliente leche en una cacerola a fuego medio. Mientras, ate 2 tiras de cáscara de limón y 3 de cáscara de naranja con un bramante, haciendo un paquetito, y déjelas aparte.

3 **Añadir el azúcar.** Añada azúcar a la leche y remueva para asegurarse de que se disuelve por completo. Incorpore luego el ramito con las cáscaras de limón y naranja, un poco de mantequilla y 1 pizca de sal. Para realzar su aroma, deje la leche en infusión durante 1 hora.

4 **Incorporar el arroz.** Lleve la leche a ebullición e incorpore removiendo el arroz blanqueado y escurrido *(arriba)*. Lleve lentamente la leche a ebullición, tape y cueza en el horno muy bajo o en un fuego muy lento unos 30 minutos, hasta que el arroz esté tierno y la leche haya sido absorbida.

5 **Enfriar el arroz.** Retire la cacerola del horno y saque el ramito. Separe los granos de arroz removiendo suavemente con un tenedor. Sirva el arroz inmediatamente si lo desea. Si piensa añadirle crema de leche y yemas de huevo, déjelo enfriar 5 minutos.

6 **Agregar las yemas.** Separe las yemas de las claras *(p. 1364)*. Reserve las claras para utilizarlas en otros platos, como los merengues *(p. 1372)*. Añada las yemas al arroz *(arriba)* y remueva la mezcla procurando no aplastar los granos, hasta que todo el arroz quede bien impregnado.

7 **Servir el budín.** Agregue crema de leche ligera a la mezcla. Vierta la preparación en una fuente refractaria enmantecada. Espolvoree con 2 ó 3 cucharadas de azúcar y cueza en el horno unos 25 minutos. Si al cabo de este tiempo el azúcar no ha formado una capa dorada, ponga el arroz en la parrilla de 1 a 2 minutos. Sírvalo directamente de la fuente.☐

El budín al vapor: una receta secular

Los budines al vapor, envueltos en un lienzo, o apretados dentro de un cuenco y cocidos en una cacerola de agua hirviendo, son un legado de la época medieval.

Más tarde, los budines se transformaron en platos azucarados que se degustaban durante el invierno. Normalmente se preparan con harina, frutos secos y mantequilla o grasa de riñón de buey. El *Christmas pudding* inglés que aquí presentamos *(receta, p. 1392)*, es un ejemplo refinado. En este postre, la grasa de riñón de buey se mezcla con pan rallado en lugar de harina, y la mezcla se realza con generosas cantidades de frutas secas y confitadas, frutos secos y especias. El budín se cuece en un cuenco. Si bien el budín podría degustarse al cabo de 1 ½ horas, la mayoría de cocineros lo cuecen de 8 a 9 horas, a fin de que los sabores se amalgamen y el color oscuro de los frutos secos se esparza por todo el budín.

La grasa de riñón de buey debe ser blanca, seca y ha de desmenuzarse al tacto. Cómprela fresca a su carnicero; púlala para retirar todo el tejido conjuntivo y la membrana antes de rallarla.

Debido a las excepcionales propiedades de conservación de la grasa de riñón de buey cocida, y al efecto conservante del azúcar y el alcohol, los *Christmas puddings* se pueden hacer meses o incluso un año o dos antes y almacenarlos; por supuesto, su sabor incluso mejora si se dejan reposar en un recipiente herméticamente cerrado *(recuadro, p. siguiente)*.

Antes de preparar su *Christmas pudding*, prepare las tiras de fruta confitadas y las frutas secas. Remoje las pieles en agua unos 30 minutos; lave las frutas secas, espárzalas sobre un lienzo para que se sequen y retire los pedúnculos.

El acompañamiento clásico del *Christmas pudding* es una salsa preparada batiendo las mismas cantidades de mantequilla y azúcar lustre y aromatizada con ron o coñac. Tradicionalmente, se vierte un vaso de coñac tibio sobre el budín y se flamea en la mesa.

1 **Preparar los ingredientes.** Pique almendras peladas *(p. 1330)*, pieles y cerezas confitadas y póngalas en un cuenco grande con azúcar moreno y frutas secas, aquí pasas de Esmirna y de Corinto, y ralle la cáscara de 1 naranja y 1 limón sobre la mezcla. Retire con un pincel el excedente del rallador *(arriba)*. Añada grasa de riñón de buey picada o rallada, miga de pan y especias como nuez moscada y jengibre molido. Mezcle cuidadosamente con las manos.

2 **Ligar los ingredientes.** Bata huevos y viértalos sobre la mezcla. Añada whisky, coñac o, como aquí, 1 vaso de cerveza negra; remueva con una cuchara de madera para mezclar los ingredientes. Tradicionalmente, los cocineros añaden monedas o figuritas a los *Christmas puddings*. Si usted lo hace, esterilícelos primero en agua hirviendo y envuélvalos individualmente en papel de aluminio o sulfurizado.

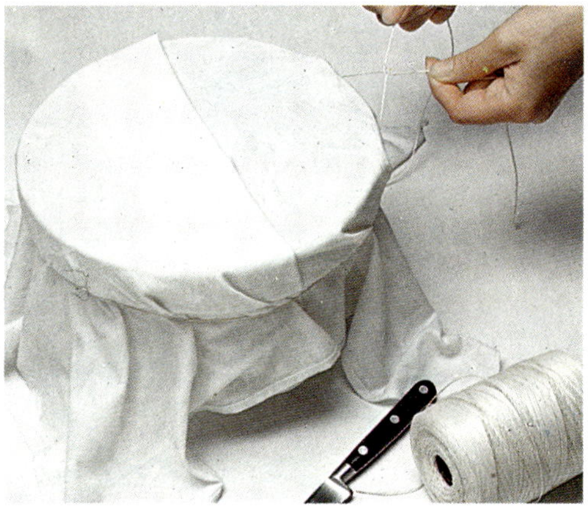

3 **Preparar el cuenco.** Pincele un cuenco o una budinera con aceite neutro. Recubra la base con un círculo de papel sulfurizado por ambos lados. Llene el cuenco con la preparación, apretando bien; nivele la mezcla con una cuchara. Cubra con otro círculo de papel sulfurizado *(arriba).*

4 **Recubrir el budín.** Espolvoree un lienzo húmedo con harina y póngalo sobre el cuenco, con el lado enharinado hacia abajo. Haga unos pliegues en el lienzo para que el budín pueda hincharse durante la cocción, y átelo con un bramante por debajo del borde del cuenco. Ate los extremos colgantes formando un asa.

5 **Cocer al vapor.** Ponga una trébede en una cacerola grande y coloque el cuenco encima. Vierta agua hirviendo en la cacerola hasta alcanzar dos tercios de la altura del cuenco. Tape la cacerola y cueza muy lentamente unas 9 horas, añadiendo más agua hirviendo si fuese necesario.

Conservar un budín

Pincelar con cera. Retire el lienzo y el papel sulfurizado del budín cocido y enfriado. Pincele un trozo grande de papel sulfurizado con aceite neutro, ajústelo sobre el cuenco con el lado aceitado hacia abajo y átelo. Para sellar, derrita parafina en un cuenco metálico sobre agua hirviendo y pincele el panel. El budín se conserva en un sitio fresco más de un año. Para servirlo, saque el papel y raspe la cera. Cuézalo al vapor varias horas y sírvalo caliente.

6 **Servir el budín.** Retire el cuenco de la cacerola, utilizando el asa formada por los extremos atados. Destape el budín y desmoldéelo. Decórelo con acebo. Antes de servirlo, rocíelo con 1 vaso de coñac caliente y flamee.☐

Recetas

Suflé a la vainilla

Soufflé à la vanille

Los autores sugieren las siguientes variaciones: aromatice el suflé con un licor de su elección, como chartreuse, Grand Marnier, kirsch o curaçao; con chocolate, añadiendo 50 g de chocolate negro derretido; o con praliné, añadiendo 50 g de praliné de almendras (p. 1331).

Para 4 personas	
Leche	10 cl
Azúcar refinado	30 g
Vaina de vainilla	1
Harina mezclada con un poco de leche fría	1 cucharada
Mantequilla	10 g
Yemas de huevo	2
Claras de huevo	3
Azúcar lustre	15 g

Hierva la leche en una cacerola pequeña junto con el azúcar refinado y la vainilla (o cualquier aromatizante de su elección). Tan pronto como la leche alcance el punto de ebullición, añada la harina y la mezcla de leche. Cueza 2 minutos, batiendo constantemente (una batidora de varillas es un utensilio básico en toda cocina). Retire la cacerola del fuego, saque la vainilla y añada la mantequilla y las yemas de huevo. Mezcle a fondo. Bata las claras a punto de nieve e incorpórelas a la mezcla.

Enmanteque un molde para suflé de 60 cl y espolvoréelo con azúcar refinado. Vierta dentro la mezcla de suflé y alise la superficie. Cueza en el horno precalentado a 180° unos 25 minutos, hasta que el suflé haya subido. Dos minutos antes de retirar el suflé del horno, espolvoréelo con azúcar lustre para glasearlo.

PROSPER MONTAGNÉ Y A. GOTTSCHALK
MON MENU

Pan de almendras y pistachos

Pain des houris

Para pelar los frutos secos, consulte la p. 1330.

Servido directamente del horno es un suflé. Tibio, pierde mucho cuerpo, pero se pueden apreciar mejor sus sabores. Frío, es jugoso y compacto, pesado pero delicioso.

Para 4 personas	
Almendras descascarilladas, blanqueadas 2 minutos, frotadas entre servilletas y peladas	125 g
Pistachos descascarillados, blanqueados 2 minutos, frotados entre servilletas y pelados	60 g
Tiras de cáscara de naranja y limón cortadas en virutas, blanqueadas unos segundos y escurridas	1 cucharada de cada
Azúcar	140 g
Agua	6 cucharadas
Vino blanco	4 cucharadas
Huevos, yemas separadas de las claras	3
Sal	

Mezcle en una cacerola las tiras de cáscara de naranja y de limón con 1 cucharada de azúcar y el agua. Lleve a ebullición y cueza hasta que el líquido se haya reducido casi por completo y las cáscaras estén revestidas con un almíbar espeso, pero retire del fuego antes que el azúcar empiece a caramelizarse.

Machaque juntos las almendras y los pistachos en un mortero grande hasta que estén bien aplastados y formen un puré grueso. Añada las cáscaras, el almíbar y un poco del azúcar restante, y siga machacando, añadiendo azúcar de vez en cuando, hasta que la mezcla esté demasiado espesa para poderse trabajar con facilidad. Siga machacando, alternando adiciones de vino y azúcar, hasta que haya terminado el vino y sólo quede 1 cucharada de azúcar. Añada las yemas de huevo y trabaje vigorosamente, machacando y removiendo con la mano de mortero.

Bata las claras con 1 pizca de sal a punto de nieve. Agregue 1 cucharada generosa de las mismas a la mezcla del mortero y luego transfiera el contenido del mortero al cuenco que contiene las restantes claras; mezcle suavemente.

Vierta la preparación en un molde de pan enmantecado y sumerja la mitad de la fuente en una cacerola grande con agua. Introduzca en el horno precalentado a 190° y cueza unos 25 minutos, hasta que el centro del pan esté firme al tacto. Espolvoree con el resto del azúcar antes de servir.

Los ingredientes (exceptuando la incorporación final de claras batidas) pueden incorporarse progresivamente a un robot, obteniendo resultados sumamente rápidos y satisfactorios.

RICHARD OLNEY
SIMPLE FRENCH FOOD

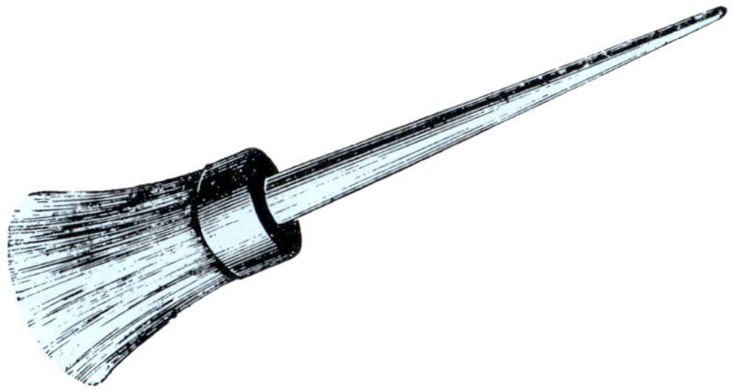

Suflé de fresas

Strawberry soufflé

Esta es una versión moderna de una receta de Antonin Carême, inventor del suflé clásico.

Para 4 personas	
Fresas perfumadas, sin pedúnculos	250 g
Azúcar	125 a 175 g
Kirsch o zumo de limón (opcional)	
Claras de huevo	5
Azúcar lustre	1 ó 2 cucharadas

Prepare un puré con las fresas pasándolas por la batidora o por un tamiz. Añádales de 60 a 125 g de azúcar, en función de su sabor. Si lo desea, añada kirsch o zumo de limón al gusto. Enmanteque una fuente para suflé de 1,5 l de capacidad y espolvoréela con azúcar, retirando el exceso. Precaliente el horno a 180°.

Una hora antes de servir, bata las claras a punto de nieve. Añada unos 60 g de azúcar y siga batiendo hasta que la mezcla esté brillante y firme. Agregue un poco de merengue al puré de fresas, mezcle a fondo y luego añada el puré al resto del merengue, introduciéndolo con tanta suavidad como sea posible. Vierta la mezcla de suflé en el molde preparado (la mezcla ha de alcanzar la parte superior del molde) y cueza en el horno precalentado de 25 a 30 minutos, hasta que haya subido y esté dorado. El centro del suflé ha de quedar ligeramente cóncavo. Espolvoree la parte superior con azúcar lustre y sirva inmediatamente.

Puede acompañar este suflé con una salsa de puré de fresas frescas.

ANNE WILLAN
GREAT COOKS AND THEIR RECIPES

Arroz con leche

Riz au lait

El autor sugiere como variación agregar al arroz cocido de 3 a 6 huevos batidos y endulzarlo con azúcar al gusto. Verter la preparación en un molde enmantecado y cocer al baño María en el horno precalentado a 180° durante 20 minutos. Deje reposar la preparación unos minutos antes de desmoldearla. Sirva caliente o frío.

Para 4 a 6 personas	
Arroz de grano largo, cuidadosamente lavado y escurrido	125 g
Sal	
Leche	75 cl
Vaina de vainilla (o 1 cucharadita de naranja finamente picada o cáscara de limón)	½
Mantequilla	30 g
Azúcar refinado	unos 75 g

Blanquee el arroz en agua ligeramente salada de 5 a 6 minutos. Escúrralo, enjuáguelo con agua tibia y escúrralo de nuevo cuidadosamente,

Lleve la leche a ebullición en una cacerola de fondo grueso con la mitad de la vainilla o, si lo prefiere, con la cáscara de naranja o de limón. Retire la vainilla si la ha utilizado, añada luego a la leche la mantequilla y el azúcar, y remueva hasta que el azúcar se haya disuelto. Enfríe la leche ligeramente y viértala sobre el arroz. Lleve a ebullición, tape y cueza en el horno precalentado a 170° durante 30 minutos, sin remover. Transfiera el arroz a una compotera o cuenco y sírvalo caliente o frío.

ADRIEN-JEAN BOBINET
GASTRONOMIE

Budín de Navidad

Christmas pudding

Para preparar un embalaje hermético para conservar este budín largo tiempo, y para cubrirlo con un lienzo enharinado, consulte las explicaciones de la *p. 1389.*

Para 8 a 10 personas	
Grasa de riñón de buey fresca, o empaquetada y rallada	150 g
Pasas de Esmirna y de Corinto	175 g de cada
Miga de pan desmenuzada	150 g
Azúcar moreno de cristales finos	150 g
Almendras peladas groseramente picadas	30 g
Pieles confitadas variadas, picadas	30 g
Cerezas confitadas, cortadas por la mitad	125 g
Limón, cáscara finamente rallada	1
Huevos grandes	3
Whisky	2 cucharadas

Si utiliza la grasa de riñón de buey fresca, retire la membrana transparente y rállela con un rallador fino o mediano. Prepare las frutas secas; retire los tallos de las pasas de Esmirna, si fuese necesario. Lave luego ambas pasas en agua fría. Póngalas en un tamiz y déjelas escurrir. Ponga una servilleta limpia sobre una rejilla o fuente. Esparza la fruta encima y déjela en un sitio tibio para que se seque. Pique las pasas.

Aceite cuidadosamente un molde para budín de 1,5 l de capacidad con aceite neutro. Corte redondeles de papel sulfurizado del mismo tamaño que la parte superior y el fondo del molde. Pincélelos con el aceite. Es muy importante hacer esto, pues de otra forma el budín se pegaría.

Ponga todos los ingredientes secos en un cuenco grande y mézclelos a fondo, incorpore luego los huevos y el whisky. Ponga un redondel de papel sulfurizado en el fondo del molde y ponga dentro la mezcla con una cuchara. Disponga el otro redondel engrasado sobre la mezcla. Tape el budín con papel de aluminio y rodéelo con más papel o bien cúbralo con un lienzo enharinado y con un pliegue, y átelo con un bramante. Haga una asa atando los extremos del lienzo.

Ponga un pequeño trozo de madera o una trébede en el fondo de una cacerola grande. Esto asegurará que el fondo del budín no quede demasiado cerca del calor. Ponga el budín encima. Llene la cacerola con agua hasta llegar a la mitad de la altura del molde. Tape la cacerola herméticamente. Lleve el agua a ebullición y reduzca luego el fuego. Hierva lentamente durante 8 horas. Añada agua hirviendo de vez en cuando para mantener el nivel del agua.

Retire el budín de la cacerola y séquelo a fondo. Saque el papel de aluminio o el lienzo y el redondel de papel sulfurizado de la superficie. Pincele un nuevo redondel de papel sulfurizado con aceite neutro y tape el budín con el mismo. Tape el molde con papel de aluminio y átelo bien con un bramante. Envuélvalo con una servilleta y almacénelo en un sitio fresco hasta el día de Navidad. Antes de servir, hierva el budín otras 2 horas. Desmoldéelo y sírvalo con crema fresca batida.

SUSAN KING
WOMAN'S REALM

Pastel moldeado de chocolate con chantilly

Gâteau moulé au chocolat, crème chantilly

Para 4 personas	
Chocolate amargo roto en trozos pequeños	90 g
Agua	4 cucharadas
Mantequilla ablandada	90 g
Huevos, yemas separadas de las claras	3
Azúcar	200 g
Harina	30 g
Extracto de vainilla	1 cucharadita
Sal	
Crema de leche espesa	25 cl

Remueva el agua y el chocolate en un cuenco metálico con el fondo redondo, sobre fuego lento, hasta que el chocolate se haya derretido. Retire el cuenco del fuego e incorpore batiendo la mantequilla, las yemas de huevo y finalmente 150 g de azúcar, la harina y la mitad de la vainilla. Si en este momento la mezcla parece cortarse o desintegrarse (es sólo la acción del chocolate que se endurece en contacto con los ingredientes más fríos), ponga el cuenco dentro de otro lleno con agua caliente y siga removiendo; la mezcla quedará ligada de nuevo.

Bata las claras con 1 pizca de sal a punto de nieve e incorpore suavemente una tercera parte de las mismas a la mezcla de chocolate, y luego el resto. Vierta en un molde enmantecado de savarín o uno para gelatina con un hueco central de 1 litro de capacidad. Ponga el molde en un baño María con agua caliente cuya altura casi debe alcanzar la del molde y cueza en el horno precalentado a 180° durante 40 minutos. Deje enfriar ligeramente y vuelque el molde en una fuente de servicio, no lo retire hasta el momento de servir. Enfríe en la nevera 1 hora.

Bata la crema de leche con el azúcar restante y la vainilla. Sirva el pastel enfriado con la crema batida por separado, o rellene el hueco del mismo con la crema y forme un dibujo con la ayuda de la manga pastelera alrededor de la base.

RICHARD OLNEY
THE FRENCH MENU COOKBOOK

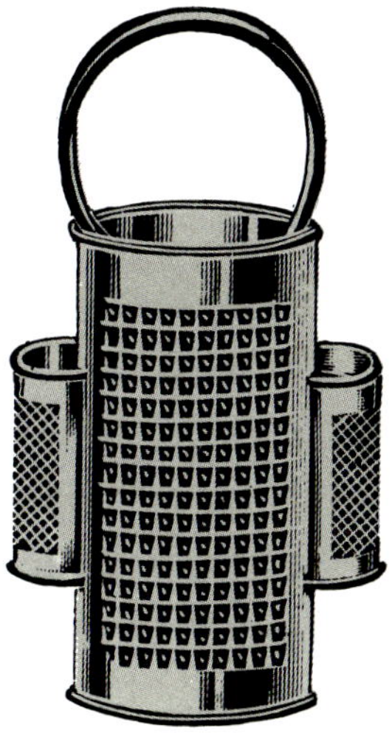

Albaricoques Condé

Abricots Condé

Para preparar el almíbar, consulte la p. 1326.

Si no se dispone de albaricoques frescos y maduros, utilícelos de lata en almíbar; espese el almíbar reducido con 1 cucharada de confitura de albaricoques.

Para 4 a 6 personas	
Albaricoques grandes y maduros	10
Azúcar	150 g
Agua	30 cl
Vaina de vainilla	1
Kirsch	4 cucharaditas
Pastel de arroz	
Arroz de grano largo (carolina o patna) lavado, blanqueado 2 minutos en agua hirviendo, escurrido, lavado de nuevo y escurrido a fondo	125 g
Leche	50 cl
Vaina de vainilla	1
Tira pequeña de cáscara de naranja o limón	1
Sal	¼ de cucharadita
Mantequilla derretida	30 g
Azúcar	unos 60 g
Huevos, yemas ligeramente batidas y alargadas con 1 cucharada de crema de leche o leche hervida	3
Kirsch	1 cucharada
Angélica, frutas y pieles confitadas, cerezas confitadas	

Prepare un almíbar ligero con el azúcar, el agua y la vainilla. Sumerja los albaricoques durante un momento en agua hirviendo, pélelos inmediatamente, pártalos por la mitad y deshuéselos. Rompa 4 huesos, extraiga la almendra interior, córtelas por la mitad y añádalas al almíbar, junto con los albaricoques. Lleve lentamente las mitades de albaricoques a ebullición y escalfe unos 8 minutos, a fuego lento, hasta que estén tiernos, cuidando de que no se rompan ni pierdan su forma. Mantenga las mitades de albaricoques calientes en el almíbar hasta el momento de utilizarlos.

Para preparar el pastel de arroz, lleve la leche a ebullición con la vainilla, la cáscara de naranja o limón y la sal. Retire la vainilla y la cáscara. Ponga el arroz en una cacerola y vierta 10 cl de leche hirviendo, junto con la mantequilla derretida. Tape y cueza a fuego lento, removiendo de vez en cuando con un tenedor, hasta que la leche se haya absorbido por el arroz. Siga cociendo, añadiendo unos 10 cl de leche de una vez, hasta que toda la leche haya sido absorbida. Enfríe el arroz ligeramente.

Espolvoree la superficie del arroz con el azúcar. Con un tenedor, y procurando no romper los granos, mézclelo con las yemas de huevo. Bata las claras a punto de nieve, incorpórelas al arroz, vierta el kirsch y remueva. Vierta la preparación en un molde de anillo o savarín de 1 litro de capacidad, enmantecado. Cubra con papel sulfurizado enmantecado, y cueza al baño María en el horno precalentado a 180° durante 45 minutos. Para probar si el arroz está cocido, introduzca una aguja de tricotar, la cual ha de salir limpia. Deje reposar el arroz unos 10 minutos antes de desmoldearlo sobre una fuente redonda.

Escurra las mitades de albaricoques y hierva el almíbar para reducirlo a unos 10 cl; retire las almendras y la vainilla. Ponga 16 mitades de albaricoques sobre el arroz, cabalgando unas sobre otras alrededor de la cima curvada en forma de anillo. Decore los albaricoques con angélica, frutas y pieles confitadas, y cerezas confitadas. Pase las 4 mitades restantes a través de un tamiz de malla fina y mezcle con el almíbar. Aromatice la salsa con 4 cucharaditas de kirsch. Recubra el pastel de arroz con la salsa y sírvalo caliente.

PAUL BOCUSE
LA COCINA DEL MERCADO

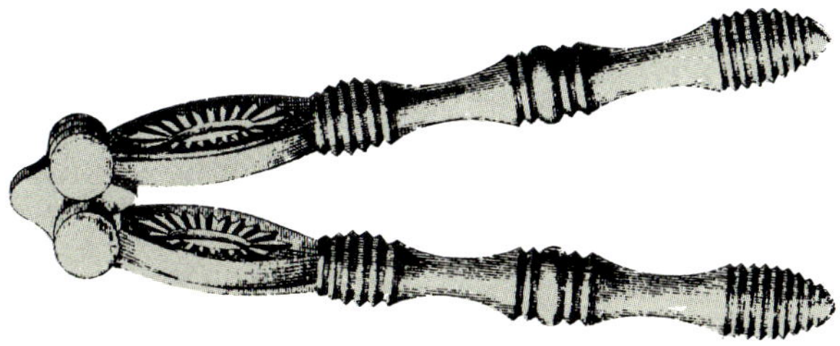

Arroz cremoso

Kheer

Este postre se puede servir caliente, pero queda mejor enfriado y servido en copas pequeñas y espolvoreado con almendras fileteadas y pistachos.

Para 4 a 6 personas

Arroz de grano corto lavado	90 g
Leche	1,25 l
Azúcar	175 g
Pasas	30 g
Cápsulas de cardamomo, granos extraídos y machacados	4
Clavos o 2 cm de canela en rama	2
Almendras peladas fileteadas	6 cucharadas
Agua de rosas	2 cucharaditas

Lleve la leche a ebullición en una cacerola grande. Añada el arroz, vuelva a llevar a ebullición y remueva; hierva 1 minuto a fuego medio. Reduzca el fuego al mínimo, y cueza removiendo constantemente durante 15 minutos. Prosiga cociendo con el recipiente tapado 1 ½ horas, removiendo de vez en cuando. Añada el azúcar, las pasas, el cardamomo, los clavos y la canela; cueza removiendo lentamente de vez en cuando, hasta que las pasas se hinchen y la mezcla espese: de 10 a 15 minutos. Retire los clavos o la canela y añada las almendras. Vierta la mezcla en una fuente refractaria de 1,5 l de capacidad y cueza en el horno precalentado a 180° durante 25 minutos. Antes de servir, agregue el agua de rosas.

DHARAMJIT SINGH
INDIAN COOKERY

Arroz a la emperatriz

Riz à l'impératrice

Para 6 personas

Arroz de grano largo	125 g
Azúcar	100 g
Sal	
Mantequilla	30 g
Vaina de vainilla partida	1
Leche	75 cl
Confitura de albaricoque o albaricoques confitados	4 ó 5 cucharadas
Uvas, cerezas, piña y angélica, confitadas y cortadas en dados, maceradas en 4 cucharadas de kirsch, y 1 cucharada de azúcar	60 g
Crema inglesa *(p. 1374)*, en la que se han disuelto 30 g de hojas de gelatina ablandadas	50 cl
Kirsch	3 cucharadas

Blanquee el arroz en agua hirviendo 5 minutos; escúrralo, sumérjalo en agua fría y vuélvalo a escurrir. Ponga el azúcar y 1 pizca de sal, la mantequilla, la vainilla y leche en una cacerola de fondo grueso; lleve a ebullición. Añada el arroz, tape herméticamente y ponga en el horno precalentado a 150° unos 30 minutos, hasta que el arroz esté tierno y haya absorbido el líquido, pero todos sus granos estén enteros.

Retire la vainilla, ponga el arroz en un cuenco y aligere su consistencia con la confitura de albaricoque o los albaricoques confitados. Incorpore removiendo las frutas cortadas a dados, la crema inglesa y el kirsch. Vierta la mezcla en un molde de bavaresa aceitado de 1,5 l de capacidad y enfríe sobre hielo de 2 a 3 horas, o de 4 a 5 en la nevera. Para servir, desmoldee el postre sobre una fuente de servicio cubierta con una servilleta.

PHILÉAS GILBERT
LA CUISINE DE TOUS LES MOIS

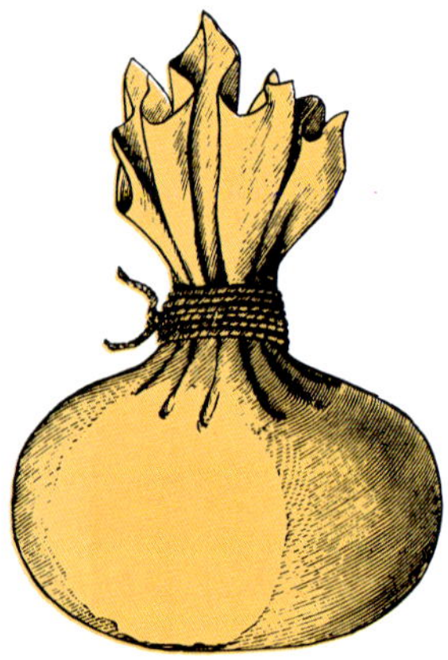

Budín de sémola

Flamri

Para 8 personas	
Sémola	250 g
Vino blanco	50 cl
Agua	50 cl
Azúcar	300 g
Huevos	2
Sal	
Claras de huevo a punto de nieve	6
Frambuesas, fresas, grosellas rojas, u otras frutas blandas, reducidas a puré y azucaradas	50 cl

Ponga el vino y el agua en una cacerola y lleve a ebullición. Vierta gradualmente la sémola, removiendo sin cesar. Tape y cueza a fuego lento, removiendo de vez en cuando, durante 25 minutos o hasta que la sémola esté espesa y homogénea. Retire la cacerola del fuego y añada a estas «gachas» el azúcar, los huevos y 1 pizca de sal. Incorpore las claras a punto de nieve. Vierta la mezcla en un molde liso enmantecado. Ponga éste en una cacerola con agua caliente, tápelo y escalfe a fuego lento o en el horno precalentado a 170° de 25 a 40 minutos, hasta que el budín esté firme al tacto. Retire el molde de la cacerola y enfríe el budín. Desmoldéelo sobre una fuente de servicio, vierta por encima el puré de frutas y sírvalo.

PROSPER MONTAGNÉ
NOUVEAU LAROUSSE GASTRONOMIQUE

«Mousse» de chocolate

Mousse au chocolat

Para aromatizar esta mousse, *la autora sugiere dos posibilidades: 2 cucharadas de almendras tostadas finamente picadas, o bien 1 cucharada de cáscara de naranja confitada picada.*

Para 4 a 6 personas	
Chocolate negro troceado	250 g
Mantequilla	30 g
Agua	4 cucharadas
Huevos, yemas separadas de las claras	5
Ron	1 cucharada

Ponga el chocolate en una cacerola con la mantequilla y el agua. Cueza a fuego muy lento hasta que la mezcla se convierta en una pasta homogénea. Agréguele fuera del fuego las yemas de huevo, una a una, y mezcle con una cuchara de madera. Vierta luego el ron.

Bata las claras a punto de nieve e incorpórelas delicadamente a la mezcla de chocolate. Vierta la *mousse* en un molde hondo de 1,25 l de capacidad y enfríela toda la noche en la nevera.

EUGÉNIE BRAZIER
LES SECRETS DE LA MÈRE BRAZIER

Pastel de arroz y manzanas

Apfelreis

Para 6 personas	
Arroz de grano largo o redondo	100 g
Manzanas para cocer peladas, sin el corazón y cortadas a rodajas	1 kg
Leche	30 cl
Cáscara de limón rallada	½ cucharadita
Azúcar	100 g
Sal	½ cucharadita
Mantequilla	100 g
Sidra dulce o zumo de manzana	10 cl
Claras de huevo	2
Azúcar lustre	2 cucharadas

Cueza el arroz con la leche, la cáscara de limón, el azúcar y la sal unos 25 minutos, hasta que esté blando. Ponga una capa de arroz en una fuente refractaria honda de 1,5 l de capacidad, coloque encima la mitad de las manzanas, esparza la mitad de la mantequilla, añada el resto del arroz y cubra con el resto de las manzanas. Esparza la mantequilla restante. Vierta la sidra o el zumo de manzana por encima. Cueza 45 minutos en el horno precalentado a 180°. Bata las claras a punto de nieve y mézclelas con el azúcar lustre. Esparza el merengue sobre las manzanas y hornee unos 20 minutos, hasta que esté dorado. Sirva caliente.

BETTY WASON
THE ART OF GERMAN COOKING

4

Crêpes y buñuelos
Las pastas y sus innumerables preparaciones

Un buen número de postres tienen como base una de las preparaciones culinarias más sencillas: la pasta de *crêpes,* una pasta de harina y líquido. Según las proporciones, puede obtenerse un tipo de pasta que forma unas *crêpes* muy finas que pueden enrollarse en torno a unas frutas *(p. anterior),* rellenarse con una mezcla para *suflé (p. 1400)* o alternarse con capas de crema inglesa y aromatizantes para obtener un pastel *(p. 1401).* Una pasta similar horneada con frutas da lugar al *clafoutis,* una especie de budín francés muy cremoso *(p. 1402).* Unos trozos de fruta o unas flores revestidas con pasta ligera se convierten en buñuelos crujientes *(p. 1403).*

Los ingredientes y proporciones de la pasta varían de acuerdo con la finalidad deseada. Para las *crêpes (p. 1398)* se mezclan huevos enteros con harina y la leche suficiente para obtener una pasta homogénea y fluida. La mantequilla derretida añadida a la mezcla facilita que las *crêpes* se deslicen fácilmente de la sartén. Pueden aromatizarse con coñac y licores hasta una simple pizca de sal. De hecho, el éxito de este postre depende de la consistencia de la pasta. Para obtener *crêpes* que sean ligeras y finas, pero lo bastante consistentes para envolverse en torno a un relleno, la pasta debe tener la consistencia de la crema de leche ligera. Una pasta más densa hecha con una mayor proporción de harina, daría lugar a unas *crêpes* pesadas, pero conviene perfectamente para el *clafoutis (p. 1402).*

La pasta para freír que sirve para preparar los buñuelos tiene sus propias características. Puesto que debe cocerse rápidamente para formar una envoltura crujiente, ha de ser muy ligera. Por ello, no se le agregan yemas de huevo, y la harina se mezcla con agua y cerveza en lugar de leche, la cual se emplea en la mayoría de pastas. Para aligerarla aún más, se le incorporan claras de huevo a punto de nieve antes de cocerla.

Cuando la harina se mezcla con un líquido, sus proteínas forman el gluten, una sustancia insoluble y elástica. El batido aumenta la elasticidad del gluten, con resultados inesperados; si la pasta para *crêpes* es demasiado elástica, no se extenderá uniformemehte en la sartén; si la pasta para buñuelos es demasiado elástica, no se adherirá suficientemente a los alimentos. Deje reposar la pasta una vez preparada a temperatura ambiente, para reducir su elasticidad. En principio, es preferible dejar reposar la pasta para freír durante 1 hora. La pasta para *crêpes* sólo necesita 30 minutos de reposo; pero, si tiene cuidado en amalgamar todos los ingredientes, sin batir la mezcla demasiado vigorosamente, podrá utilizar la pasta sin tener que esperar.

Un almíbar de vino reluciente cubre un plato de *crêpes* rellenas con higos escalfados *(p. 1356).* Las *crêpes* pueden contener casi cualquier tipo de fruta y servirse con una salsa, como aquí, o espolvorearse simplemente con azúcar y mantequilla, y dorarse rápidamente en la parrilla.

Obtener una «crêpe» perfecta

Las *crêpes,* servidas directamente de la sartén y rociadas con un licor o azúcar y zumo de limón, son un postre ligero y sencillo. Si desea obtener un postre más consistente, enrolle las *crêpes* en torno a unas frutas o un relleno, o apílelas para formar un pastel de *crêpes (pp.1400-1401).*

En todos los casos, la pasta de *crêpes* es siempre a base de huevos, harina, leche y mantequilla derretida; para aromatizarla puede añadir coñac o licor *(recuadro, p. siguiente; receta, p. 1404).* Bata la pasta hasta que todos los ingredientes estén bien mezclados; si la bate demasiado podría quedar excesivamente elástica. Dado que las *crêpes* han de cocerse por igual, emplee una sartén de hierro colado o de acero reservada para este uso. Una sartén nueva ha de «curarse» con aceite antes de emplearla *(recuadro, derecha),*

Incluso con una sartén «curada», la primera o las dos primeras *crêpes* no quedan perfectas. Considérelas a modo de prueba para juzgar la cantidad de pasta y el grado exacto de calor requerido; deséchelas si fuese necesario.

Curar una sartén para «crêpes»

Curar una sartén nueva para «crêpes». Lave y seque la sartén, vierta 5 mm de aceite *(arriba, izquierda)* y ponga la sartén a fuego lento hasta que el aceite empiece a oscurecerse y humear. Retire la sartén del fuego, déjela enfriar, vierta el aceite y frote la sartén con un lienzo seco *(arriba, derecha).* Ahora la sartén ya está lista para utilizar. Si durante la cocción se pega una *crêpe,* retire todos los residuos que queden frotando la sartén con sal. No lave nunca una sartén para *crêpes;* si lo hiciera tendría que volverla a curar. Para evitar que se herrumbre, frótela siempre con un lienzo aceitado antes de guardarla.

1 **Formar la «crêpe».** Unte la sartén con un lienzo aceitado. Póngala a fuego medio. Cuando el aceite humee ligeramente sobre la sartén, vierta la pasta suficiente para cubrir el fondo de la misma *(arriba, izquierda);* la pasta ha de chisporrotear al contacto con el metal caliente. Dé inmediatamente un movimiento de rotación a la sartén para que la pasta se esparza lo más finamente posible *(arriba, centro).* Vierta la pasta no cocida dentro del cuenco con el resto de la pasta *(arriba, derecha).*

Preparar la pasta

1 **Mezclar los ingredientes.** Tamice harina junto con 1 pizca de sal sobre un cuenco. Haga un hueco en el centro de la harina, casque los huevos dentro e incorpórelos gradualmente a la harina, trabajando desde el centro del cuenco hacia fuera. Cuando la mezcla no tenga grumos, incorpore la leche batiendo *(arriba).*

2 **Aromatizar la pasta.** Cuando la pasta esté homogénea, añádale mantequilla derretida. Si lo desea, vierta un chorrito de coñac o un licor (arriba) que complemente el relleno elegido para la *crêpe.* Remueva suavemente para amalgamar los ingredientes.

3 **Verificar la consistencia.** La pasta para *crêpes* ha de tener la consistencia de la crema de leche ligera y ha de caer fácilmente de la cuchara *(arriba).* Si la pasta es demasiado espesa, incorpore gradualmente un poco más de leche.

2 **Retirar el exceso de pasta.** Con una paleta o espátula, corte el trozo de pasta que haya quedado al sacar el exceso de la misma de la sartén. Ponga de nuevo la sartén al fuego unos segundos. Cuando los bordes de la *crêpe* empiecen a abarquillarse, al cabo de unos 10 segundos, dé la vuelta a la *crêpe.*

3 **Dar la vuelta a la «crêpe».** Despegue los bordes de la *crêpe* con una espátula. Sostenga el borde de la *crêpe* con los dedos y levántela *(arriba).* El borde ha de estar suficientemente tibio para poderse sujetar. De lo contrario, deslice una espátula bajo la *crêpe.*

4 **Apilar las «crêpes».** La segunda cara de la *crêpe* se cuece más deprisa que la primera. Cuando la *crêpe* esté cocida, deslícela sobre un plato caliente. Remueva la pasta antes de hacer una nueva *crêpe;* la pasta tiende a separarse mientras reposa. Apile las *crêpes (arriba).*□

«Crêpes» rellenas con frutas

Un relleno de manzanas. Corte manzanas por la mitad, pélelas, quíteles el corazón y córtelas en rodajas. Cuézalas lentamente en mantequilla. Añada azúcar. Ponga un poco de la mezcla de manzanas sobre cada *crêpe*, enróllela en torno al relleno *(izquierda)* y póngala, con el lado doblado hacia abajo, en una fuente refractaria enmantecada. Esparza mantequilla sobre las *crêpes* y espolvoréelas con azúcar refinado. Póngalas en el horno a 180° unos 20 minutos. Para servir, deslice una cuchara bajo cada *crêpe* y sosténgala con un tenedor *(abajo)*.

«Crêpes» suflés

Rellenar «crêpes» con una mezcla para suflé. Prepare una base de sabayón *(receta, p. 1405)* aromatizada con Grand Marnier y otro licor de frutas. Ponga 1 cucharada de la mezcla sobre cada *crêpe (arriba)*; el relleno se hinchará durante la cocción. Doble cada *crêpe* sobre el relleno y póngalas en una fuente refractaria enmantecada. Espolvoree las *crêpes* con azúcar refinado y cuézalas en el horno precalentado a 200° unos 8 minutos. Sírvalas inmediatamente *(derecha)*, acompañadas por un sabayón *(p. 1405)*.

Un pastel de «crêpes»

Apiladas en un molde hondo y alternándolas con capas de crema inglesa, las *crêpes* se convierten en un pastel de *crêpes* *(ver p. 1405),* un sustancioso postre que se cuece en el horno para solidificar la crema, antes de desmoldearlo y servirlo como un pastel.

Puede variar la preparación esparciendo sobre cada *crêpe* un puré de frutas o frutos secos. Aquí, se alternan capas de puré de ciruelas secas y pistachos, antes de añadir la crema.

Para preparar el puré de ciruelas, cueza éstas en un poco de agua hasta que estén muy blandas, tamícelas, cuélelas, deshuéselas y páselas por el pasapurés *(p. 1348).* Añada crema de leche espesa, 1 pizca de sal, un chorrito de coñac y azúcar al gusto. Para el relleno de pistachos, cueza pistachos descascarillados durante 1 minuto en agua y pélelos. Páselos por el robot o bien macháquelos en un mortero. Añada azúcar y la suficiente crema de leche para dar a la mezcla la consistencia de una pasta rugosa.

1 **Alternar capas de «crêpes».** Prepare las *crêpes (p. 1398).* Enmanteque un molde grande y espolvoréelo por dentro con migas de pan blanco; decore la base con tiras de angélica *(recuadro)* o frutas confitadas. Cubra las *crêpes* con los rellenos de ciruela y pistacho, y altérnelas en el molde hasta llegar a 5 cm del borde.

2 **Verter la crema.** Separe las *crêpes* de las paredes del molde con un cuchillo y vierta la crema inglesa alrededor y por encima hasta llegar a 1 cm del borde del molde. Tape con papel enmantecado y cueza de 30 a 40 minutos en el horno precalentado a 150°

3 **Servir el pastel de «crêpes».** Cuando la crema haya cuajado, retire el pastel del horno y déjelo enfriar. Separe las *crêpes* de los bordes del molde con un cuchillo afilado y desmoldee el pastel. Corte el pastel en porciones *(derecha)* y vierta encima un puré de frutas, aquí fresas.□

Frutas inmersas en una pasta

La pasta de *crêpes* espesada con harina adicional forma la base del *clafoutis,* un budín de frutas del Limousin, en el centro de Francia *(receta, p. 1404).* El *clafoutis* se prepara vertiendo la pasta en una fuente refractaria poco profunda, esparciendo frutas sobre ésta y cociéndolo en el horno moderado, hasta que tenga el aspecto firme y consistente de un pastel.

El *clafoutis* se prepara tradicionalmente con las cerezas negras silvestres del Limousin, pero éstas pueden sustituirse por casi cualquier fruta pequeña o fruta pelada y cortada, ya sea fresca o seca. Si lo desea, espolvoree las frutas frescas con azúcar y macérelas durante 1 hora, aproximadamente, en un poco de coñac o licor de frutas. Las frutas secas, ciruelas o pasas por ejemplo, han de cubrirse con vino o coñac y dejarlas reposar toda la noche para que absorban el líquido: lo absorberán casi todo. Escurra las frutas antes de añadirlas al *clafoutis;* reserve el líquido y rocíe con él el postre antes de meterlo en el horno.

1 **Verter la pasta.** Enmanteque ligeramente una fuente refractaria de porcelana o barro. Vierta con un cucharón la mitad de la pasta en la fuente para formar una base sobre la que descansará la fruta.

2 **Agregar las frutas.** Coloque las frutas, aquí cerezas deshuesadas, formando una sola capa sobre la pasta. Vierta el resto de la pasta hasta que la fruta quede ligeramente cubierta. Si lo desea, rocíe con un poco de coñac. Cueza 25 minutos en el horno a 180°.

3 **Terminar la cocción.** Espolvoree la fruta con un poco de azúcar y devuelva el *clafoutis* al horno de 20 a 30 minutos. Verifique si está cocido introduciendo un palillo o, como aquí, una varilla de madera *(arriba).* Si el palillo sale limpio, el postre está cocido.

4 **Servir el «clafoutis».** El *clafoutis* es mejor tibio que caliente o frío: déjelo entibiar unos 15 minutos. Si lo desea, espolvoréelo con azúcar lustre antes de servirlo con crema de leche espesa *(derecha).*☐

Buñuelos de fruta dorados

Los buñuelos de fruta son tan deliciosos como sencillos de cocinar. Los plátanos de esta preparación se han macerado con *chartreuse* verde, pero puede adaptar el mismo método de cocción a muchas otras frutas e incluso a flores *(recetas, pp. 1405-1407)*.

La pasta para los buñuelos ha de ser muy ligera para que éstos se cuezan rápidamente y su exterior forme una envoltura crujiente. No agregue yemas de huevo a la pasta, pero puede remplazar la leche por una mezcla de agua y cerveza, la cual aporta un sabor ligeramente amargo y refrescante. Déjela reposar 1 hora para que pierda parte de su elasticidad y se adhiera firmemente a los alimentos. Finalmente, agregue claras batidas a la pasta en el momento de ir a utilizarla para garantizar su ligereza.

Sumerja los buñuelos en aceite vegetal neutro calentado a unos 190°. Ponga sólo unos pocos buñuelos en el aceite, pues de lo contrario bajaría la temperatura del mismo y los buñuelos no quedarían crujientes.

1 **Preparar la pasta.** Ponga la harina y 1 pizca de sal en un cuenco grande. Añada azúcar al gusto. Incorpore, removiendo, mantequilla derretida y luego vierta la cerveza *(arriba, izquierda)*, agua, y si lo desea, un poco de coñac. Bata la mezcla hasta obtener una pasta homogénea. Déjela reposar en un lugar tibio 1 hora. Antes de utilizarla, agréguele claras a punto de nieve *(arriba, derecha)*.

2 **Aromatizar las frutas.** Pele los plátanos, córtelos por la mitad y póngalos en un plato. Vierta coñac, ron o licor (aquí *chartreuse*) y espolvoree con azúcar *(arriba)*. Deje que la fruta absorba el aroma del licor durante 1 hora, aproximadamente, dando la vuelta a los plátanos varias veces.

3 **Recubrir las frutas.** Caliente 5 cm de aceite en una freidora a 190°. Verifique la temperatura sumergiendo un poco de pasta en el aceite; si chisporrotea y se colorea en seguida, el aceite está suficientemente caliente. Sumerja cada mitad de plátano en el cuenco de la pasta, sujetándola con los dedos abiertos *(arriba)* para que se escurra el exceso de pasta.

4 **Freír los buñuelos.** Con una espumadera, sumerja 2 ó 3 plátanos en la freidora. Fríalos de 30 a 40 segundos por lado, hasta que estén dorados. Retírelos de la freidora *(arriba)*, y escúrralos sobre papel absorbente. Sírvalos inmediatamente espolvoreados con azúcar lustre.□

Recetas

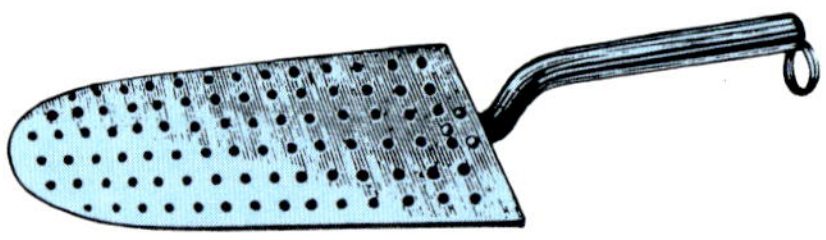

«Clafoutis» de cerezas

Le clafoutis

Este postre también puede prepararse vertiendo un cucharón de la pasta en la fuente, cubriéndolo con una capa de cerezas y añadiendo el resto de la pasta, de modo que las cerezas queden casi sumergidas (p. 1402). Si el postre se prepara de esta forma, sírvalo directamente de la fuente.

Para 6 a 8 personas	
Cerezas negras sin los tallos, deshuesadas	750 g
Harina	125 g
Huevos	4
Azúcar refinado	2 cucharadas
Sal	
Leche	50 cl
Coñac	4 ó 5 cucharadas
Azúcar lustre	2 cucharadas

Tamice la harina en un cuenco. Añádale los huevos, el azúcar y 1 pizca de sal y amase hasta obtener una pasta homogénea, sin grumos. Añada la leche, seguida de las cerezas, las cuales han de quedar bien distribuidas en la pasta. Vierta el coñac sobre la mezcla.

Enmanteque generosamente una tartera de 1,75 l de capacidad para asegurarse de que el *clafoutis* se desmoldeará fácilmente una vez cocido. Ponga la fuente en el horno precalentado a 180° y cueza de 30 a 45 minutos.

Desmoldee el *clafoutis* y espolvoréelo con azúcar lustre.

GASTON DERYS
L'ART D'ÊTRE GOURMAND

Pasta para «crêpes»

Para unas 15 «crêpes» de 15 a 17 cm de diámetro	
Harina	125 g
Sal	
Huevos	2
Leche	30 cl
Mantequilla derretida	30 g
Coñac o Grand Marnier (opcional)	1 cucharada

Tamice la harina con 1 pizca de sal en un cuenco. Haga un hueco en el centro de la harina y casque en él los huevos. Bata gradualmente los huevos con la harina, trabajando desde el centro hacia el exterior y añadiendo la leche al mismo tiempo. Bata sólo hasta que obtenga una pasta homogénea, agréguele luego la mantequilla derretida, el coñac o el Grand Marnier si lo desea. La pasta para *crêpes* ha de tener la consistencia de una crema de leche ligera: si fuese necesario, añádale leche.

Pasta para freír

Para recubrir unos 8 plátanos partidos por la mitad	
Harina	125 g
Sal	
Azúcar refinado (opcional)	1 cucharadita
Mantequilla derretida	30 g
Cerveza	4 cucharadas
Agua tibia	15 cl
Coñac (opcional)	1 cucharada
Clara de huevo grande, finamente batida	1

Tamice la harina con 1 pizca de sal, y el azúcar si lo desea, en un cuenco grande. Haga un hueco en el centro de la harina, y añada la mantequilla derretida, la cerveza y el agua. Bata la mezcla, trabajando desde el centro hacia el exterior el tiempo necesario para obtener una pasta homogénea. Si lo desea, incorpore batiendo el coñac. Deje reposar la pasta, tapada y en un sitio templado, durante 1 hora. Antes de utilizarla, incorpórele la clara batida.

«Crêpes» suflés al sabayón

Crêpes soufflés au sabayon

Para preparar las crêpes, *consulte la p. 1398.*
Receta del restaurante Le Taillevent, en París.

Para 4 personas	
Crêpes pequeñas *(pasta, p. 1404)*	12
Huevos, yemas separadas de las claras	4
Azúcar refinado	75 g
Harina	30 g
Leche hirviendo	25 cl
Grand Marnier	10 cl
Azúcar lustre	4 cucharadas
Sabayón	
Yemas de huevo	4
Azúcar refinado	50 g
Champaña	15 cl

Prepare primero las *crêpes*. Resérvelas hasta que las necesite.

Para preparar la mezcla del suflé, bata en una cacerola esmaltada las yemas de huevo con el azúcar refinado durante 1 minuto. Añada la harina removiendo, y luego vierta gradualmente la leche hirviendo. Remueva constantemente, lleve a ebullición, reduzca el fuego al mínimo y cueza 2 minutos. Retire del fuego y añada el Grand Marnier. Bata las claras a punto de nieve e incorpórelas a la preparación.

Enmanteque una fuente refractaria grande. Rellene las *crêpes* preparadas colocando 1 cucharada generosa de la mezcla de suflé en una mitad de cada *crêpe*, doblando luego la otra mitad por encima. Cuando las *crêpes* están llenas, colóquelas unas al lado de las otras en la fuente. Cuézalas en el horno precalentado a 220° durante 7 minutos. A mitad de cocción, espolvoree las *crêpes* con el azúcar lustre para que queden glaseadas.

Sirva las *crêpes* acompañadas de un sabayón de champaña preparado de este modo: ponga las yemas de huevo, el azúcar refinado y el champaña en una cacerola de cobre; ponga ésta al baño María a fuego medio y bata la mezcla constantemente, hasta que aparezca espumosa y consistente.

LES PRINCES DE LA GASTRONOMIE

«Crêpes» suflés

Crêpes soufflées

Para preparar las crêpes, *consulte la p. 1398. Ver p. 1401.*

Para 4 personas	
Crêpes	10
Azúcar refinado	3 cucharadas
Huevos, yemas separadas de las claras	5
Extracto de vainilla	

Para preparar la mezcla de suflé, ponga el azúcar, las yemas de huevo y 1 ó 2 gotas de extracto de vainilla en un cuenco. Mezcle con una cuchara de madera, removiendo hasta que la mezcla quede amalgamada. Bata las claras a punto de nieve e incorpórelas a la mezcla de yemas.

Enmanteque ligeramente una fuente para gratinar. Ponga las *crêpes* una sobre otra, esparciendo una buena cucharada de mezcla de suflé sobre cada una. Cúbralas por completo con la restante mezcla para suflé, y póngalas en el horno precalentado a 200° durante 20 minutos. Sírvalas inmediatamente.

LES PETITS PLATS ET LES GRANDS

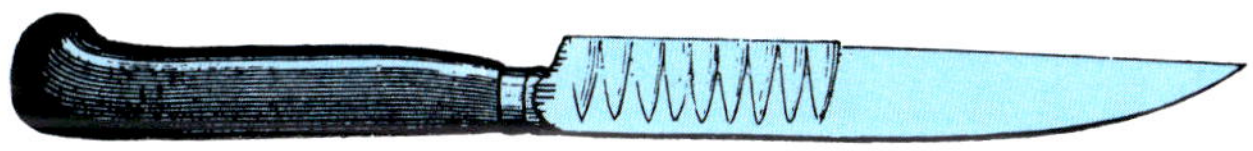

Buñuelos de ciruela

Pruneaux en beignets

Para 4 ó 5 personas	
Ciruelas remojadas 3 horas como mínimo en agua, escurridas y deshuesadas	20
Medias nueces	20
Pasta para freír	
Cacao tamizado	40 g
Azúcar refinado	100 g
Aceite para freír	

Rellene cada ciruela con media nuez. Cierre las ciruelas y sumérjalas en la pasta para freír. Fríalas en aceite caliente hasta que estén doradas. Escúrralas y páselas inmediatamente por una mezcla de cacao y azúcar. Coloque los buñuelos en pirámide y sírvalos calientes.

HUGUETTE COUFFIGNAL
J'AIME LES NOIX

Buñuelos de queso

Beignets de plusieurs façons

Estos buñuelos pueden aromatizarse al gusto con 4 cucharadas de almendras o pistachos molidos, o la cáscara rallada de 1 limón. El aromatizante ha de incorporarse a los ingredientes principales. La preparación puede cocerse y cortarse con anticipación, pero ha de freírse inmediatamente antes de servir.

Para 4 a 6 personas	
Queso crema, ricotta o requesón	200 g
Huevos	5
Sal	
Azúcar	60 g
Harina	100 g
Crema de leche espesa	50 cl
Aceite para freír	
Azúcar lustre	

Aplaste el queso en un cuenco hasta que esté liso y bátalo con los huevos. Incorpore 1 pizca de sal, el azúcar y la harina. Agregue la crema de leche, batiendo un poco cada vez, hasta obtener una preparación fluida y homogénea.

Transfiérala a una cacerola y cueza a fuego medio, removiendo continuamente, hasta que se espese. Vierta la mezcla sobre una superficie ligeramente enharinada, extendiéndola hasta darle 1 cm de grosor. Espolvoree ligeramente la superficie con harina y enfríe la mezcla.

Corte la preparación en forma de cuadrados de 2,5 cm de lado, o bien rectángulos o rombos. Caliente aceite y fría los cuadrados por pequeñas cantidades de 1 a 2 minutos por lado, hasta que estén dorados. Escúrralos y espolvoréelos con azúcar lustre mientras todavía estén calientes, y páselos bajo la parrilla caliente unos segundos para glasearlos antes de servirlos.

MENON
LES SOUPERS DE LA COUR

Crema frita

Crema fritta

Para 4 personas	
Leche	50 cl
Extracto de vainilla	½ cucharadita
Harina tamizada	125 g
Azúcar	100 g
Sal	
Huevos	2
Yemas de huevo	6
Mantequilla	unos 30 g
Huevos batidos	2
Pan rallado	100 g
Aceite o grasa para freír	
Azúcar lustre, preferentemente aromatizado con vainilla	15 g

En una cacerola, lleve la leche a ebullición a fuego vivo. Retírela del fuego, añada la vainilla, tape la cacerola y déjela aparte 15 minutos. En una cacerola grande, mezcle la harina, el azúcar, 1 pizca de sal, los 2 huevos enteros y las yemas, incorporando huevos y yemas de uno en uno. Mezcle a fondo con una espátula de madera. Añada la leche poco a poco, removiendo constantemente. Lleve a ebullición a fuego medio, hasta que la mezcla hierva; siga hirviéndola 1 minuto a fuego vivo. Retírela del fuego y añada la mantequilla.

Enmanteque una fuente poco profunda de unos 3 cm de profundidad y vierta en ella la crema. Ha de tener unos 2 cm de espesor. Pincele la superficie con mantequilla derretida para evitar que se endurezca, y déjela enfriar. Una vez fría, desmoldéela sobre un lienzo limpio. Córtela en cuadrados de 2,5 cm de lado. Sumerja los cuadrados en los huevos batidos y luego páselos por el pan rallado; déjelos enfriar hasta que estén a punto para freír.

Fría los cuadrados de crema en abundante aceite caliente o grasa; no les dé la vuelta, sacuda simplemente la sartén, se desplazarán por sí mismos. Una vez dorados, escúrralos y colóquelos en una fuente de servicio. Espolvoréelos con el azúcar lustre y sírvalos.

LUIGI CARNACINA Y LUIGI VERONELLI
LA BUONA VERA CUCINA ITALIANA

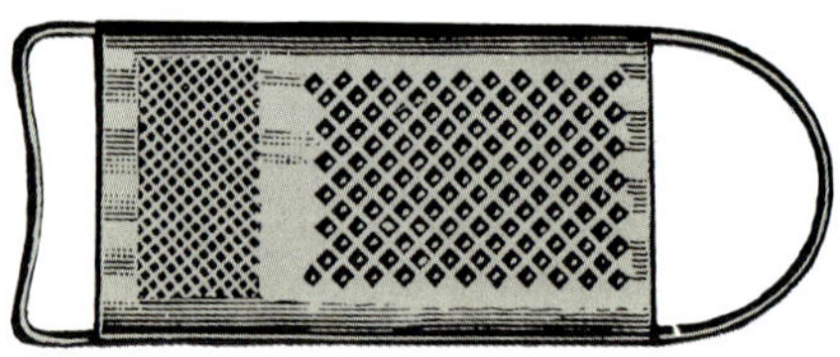

Buñuelos suflés

Les pets-de-nonne ou beignets soufflés

Para 10 personas	
Agua	50 cl
Mantequilla	100 g
Sal	¼ de cucharadita
Azúcar refinado	60 g
Harina tamizada	325 g
Huevos	6
Aceite para freír	
Azúcar lustre (opcional)	

Mezcle en una cacerola el agua, la mantequilla, la sal y el azúcar. Lleve a ebullición y retire la cacerola del fuego. Vierta de golpe la harina, removiendo rápidamente. Ponga la cacerola a fuego medio y remueva vigorosamente unos minutos, hasta que la mezcla se separe de las paredes de la cacerola. Retírela del fuego, añádale los huevos, incorporando bien cada uno antes de añadir el siguiente.

Caliente aceite a 180° en una sartén honda. Con una cucharita de té, forme cada buñuelo y empújelo hacia el aceite con los dedos. Tan pronto como haya varios buñuelos en el aceite, suba el fuego de forma que el aceite se caliente progresivamente. Cuando los buñuelos estén dorados, retírelos con una espumadera. Baje el fuego y fría los restantes de la misma forma. Sírvalos calientes o fríos sobre una servilleta, espolvoreados con azúcar lustre si lo desea.

JOSÉPHINE BESSON
LA MÈRE BESSON «MA CUISINE PROVENÇALE»

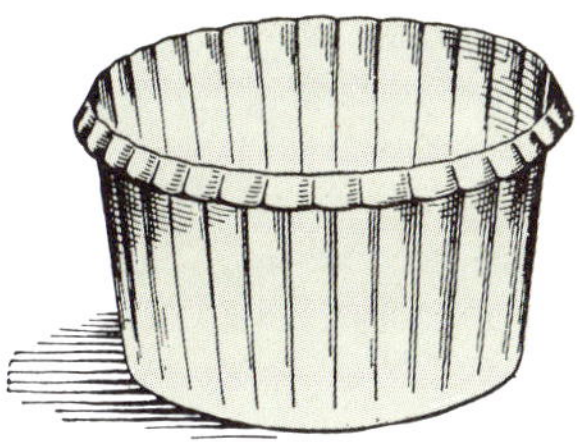

Buñuelos de plátano

Beignets de bananes

Para 6 a 8 personas	
Plátanos maduros pelados y cortados en rodajas algo gruesas	5 ó 6
Azúcar refinado	3 cucharadas
Ron	3 cucharadas
Pasta para freír *(p. 1404)*	
Aceite para freír	
Azúcar refinado	

Ponga las rodajas de plátano en una fuente poco profunda, espolvoréelas con el azúcar y el ron y macérelas 25 minutos. Escurra las rodajas de plátano, sumérjalas en la pasta y fríalas en el aceite caliente, unas pocas cada vez. Escurra los buñuelos, espolvoréelos con azúcar y sírvalos.

URBAIN DUBOIS
NOUVELLE CUISINE BOURGEOISE

Buñuelos de albaricoque

Abrikozen beignets

Para 2 personas	
Albaricoques pelados, partidos por la mitad, deshuesados y escalfados en un almíbar de azúcar medio *(p. 1326)*	4
Curaçao	4 a 6 cucharadas
Aceite para freír	
Azúcar lustre	1 ó 2 cucharadas

Pasta para freír	
Harina	125 g
Sal	
Aceite de oliva	1 cucharada
Yema de huevo ligeramente batida	1
Leche tibia	20 cl
Claras de huevo	2

Escurra las mitades de albaricoque escalfadas y macérelas con el curaçao unas 2 horas.

Para preparar la pasta, tamice la harina en un cuenco, haga un hueco en el centro y añada 1 pizca de sal, el aceite y la yema de huevo. Con una cuchara de madera y trabajando desde el centro hacia el exterior, empiece a remover la yema y el aceite con la harina. Vierta la leche progresivamente y remueva hasta que la pasta esté homogénea y cremosa. No la bata ni mezcle demasiado. Déjela reposar de 1 a 2 horas en un sitio tibio.

Bata las claras a punto de nieve e incorpórelas a la pasta. Escurra las mitades de albaricoque y séquelas con servilletas de papel. Sumérjalas en la pasta y fría en el aceite caliente, hasta que los buñuelos estén dorados. Escúrralos sobre servilletas de papel. Espolvoréelos con azúcar lustre y sirva caliente o frío.

HUGH JANS
VRIJ NEDERLAND

5
Postres helados
Helados y sorbetes

Los helados y sorbetes son una de las mayores delicias del verano. Antaño sólo algunos afortunados, equipados para almacenar el hielo del invierno, podían servirse delicadezas heladas en los días de canícula. Actualmente, sin tener en cuenta la estación, cualquiera que tenga un congelador puede disfrutar de los sabores frescos y las inimitables texturas de los helados confeccionados en casa.

El arte de preparar estos postres consiste en congelar los ingredientes sin obtener una masa dura como una roca o un amasijo de cristales de hielo, y el equipo que se necesita depende del tipo de helado que se piensa producir. Los sorbetes más sencillos *(p. 1410)*, por ejemplo pueden prepararse en la cubitera metálica de la nevera doméstica o congelador; basta remover ocasionalmente la mezcla para romper los cristales de hielo que se forman, y obtener una consistencia granizada. Los helados más consistentes, los *parfaits (p. 1412)*, pueden helarse en moldes decorativos sin removerlos en absoluto, puesto que contienen una alta proporción de yemas y crema de leche que no se cristalizan al congelarse.

Pero para obtener sorbetes homogéneos *(p. 1410)*, o cremas heladas, necesitará disponer de una heladora eléctrica o manual. El movimiento constante de las palas, evita la formación de cristales.

En la mayoría de heladoras, las palas están fijadas a una cubeta metálica a la vez situada en un recipiente exterior de madera en el que se pone hielo picado y sal gruesa. El hielo se derrite en menor tiempo y en consecuencia este proceso acelerado absorbe más rápidamente el calor de la cubeta interior. Como resultado, una buena heladora ha de congelar en minutos una mezcla que de otro modo tardaría horas en solidificarse en un molde o cubitera metálica.

Cuando prepare un helado, sea del tipo que sea, no hay que olvidar que la temperatura del postre una vez terminado atenuará su sabor. Por ello, la mezcla ha de aromatizarse mucho más que un postre similar sin helar. Incluso así, no hay que servir sorbetes o helados demasiado fríos. Déjelos unos 30 minutos en la nevera antes de servirlos. Se ablandarán ligeramente y mejorarán su aroma y textura.

Un *parfait* de mango, adornado con unas uvas espinas del Cabo y la pulpa fragante de la granadilla *(p. 1412)*, se corta antes de servirlo. Las yemas de huevo y la crema batida confieren al *parfait* su lujosa textura, mientras el puré de mango, incorporado a la preparación, aporta su atractivo color dorado.

Sorbetes: una antigua creación

Los sorbetes son los postres helados más sencillos, a veces no son más que un zumo o puré de frutas mezclado con un almíbar ligero y puesto a helar en la cubitera metálica. Remueva el sorbete de vez en cuando mientras está en el congelador para romper los cristales que se formen. Así quedará blando, a la vez que conservará una buena textura granulosa semilíquida.

Los sorbetes eran en su origen unos postres helados, a veces aromatizados con vino o licor y que incluían frecuentemente huevos batidos, que se servían entre la entrada y el plato principal. Hoy en día, este término designa todos los helados preparados con agua *(recetas, p. 1420)*.

Los sorbetes son apreciados por su sabor limpio y pronunciado, así exigen el empleo de ingredientes de primera calidad y muy frescos. En el sorbete de melón y champaña que presentamos *(receta, p. 1420)*, el melón debe estar muy maduro y el champaña debe ser de buena calidad. Empiece preparando un almíbar de azúcar *(p. 1326)*, que tenga tiempo de enfriarse mientras reduce a puré el melón y lo mezcla con el champaña. El almíbar frío se amalgamará con la fruta sin cocerla; cuanto más fría esté la mezcla al ponerla en el congelador, menos tiempo tardará en solidificarse.

Puede servir el sorbete en las cáscaras vacías de los melones *(p. 1344)*.

Puede utilizar una heladora para obtener sorbetes de textura homogénea *(recuadro, p. siguiente)*. Los ingredientes *(receta, p. 1420)* se colocan en la cubeta central de la heladora, rodeados por una mezcla compuesta por una parte de sal y tres de hielo machacado. Las palas colocadas en el interior de la cubeta raspan continuamente el sorbete que, helándose, se deposita sobre las paredes y lo mezcla constantemente. El sorbete estará listo al cabo de 20 a 30 minutos.

La mayoría de sorbetes obtenidos por uno u otro método pueden prepararse por adelantado y almacenarse en envases herméticamente cerrados en el congelador, pero es mejor degustarlos al cabo de unos días.

1 **Preparar el puré de melón.** Prepare un almíbar *(p. 1326)* y déjelo reposar para que enfríe. Parta melones por la mitad *(p. 1344)* y tire las semillas. Retire la pulpa y refrigere las cortezas. Pase la pulpa a través de un tamiz dispuesto sobre un cuenco *(arriba)*. Agregue zumo de limón y la mitad del volumen del puré de fruta, el champaña frío.

2 **Agregar el almíbar de azúcar.** Mezcle el almíbar enfriado con el melón y el champaña *(arriba)*. Vierta la mezcla en una cubitera metálica poco profunda y guárdela en el congelador o en el compartimiento para congelar de la nevera.

3 **Remover la mezcla.** Al cabo de unos 30 minutos, retire la cubitera y remueva con un tenedor los bordes helados de la mezcla, llevándolos hacia el centro *(arriba)* y rompiendo los cristales grandes. Vuelva a poner la cubitera en el congelador y repita este proceso cada hora.

4 **Batir el helado.** Al cabo de 3 a 4 horas, la mezcla habrá quedado consistente, con una textura granulosa. Retire las cáscaras del melón de la nevera y, si lo desea, rocíelas con un poco de coñac. Traslade la mezcla a un cuenco y bátala suavemente; agregue el coñac utilizado para rociar las cáscaras de melón.

Cómo utilizar una heladora

1 **Llenar la cubeta.** Ponga la cubeta metálica de la heladora en el interior de la madera, llena en sus tres cuartas partes con una mezcla de sal gruesa y hielo. Vierta la mezcla del sorbete en la cubeta metálica *(arriba)*.

2 **Cerrar la heladora.** Tape la cubeta metálica y añada más sal gruesa y hielo en la de madera, hasta que quede llena. Dé vueltas a la manivela hasta que ya casi no pueda hacerlo; necesitará de 20 a 30 minutos.

3 **Servir el sorbete.** Retire la cubeta metálica y séquela bien antes de abrirla. Con una cuchara, retire el sorbete, aquí de moras, y sírvalo inmediatamente *(arriba)* o consérvelo en el congelador.

5 **Servir el sorbete.** Agregue el sorbete a las cortezas de melón con una cuchara *(derecha)* y sírvalo inmediatamente sobre un lecho de hielo picado. Si ha preparado el postre con un poco de anticipación, puede conservar los melones rellenos en el congelador. No los deje más de 1 a 2 horas, pues el champaña perdería su viveza y el postre la mayor parte de encanto.□

Un «parfait» a partir de huevos y crema de leche

El helado más simple consiste únicamente en crema de leche helada. Para ello se bate crema de leche espesa, aromatizada, la cual se pone a congelar en una cubitera o bien en una heladora *(recetas, p. 1420).*

El *parfait* que aquí presentamos es una preparación más rica; un almíbar de azúcar batido con yemas de huevo tibias crea una *mousse* de huevo ligera, que se mezcla con su mismo volumen de crema de leche batida y luego se hiela. Los *parfaits* pueden aromatizarse con licores, café o puré de frutas: aquí, unos mangos maduros y tamizados proporcionan un color dorado y un sabor exótico a la preparación *(receta, p. 1421).*

Puesto que los *parfaits* pueden congelarse sin necesidad de removerlos, pueden verterse en un molde y desmoldearse en el momento de servirlos. Utilice un molde metálico que pueda enfriarse rápidamente, pero no lo llene por completo, ya que el *parfait* se expande al congelarse. Para desmoldear el *parfait,* despéguelo rodeándolo con una servilleta humedecida con agua tibia.

Existe un tercer tipo de helado a base de crema inglesa *(p. 1364),* pero realizado con mayor proporción de yemas de huevo y a veces con crema de leche ligera en vez de leche. Este tipo de helado suele contener menos huevos y menos crema de leche que un *parfait;* en consecuencia, es mejor prepararlo en la heladora *(recuadro, derecha)* para evitar que cristalice.

Los helados a base de crema inglesa se pueden aromatizar de innumerables formas, pero la vainilla *(receta, p. 1374),* el café y el chocolate son los grandes clásicos: utilice las técnicas descritas en la p. 2566 para aromatizar la crema o la leche antes de preparar la crema inglesa. Los licores o los frutos secos picados, utilizados en el helado de almendras que aquí presentamos *(receta, p. 1420),* son también muy apreciados.

Todos los helados pueden prepararse por adelantado y conservarse en recipientes herméticamente cerrados en el congelador. Por supuesto, 1 semana o 2 de almacenamiento realza generalmente los sabores. Pero si sirve el helado directamente del congelador, déjelo ablandar en la nevera unos 30 minutos.

1 **Batir el almíbar con las yemas.** Prepare un almíbar a 28° *(p. 1326).* bata las yemas de huevo con el almíbar en un cuenco al baño María por debajo del punto de ebullición. Bata sin cesar hasta que la mezcla esté ligera y espumosa, de 10 a 15 minutos.

2 **Aromatizar la mezcla.** Retire el cazo del fuego y póngalo en un cuenco con hielo. Siga batiendo hasta que la mezcla se enfríe. Incorpore batiendo el aromatizante gradualmente, aquí puré de mango maduro. Añada 1 pizca de sal y unas cuantas gotas de zumo de limón para realzar el sabor de la fruta.

Un helado de almendras preparado en heladora

1 **Aromatizar la crema inglesa.** Para preparar un helado de almendras, machaque éstas *(p. 1330)* y añádales leche. Bata juntos las yemas y el azúcar; vierta la leche y las almendras.
Para obtener un helado más rico, añada crema de leche. Remueva la mezcla a fuego medio hasta que se espese *(p. 1364).*

2 **Preparar el helado.** Cuando la crema cubra la cuchara, retírela del fuego y enfríela, en la nevera o bien removiéndola sobre hielo *(arriba).* Vierta la mezcla fría en la heladora o en cubiteras metálicas.

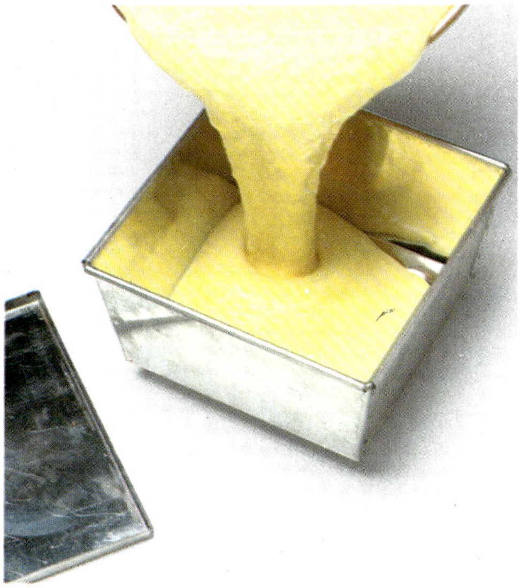

3 **Terminar el «parfait».** Agregue a la mezcla aproximadamente su mismo volumen de crema de leche espesa batida. Vierta la mezcla en un molde metálico enfriado hasta llegar a 1 cm del borde *(arriba).* Tape el molde y póngalo en el congelador 4 horas como mínimo, hasta que se solidifique.

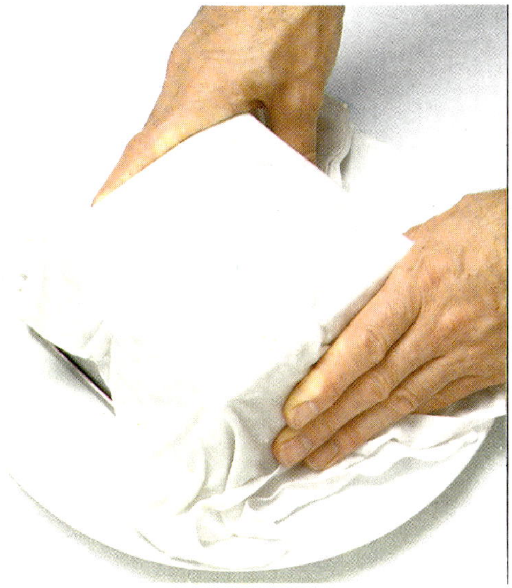

4 **Desmoldear.** Moje una servilleta en agua tibia y exprímala. Retire la tapa del molde, ponga sobre éste una fuente invertida y dé la vuelta a molde y fuente a la vez. Ponga la servilleta en torno al molde *(arriba, izquierda).* Retire la servilleta y levante el molde verticalmente para no estropear el *parfait (arriba, derecha).*

3 **Helar y servir.** Dé vueltas a la crema en la heladora unos 30 minutos *(p. 1411),* o póngala a congelar en cubiteras metálicas 3 horas. Si usa cubiteras, vierta la preparación a intervalos de 30 minutos en un cuenco y bátala hasta que quede homogénea. Sirva el helado tal cual o incorpórelo a un postre compuesto.

5 **Servir el «parfait».** Si la superficie del *parfait* se ha derretido, alísela con la hoja plana de un cuchillo y devuélvalo al congelador unos minutos. Si lo desea, puede decorar el *parfait* con frutas confitadas; aquí, uvas espinas del Cabo *(p. 1328).* Vierta una salsa de frutas por encima, aquí de granadillas endulzadas con un poco de almíbar ligero. □

La bomba: un helado de múltiples aromas

La bomba, que debe su nombre a su forma, es un helado moldeado constituido por capas alternas cuyos aromas y texturas estimulan el paladar. La bomba «Nueva York», que presentamos *(receta, p. 1419)* es una mezcla de *parfait* de castañas y frutas aromatizadas con licor cubierta de una capa de helado de almendras *(p. 1412)*. Puede preparar otras bombas *(recetas, pp. 1418-1419)* con diferentes helados o sorbetes; la única regla es que haya dos texturas y sabores diferentes.

La bomba es una forma original de utilizar restos de helados o sorbetes, aunque también puede preparar éstos especialmente para el postre.

Los moldes para las bombas son tradicionalmente de cobre, que facilita tanto la congelación como el desmoldeado. Si no dispone de un molde de este tipo, puede improvisar con un cuenco metálico hondo, o incluso un molde de carlota.

1 **Revestir el molde.** Coloque un molde para bomba bien enfriado en un cuenco con hielo. Revístalo con una capa de 1 cm de helado, aquí de almendras, ligeramente ablandado. Alise el helado con el dorso de una cuchara y póngalo de nuevo en el congelador mientras prepara los restantes ingredientes. Reserve parte del helado de almendras en el congelador.

2 **Preparar el «parfait» de castañas.** Tamice castañas peladas y ablandadas *(p. 1352)* sobre un cuenco. Añada yemas de huevo y azúcar al puré de castañas; ponga el cuenco sobre una cacerola con agua caliente por debajo del punto de ebullición. Bata a fondo la mezcla de 10 a 15 minutos, hasta que esté homogénea y brillante *(arriba)*.

5 **Rellenar la bomba.** Retire el molde de la bomba del congelador y póngalo de nuevo sobre un cuenco con hielo. Llénelo hasta la mitad con frambuesas u otro tipo de frutas; añada luego el *parfait* de castañas hasta llegar a unos 2 cm del borde *(arriba)*. Cubra el *parfait* con las frambuesas restantes.

6 **Acabar la bomba.** Cierre el molde con una capa final del helado de almendras reservado *(fase 1)*. Alise el helado con el dorso de una cuchara *(arriba)*. Ponga un disco de papel sulfurizado sobre el helado y coloque la tapa. Ponga la bomba en el congelador unas 4 horas.

3 **Aromatizar el «parfait».** Retire el cuenco del fuego y póngalo sobre un cuenco con cubitos de hielo. Bata la mezcla hasta que esté fría. Retire el cuenco del hielo y agregue el licor, aquí curaçao. Incorpore a la mezcla un volumen igual de crema de leche espesa batida y reserve el cuenco.

4 **Preparar el relleno de frutas.** Rocíe unas frutas blandas, aquí frambuesas, con kirsch *(arriba)* y espolvoréelas con azúcar. Remueva delicadamente la fruta para que quede bien aromatizada. Puede agregar la fruta entera, como aquí, o reducirla a puré. Si utiliza puré de frutas, congélelo y luego agréguelo a la bomba.

7 **Desmoldear y servir.** Retire el molde del congelador. Quite la tapa y el papel sulfurizado, envuélvalo con una servilleta humedecida en agua tibia *(arriba)* e inviértalo sobre un plato frío. Levante el molde y ablande la bomba en la nevera unos 30 minutos antes de servirla *(derecha)*.□

Un suflé helado de múltiples capas

Un suflé helado es un regalo para la vista. Aunque se sirve en un molde de suflé, sobre el cual se alza orgulloso como un suflé perfectamente horneado, es en realidad un helado. Puesto que el suflé helado está basado en un *parfait*, el cual no necesita removerse mientras se hiela, puede superponer varias capas de diferentes colores y sabores sin que el postre se derrumbe.

Para obtener el efecto de arco iris de esta preparación *(receta, p. 1421)*, las diferentes capas se han aromatizado con pistachos, frambuesas, café, avellanas y almendras. Las paredes del molde se han prolongado con un collar de papel, para que el suflé helado alcance una altura hasta tres veces la del molde.

Para la base de *parfait*, basta batir juntos almíbar de azúcar con yemas de huevo sobre fuego lento *(p. 1412)*; si no tiene almíbar a mano, puede batir directamente azúcar refinado con las yemas, como aquí.

1 **Añadir azúcar a las yemas.** Ponga yemas de huevo en un cuenco colocado sobre una cacerola con agua por debajo del punto de ebullición. Vierta el azúcar sobre las yemas. Realce el sabor con un poco de azúcar vainillado, preparado introduciendo una vaina de vainilla en un frasco con azúcar durante 1 semana como mínimo.

2 **Batir la mezcla.** Bata sin cesar las yemas de huevo y el azúcar a fuego lento unos 10 minutos, hasta que el azúcar se disuelva y la preparación esté lisa. En este momento, la mezcla habrá triplicado de volumen, estará pálida, brillante y lo bastante espesa para formar una cinta *(arriba)*. Retire el cuenco y póngalo sobre hielo.

3 **Agregar la crema batida.** Siga batiendo la mezcla hasta que esté tan espesa que ya no se adhiera a las paredes del cuenco. Saque el cuenco del hielo. En otro cuenco, bata crema de leche espesa hasta que esté firme e incorpórela a la preparación de huevos.

4 **Aromatizar la preparación.** Divida la mezcla en tantos cuencos como aromatizantes tenga. Aquí, los aromatizantes son puré de frambuesas, pistachos molidos, café y una mezcla de avellanas y almendras machacadas. Agregue cada aromatizante a un cuenco, remueva y enfríe en la nevera.

5 **Superponer las capas.** Envuelva el molde de suflé con un collar de papel sulfurizado doblado para que se conserve rígido. Asegure el papel con unos clips arriba y abajo. Coloque el molde sobre una bandeja para evitar tocarlo y vierta la primera capa aromatizada *(derecha).* Ponga el molde sobre su bandeja dentro del congelador unos 30 minutos, luego añada la capa siguiente *(extremo, derecha).* Siga congelando cada capa de suflé antes de añadir la siguiente, hasta que haya completado el número de capas deseado, aquí dos de cada sabor.

6 **Servir el suflé helado.** Ponga el suflé de 3 a 4 horas en el congelador. Sáquelo de éste y retire con cuidado el collar de papel. Ponga el suflé helado en la nevera para que se ablande ligeramente y desarrolle todo su sabor. Decore el postre con volutas de chocolate y pistachos, como aquí, o cualquier otra guarnición.☐

Recetas

Bomba de albaricoques

Bombe marquise

Para 8 personas

Helado de albaricoques	
Albaricoques deshuesados	1 kg
Agua	25 cl
Azúcar	300 g
Canela molida	¼ de cucharadita
Limón, cáscara finamente rallada, zumo colado	1
Helado de chablis	
Vino blanco de Borgoña	20 cl
Almíbar de azúcar a 28° Baumé *(p. 1326)*	75 cl
Vaina de vainilla	½
Limón o naranja, cáscara finamente pelada	1
Zumo de limón colado	4 cucharadas

Prepare primero el helado de albaricoques. En una cacerola, cueza los albaricoques con el agua, el azúcar, la canela y la cáscara de limón a fuego medio, hasta que la mezcla espese como una confitura. Pásela por un tamiz de malla fina y añada el zumo de limón. Recaliente la mezcla hasta que alcance 22° en el hidrómetro. Déjela enfriar, congélela luego en la heladora o en el congelador.

Mientras, prepare el helado de Chablis. Cueza lentamente en una cacerola, el almíbar con la vainilla o la cáscara de naranja o limón, durante 15 minutos. Enfríe este almíbar aromatizado, retire la vainilla y la cáscara y añada luego el vino y el zumo de limón. Congele como arriba.

Para preparar la bomba, recubra un molde para bomba de 2 l de capacidad con el helado de albaricoques, y rellene con el helado de chablis. Congele de nuevo 1 hora antes de desmoldear y servir.

JOSEPH FAVRE
DICTIONNAIRE UNIVERSEL DE CUISINE PRATIQUE

Bomba Selva Negra

Black Forest bombe

Para 8 personas

Chocolate negro o amargo, en trocitos	75 g
Crema de leche ligera	20 cl
Yemas de huevo	3
Azúcar	75 g
Crema de leche espesa	20 cl
«Mousse» de bomba	
Agua	4 cucharadas
Azúcar	75 g
Yemas de huevo	3
Kirsch	2 cucharadas
Crema de leche espesa	15 cl
Pumpernickel duro, finamente rallado	60 g
Cerezas negras en almíbar, deshuesadas, escurridas y cortadas a trocitos	400 g
Clara de huevo	1

Para preparar el helado de chocolate, enjuague una cacerola con agua fría y caliente en ella el chocolate con la crema de leche ligera, removiendo de vez en cuando, hasta que el chocolate se haya derretido y la mezcla esté caliente pero no hirviendo. Bata las yemas y el azúcar en un cuenco que pueda ir al fuego o en el recipiente superior de una cacerola doble, hasta que la mezcla esté espesa y cremosa, y añada lentamente el chocolate removiendo a fondo. Ponga sobre una cacerola con agua por debajo del punto de ebullición y remueva o bata suavemente hasta que la mezcla empiece a espesarse. Enfríela. Bata ligeramente la crema de leche e incorpórela a la mezcla de chocolate. Congele en una heladora, en el congelador.

Si ha preparado helado con antelación, páselo del congelador a la nevera 1 hora antes de utilizarlo, para que se ablande. Revista un molde para bomba de 1 litro de capacidad, enfriado con el helado ablandado; congele.

Para preparar la *mousse* de bomba, hierva el agua y el azúcar hasta obtener un almíbar espeso, pero no deje que el almíbar cambie de color. El tiempo necesario para ello depende de la cantidad de almíbar en relación con el tamaño de la cacerola, pero 3 minutos de ebullición fuerte pueden ser adecuados. En un cuenco refractario, o en el recipiente superior de una cacerola doble, bata las yemas de huevo hasta que estén pálidas y espumosas, y viértalas en el almíbar caliente pero no hirviendo, formando un chorro fino, sin dejar de batir. Ponga el cuenco sobre una cacerola de agua apenas agitándose y siga batiendo, hasta que la mezcla haya espesado y doblado de volumen. Retírela del fuego, póngala en un cuenco con agua helada y bata hasta que la mezcla se haya enfriado.

Mézclela con el kirsch. Bata ligeramente la crema de leche e incorpórela junto con el *pumpernickel* y las cerezas a la mezcla. Llene con ello el centro de la bomba y congele unas

4 horas. Retírela del congelador unos 45 minutos antes de servir, desmoldéela sobre una fuente y déjela en la nevera hasta el momento de servir.

HELGE RUBINSTEIN Y SHEILA BUSH
ICES GALORE

Bomba Nueva York

New York ice cream

Para 8 a 10 personas

Helado de almendras	
Almendras peladas	60 g
Leche	40 cl
Crema de leche espesa	15 cl
Yemas de huevo	3
Azúcar refinado	125 g
Kirsch	1 cucharadita
Relleno de castañas	
Marrons glacés	125 g
Azúcar refinado	100 g
Yemas de huevo	5
Extracto de vainilla	½ cucharadita
Curaçao o benedictine	2 cucharaditas
Crema de leche espesa, batida	30 cl
Frambuesas frescas	350 g
Kirsch	1 cucharada
Decoración	
Trozo de angélica de 2,5 cm de lado, cortada en tiras	1
Cerezas confitadas cortadas por la mitad	
Pistachos picados	30 g
Crema de leche espesa batida	

Prepare primero el helado de almendras. Ponga las almendras en un mortero y macháquelas para obtener una pasta; añada la leche y la crema de leche. Mezcle a fondo y transfiera la mezcla a una cacerola pequeña; póngala al fuego y lleve a ebullición. Retire la leche de almendras del fuego. Ponga las yemas de huevo y el azúcar en un cuenco, y añada el kirsch. Mezcle a fondo durante 5 minutos, luego añada gradualmente la leche de almendras, mezclando a fondo con una cuchara de madera.

Vuelva a poner la mezcla en la cacerola, a fuego lento. Removiendo continuamente, caliente 5 minutos sin dejar hervir. Enfríe luego. Tamice sobre una heladora y ponga en el congelador hasta que el helado esté firme.

Mientras, prepare el relleno. Tamice los *marrons glacés* sobre un cuenco; añada 90 g de azúcar refinado y las yemas de huevo; coloque el cuenco sobre el fuego y bata 10 minutos; póngalo sobre hielo y remueva con una espátula hasta que esté bien frío; añada luego el extracto de vainilla y el curaçao o el benedictine. Mezcle a fondo, añada la crema batida y mezcle suavemente hasta que todo quede bien amalgamado.

Cubra el fondo de un molde de 1,5 l de capacidad con un trozo de papel blanco y luego recubra el fondo y las paredes con las tres cuartas partes del helado de almendras. Ponga las frambuesas en un cuenco con el resto del azúcar refinado y el kirsch; mezcle cuidadosamente, luego coloque tres cuartas partes de las frambuesas en el molde. Agregue la preparación de castañas; ponga las frambuesas restantes encima, y llene el molde con el resto del helado de almendras. Cubra con papel, ponga una tapadera y congele durante 1 ½ horas.

Para desmoldear, retire la tapadera y el papel, y dé la vuelta a la bomba sobre una fuente fría. Ponga las tiras de angélica en el centro del postre, coloque las mitades de cereza confitada alrededor y decore la base con crema batida; espolvoree luego con pistachos picados y sirva.

MAY BYRON
MAY BYRON'S PUDDINGS, PASTRIES AND SWEET DISHES

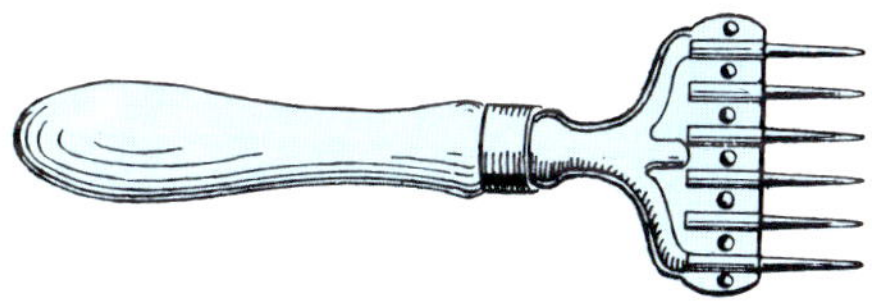

Helado de crema

Para preparar helado de vainilla, aromatice éste del mismo modo que la crema inglesa *(p. 1374)*.

Para unos 60 cl

Yemas de huevo	8
Azúcar	125 a 150 g
Leche escaldada	60 cl

Bata las yemas de huevo y el azúcar con una batidora, en un cuenco, hasta que la mezcla esté espesa y pálida y forme una «cinta» que desaparece lentamente cuando cae de la batidora. Añada gradualmente la leche escaldada, removiendo constantemente. Transfiera a una cacerola de fondo grueso. Sobre un baño de agua o directamente a fuego muy lento, remueva y cueza la mezcla sin dejarla hervir, hasta que recubra la cuchara. Cuele la crema a través de un tamiz dispuesto sobre un cuenco y remuévala de vez en cuando, hasta que se enfríe. Congélela, preferentemente en una heladora.

Helado de almendras

Nougat ice cream

Para 6 a 8 personas	
Crema de leche ligera	75 cl
Yemas de huevo	6
Miel, preferentemente de azahar	25 cl
Agua de azahar	2 cucharadas
Crema de leche espesa batida	35 cl
Claras a punto de nieve	3
Pistachos pelados	100 g
Almendras peladas y cortadas por la mitad	75 g

Caliente la crema de leche ligera en una cacerola a fuego lento. Ponga las yemas de huevo en otra cacerola y añádales la crema de leche caliente. Póngalas al fuego más lento posible y remueva hasta que la cuchara quede cubierta. Retire del fuego y, removiendo constantemente, vierta la mezcla lentamente sobre la miel colocada en un cuenco. Añada 1 cucharada de agua de azahar. Cuele la mezcla y déjela enfriar.

Incorpore la crema de leche batida a la mezcla de miel y a continuación las claras batidas y los frutos secos. Aromatice con el resto de agua de azahar y congele.

ALICE B. TOKLAS
THE ALICE B. TOKLAS COOK BOOK

Sorbete de moras

Blackberry water ice

Para 4 a 6 personas	
Moras reducidas a puré a través de un tamiz	500 g
Azúcar	125 g
Agua	15 cl
Hojas de geranio perfumadas	3

Prepare un almíbar hirviendo el azúcar y el agua de 5 a 6 minutos, con 2 hojas de geranio. Una vez frío, retire las hojas y añádalo a las moras tamizadas. Ponga en una cubitera metálica con las restantes hojas de geranio encima. Cubra con papel de aluminio y deje 2 ½ horas en el congelador.

ELIZABETH DAVID
SUMMER COOKING

Granizado de melón al champaña

Granité de melon au champagne

Para preparar el almíbar de azúcar, consulte las explicaciones de la p. 1326.

Compre más melones de los que necesite y pruébelos antes de utilizarlos; los melones insípidos darán lugar a un granizado soso. Si son de tal tamaño que cortados por la mitad contienen la cantidad adecuada para un servicio, córtelos por la mitad. Los melones pequeños, de unos 7,5 cm de diámetro, son perfectos para una persona.

Para 4 a 6 personas	
Melones cantalupo medianos, o de 4 a 6 pequeños	2 ó 3
Champaña muy frío	25 cl
Azúcar	60 g
Agua	10 cl
Zumo de limón	2 cucharadas
Coñac	4 cucharadas

Si utiliza melones medianos, pártalos por la mitad, tire las semillas y retire la pulpa. Si son pequeños, córteles una tapadera, tire las semillas y retire la pulpa. Reduzca a puré la pulpa del melón tamizándola. Si dispone de un congelador grande, congele las cortezas de los melones, de lo contrario, enfríelas a fondo. Hierva juntos el azúcar y el agua, para obtener un almíbar ligero, y enfríelo antes de mezclarlo con el puré de melón, el zumo de limón y el champaña. Congele en cubiteras metálicas, desprendiendo la mezcla de los lados o removiéndola de vez en cuando mientras se congela. Es mejor empezar varias horas antes de servirlo. Antes de servir, transfiera la preparación a un cuenco helado y aplástela con un tenedor si está demasiado firme: ha de quedar cremosa. Enjuague los melones enfriados o congelados con el coñac, vierta el coñac dentro de la preparación, mezcle y llene las cortezas de melón con el granizado.

RICHARD OLNEY
SIMPLE FRENCH FOOD

Helado de vainilla con salsa de café

White ice with coffee sauce

Para 8 a 10 personas	
Crema de leche espesa	1,25 l
Azúcar	125 g
Vaina de vainilla rallada	1
Chocolate negro, en trocitos	125 g
Salsa de café	
Café negro muy fuerte, recién preparado	60 cl
Azúcar	60 g

Bata la crema de leche con el azúcar y la vainilla hasta que empiece a espesarse. Añada los trocitos de chocolate. Vierta en un molde de 1,5 l de capacidad y congele de 2 ½ a 3 horas.

Para preparar la salsa de café, endulce éste con el azúcar y sírvalo en una salsera, frío o caliente, con el helado.

RUTH LOWINSKY
MORE LOVELY FOOD

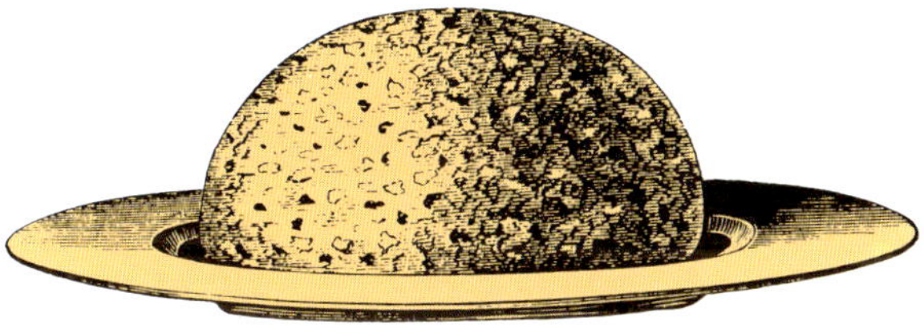

«Parfait» de mango

Mango parfait

Para 5 ó 6 personas	
Mango grande y maduro, pelado, partido por la mitad y deshuesado	1
Yemas de huevo	3
Azúcar lustre	75 g
Azúcar	
Zumo de limón	1 a 2 cucharaditas
Sal	
Crema de leche espesa, batida	15 cl

Bata ligeramente las yemas de huevo con el azúcar lustre; luego y sin dejar de batir, ponga el cuenco cuidadosamente sobre una cacerola con agua apenas agitándose. Cuando la mezcla esté tibia, retírela de la cacerola y siga batiendo hasta que enfríe.

Tamice el mango, añadiéndole azúcar al gusto, y realce su sabor con el zumo de limón y 1 pizca de sal. Agregue este puré a la *mousse* e incorpore a la mezcla la crema de leche batida. Congele. El color es maravilloso.

SUSAN CAMPBELL
THE TIMES

Suflé helado arco iris

Soufflé glacé arc-en-ciel

Receta del restaurante La Réserve, en Beaulieu-sur-Mer.
Este suflé helado se compone de cuatro capas de diferentes colores y sabores: pistacho, vainilla con avellanas y almendras tostadas, frambuesas y café. *Ver p. 1412.*

Para 8 personas	
Yemas de huevo	8
Azúcar vainillado	250 g
Crema de leche espesa, batida	75 cl
Frambuesas reducidas a puré a través de un tamiz de nilón y azucaradas al gusto	400 g
Café negro fuerte	10 cl
Extracto de vainilla	1 cucharadita
Avellanas y almendras tostadas finamente picadas	3 cucharadas de cada
Pistachos descascarillados, machacados hasta obtener una pasta con 3 cucharadas de almíbar ligero *(p. 1326)* y 2 cucharadas de agua hirviendo	60 g
Frambuesas	60 g
Virutas de chocolate *(p. 1329)*	30 g
Azúcar lustre	

Mezcle las yemas de huevo y el azúcar vainillado en un cuenco de cobre y póngalo a fuego bajo, o a fuego vivo sobre un baño María, y bata hasta que la mezcla alcance la consistencia de una crema de leche ligeramente batida. Saque el cuenco del fuego, colóquelo sobre hielo y siga batiendo la mezcla hasta que se enfríe; incorpórele la crema de leche batida.

Divida la mezcla en cuatro partes. Aromatice una con el puré de frambuesas, del que habrá reservado 2 ó 3 cucharadas, otra con todo el café, otra con el extracto de vainilla y los frutos secos picados, y la restante con la pasta de pistachos.

Coloque en un molde para suflé, de 18 cm de diámetro, un collar de papel que tenga tres veces la altura del molde. Ponga una capa con la mitad de la preparación aromatizada con frambuesas. Solidifique en el congelador. Añada una capa de mezcla aromatizada con café, congele y repita el proceso con la capa de vainilla y frutos secos, y luego la de pistachos. Siga alternando capas de esta forma, ponga el postre en el congelador de 3 a 6 horas.

Retire el collar de papel, vierta el restante puré de frambuesas por encima y decore con frambuesas enteras y virutas de chocolate; espolvoree con azúcar lustre.

LES PRINCES DE LA GASTRONOMIE

6

Postres compuestos
El placer de la improvisación

Batido en una *mousse* nevada con una batidora de ramitas, un *syllabub* corona un *trifle.* Las capas de puré de frutas, crema inglesa y pastel se han mezclado para dar al postre su aspecto marmolado.

Los postres invitan a la elaboración y al artificio, y los reposteros han disfrutado siempre creando magníficas presentaciones. Casi todos los postres explicados en las páginas siguientes son platos sorprendentes o clásicos que terminan una comida agradablemente. La carlota rusa, por ejemplo, mezcla de bavaresa y bizcochos de soletilla colocados en un molde hondo *(p. 1424)* hizo su aparición en Europa a principios del siglo XIX. El *paskha,* un postre a base de requesón azucarado preparado en un molde alto y decorado con frutas confitadas *(p. 1426),* es un plato ruso tradicional.

La mayoría de estos postres deben su magnífico aspecto a la unión de dos o más elementos cocidos con diferentes técnicas. El merengue, por ejemplo, es una base muy apropiada. El merengue cocido puede adoptar la forma de una cestita *(p. 1430)* y llenarse por completo con fruta y helado, o bien formar dos círculos entre los que se encierra un relleno similar *(receta, p. 1435).* Un merengue sin cocer, extendido sobre un bloque de helado para cubrirlo por completo, puede hornearse brevemente hasta que su superficie quede ligeramente dorada; así, el helado que encierra no se derretirá, aislado del fuego por el merengue *(p. 1431).*

Las frutas juegan un papel secundario en la mayoría de postres compuestos como relleno, salsa o decoración. Pero en la sorprendente «suprema» de la p. 1428, la fruta ocupa el papel central. En esta preparación la fruta escalfada, tanto fresca como seca, se agrega a un puré de fruta moldeado para dar lugar a una espectacular distribución de colores, que oscilan desde el pálido tostado al carmesí y el negro, unidos por una salsa brillante.

No todos los postres compuestos son, sin embargo, platos tan clásicos. En algunos, los ingredientes y las proporciones son variables, ofreciendo un amplio abanico para la creatividad y para el empleo de las sobras. Por ejemplo, los trozos de pastel y galletas sobrantes pueden desmenuzarse sobre unos restos de helado derretido y hornearse para obtener un budín caliente *(p. 1434).* En cuanto al *trifle (pp. anterior y 1432),* es un postre copioso que permite utilizar restos de pasteles o galletas, confitura, gelatina, o frutas excesivamente maduras. Puede recubrirse con crema inglesa, crema de leche, o con la rica y refrescante delicia inglesa conocida como *syllabub:* crema de leche batida y azucarada endulzada con vino y zumo de limón.

La carlota rusa: una crema deliciosa rodeada de bizcochos

Los primeros postres que llevaron el nombre de carlotas eran simples costradas de purés de frutas horneadas *(p. 1354)*. A principios del siglo XIX, el célebre *chef* francés Antonin Carême inventó la carlota rusa *(derecha; receta, p. 1437)*, una versión que no requiere horneado. Con su centro de bavaresa *(p. 1370)* y recubierta por unos bizcochos de soletilla, la carlota rusa mantiene el contraste tradicional entre un interior suave y un exterior crujiente, pero exige unos ingredientes refinados y una presentación más delicada, como convenía a las mesas de los ilustres clientes del gran *chef*.

Para el exterior, utilice bizcochos de soletilla, compuestos de huevos, azúcar y harina sin grasa *(fases 1 a 3, derecha; receta, p. 1435)*. Los bizcochos de soletilla se cortan de tal forma que encajen en la base y las paredes de un molde de carlota. Los recortes no deben tirarse, resérvelos para un *trifle (p. 1432)*.

Carême aromatizaba la bavaresa sólo con vainilla, pero puede añadirle chocolate, café, praliné, zumo o puré de frutas; también puede incorporarle frutas y frutos secos.

Una vez haya llenado con la bavaresa el molde encamisado, la carlota necesitará estar varias horas en la nevera para solidificarse. Cuando la haya desmoldeado, decórela con crema de leche batida y fruta confitada; o sírvala como aquí con puré de frutas azucarado. Las frutas ácidas como los arándanos o las frambuesas, ofrecen un agradable contraste con su relleno cremoso.

Puede construir muchos otros postres de la misma forma que la carlota rusa, pero no todos requieren un período de solidificación en la nevera. En la carlota *à la chantilly* por ejemplo, la bavaresa se sustituye por crema de leche batida helada, azucarada y aromatizada con vainilla, y el postre se desmoldea inmediatamente después de rellenar el molde. En cuanto a la carlota helada, se rellena con helado inmediatamente antes de servirla.

1 **Preparar la pasta de bizcocho.** Bata claras de huevo hasta que estén a punto de nieve *(p. 1332)*. Mezcle en un cazo yemas de huevo con azúcar refinado y ponga el recipiente al baño María a fuego bajo. Bata la mezcla hasta que esté blanca y espumosa, viértala en un cuenco grande e incorpórele gradualmente harina tamizada *(arriba, izquierda)*. Cuando la mezcla esté más espesa y sea más difícil de trabajar, remuévala con una espátula o un disco de plástico *(arriba, derecha)*. Siga removiendo hasta que esté homogénea.

4 **Preparar la base.** Corte un círculo de papel sulfurizado del mismo diámetro que el fondo del molde. Ponga en el centro del papel un círculo recortado de un bizcocho. Para completar la base, corte los lados de otros bizcochos, para darles forma de pétalos que encajen unos con otros en torno al círculo central *(arriba)*.

5 **Encamisar el molde.** Ponga el círculo de papel en el molde y coloque encima los bizcochos cortados, con el lado plano hacia arriba. Tome algunos bizcochos más y corte sólo un extremo. Ponga el lado cortado hacia abajo, con las superficies curvadas contra las paredes del molde. Alinee los bizcochos de las paredes del molde con los de la base.

2 **Incorporar las claras de huevo.** Agregue una cuarta parte de las claras batidas a la mezcla *(arriba);* ello aligerará la mezcla y podrá incorporar más fácilmente el resto de claras. Agregue el resto de éstas incorporándolas suavemente con la batidora de varillas.

3 **Formar los bizcochos.** Cubra una placa de hornear con papel sulfurizado o de aluminio ligeramente aceitado. Llene una manga pastelera *(p. 1372)* con la pasta de bizcochos y vaya formando unas tiras sobre la placa. Cueza bizcochos de soletilla en el horno a 180° unos 20 minutos, hasta que estén dorados.

6 **Completar el postre.** Prepare una bavaresa *(p. 1370)* y aromatícela al gusto, aquí con un puré de albaricoques secos. Antes de que la crema se solidifique viértala en el molde. Corte los extremos de bizcocho al ras de la bavaresa *(arriba).* Refrigere.

7 **Servir el postre.** Cuando la carlota se haya asentado, al cabo de 4 a 5 horas, sumerja el molde en agua caliente unos segundos. Desmoldee. Quite el papel de la base. Sirva la carlota con una salsa de frutas, aquí puré de arándanos con almíbar de azúcar *(derecha).*□

Un pastel de queso monumental

Los quesos blandos no salados, como el ricotta, pueden transformarse en un postre blando y cremoso mezclando el queso con azúcar, un poco de crema de leche y aromatizando la mezcla con frutas confitadas o coñac. Para variar, se le puede agregar huevos o mantequilla derretida y dar forma al postre moldeándolo. Uno de los postres más famosos de queso moldeado es el *paskha,* un plato ruso *(recetas, p. 1436).*

El requesón utilizado para hacer un pastel de este tipo, ha de escurrirse bien y ha de quedar consistente de modo que el postre conserve su forma; si el queso es demasiado líquido, déjelo escurrir varias horas en un tamiz situado sobre un cuenco hasta que la mayor parte del suero se haya escurrido. Luego tamice el queso escurrido para eliminar los grumos. Los ingredientes y aromatizantes utilizados para el *paskha* son azúcar, huevos, crema de leche y mantequilla, aunque también pueden emplearse frutos secos picados y frutas confitadas. Bata la mezcla hasta que quede homogénea y brillante como una crema. Transfiérala a un molde encamisado con una muselina, la cual impide que la mezcla de queso se esparza y simplifica el desmoldeado, tape con un plato sobre el que habrá dispuesto unos pesos y refrigere toda la noche. La presión hace salir el exceso de líquido, por lo que el *paskha* queda compacto y firme y conserva su forma una vez desmoldeado.

Puede utilizar un molde profundo y poroso para este postre, a condición de que tenga un agujero en su base para el drenado, como una maceta. Lave a fondo la maceta antes de utilizarla, y si es nueva remójela durante 1 hora en agua fría para que desaparezca el sabor de arcilla que podría pasar al postre.

El *paskha* mejora si se conserva en la nevera de 2 a 3 días antes de servirlo. Puesto que es mejor a temperatura ambiente, retírelo de la nevera 30 minutos antes de servirlo. Corte el *paskha* en porciones horizontales; si desea volverlo a servir, reserve la rodaja superior para decorar el postre cuando vuelva a aparecer a la mesa.

1 **Preparar el queso.** Si el queso no está suficientemente escurrido, dispóngalo sobre un tamiz de malla fina colocado sobre un cuenco, y déjelo escurrir a temperatura ambiente hasta que no escurra más líquido. Tire el líquido. Luego, presione el queso con una rasqueta de plástico a través de un tamiz de tambor *(arriba),* para eliminar los grumos.

2 **Mezcle los ingredientes.** En un cuenco, bata yemas con azúcar hasta que la mezcla blanquee. Pique almendras y frutas confitadas y añádalas a la mezcla junto con la mantequilla ablandada, el requesón tamizado y un poco de cáscara de limón rallada *(arriba).* Incorpore removiendo crema de leche y unas gotas de extracto de vainilla, y bata la mezcla a fondo hasta que esté homogénea.

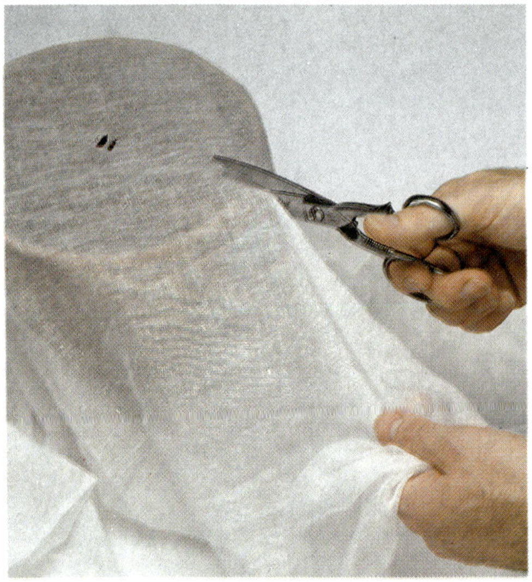

3 **Encamisar el molde.** Coloque un cuadrado grande de muselina sobre el molde, aquí una maceta. Corte la muselina desde el extremo hasta el centro. Deslícela hasta el fondo de la maceta. Empezando por uno de los bordes cortados, apriete la muselina contra las paredes y el fondo de la maceta; el corte en la tela permite cubrir la maceta sin hacer dobleces.

4 **Rellenar el molde.** Rellene el molde con la mezcla de queso, presionándolo firmemente en la maceta. Doble los extremos de la muselina por encima, de modo que la preparación quede completamente cubierta.

5 Escurrir el «paskha». Ponga una fuente o plato, ligeramente menor que el molde, sobre la preparación. Ponga unos pesos encima del plato, aquí unos 5 kg. Disponga la maceta sobre una rejilla con una bandeja debajo para recoger el líquido, y deje reposar en la nevera toda la noche.

6 Desmoldear el postre. Retire los pesos y el plato del molde. Dé la vuelta al *paskha* sobre su mano y levante el molde suavemente *(arriba, izquierda);* luego coloque el postre con la parte superior hacia abajo sobre la rejilla y retire la envoltura de muselina *(arriba, centro).* Invierta un plato sobre el *paskha,* dé la vuelta a ambos y retire completamente la muselina *(arriba, derecha).*

7 Decorar y servir. Corte frutas confitadas en tiras finas y, con los dedos o unas pinzas *(izquierda),* presiónelas ligeramente sobre la superficie del *paskha,* formando el dibujo elegido. Aquí, las tiras largas verticales son de trozos de angélica, los cuales delimitan la altura de cada servicio, para facilitar el corte del pastel. Sírvalo en rodajas horizontales *(abajo).*☐

Un postre colorido: la suprema de frutas

Gracias a sus colores luminosos, las frutas escalfadas *(p. 1356)* son muy apropiadas para crear postres compuestos muy decorativos. Combinados con una corona de budín de manzanas *(receta, p. 1437)*, como aquí, puede obtener un postre magnífico que merece perfectamente el nombre de «suprema de frutas».

Para preparar el budín de manzanas, éstas se tamizan y luego se mezclan con huevos y se cuecen en un molde de savarín al baño María, método también usado para el flan al caramelo *(p. 1368)*.

La fruta elegida para escalfar está en función de la estación, aquí se han mezclado peras frescas, melocotones, albaricoques y nectarinas con pasas de Esmirna y de Corinto. Las frutas secas y de carne firme requieren un escalfado preliminar, por separado, para que cada fruta cueza sólo el tiempo necesario. Los dos almíbares de cocción se mezclan y se reducen antes de cocer las frutas juntas. Este almíbar, mezclado con leche de almendras y mantequilla, se transforma en una salsa brillante con la que se rociarán las frutas.

1 **Mezclar los huevos y las manzanas.** Cueza manzanas cortadas a rodajas con azúcar y tamícelas *(p. 1348)*. Cueza esta mezcla, con más azúcar y un poco de mantequilla, removiendo constantemente hasta obtener una compota espesa: unos 15 minutos. Transfiera la compota a un cuenco y entibiela antes de batirla con huevos enteros.

2 **Llenar el molde.** Enmanteque un molde de savarín, espolvoréelo con pan rallado y retire el que no se haya adherido. Agregue el puré y dé unos golpes al molde para sentar la mezcla. Cueza el budín en un baño María a 180° durante 45 minutos. Déjelo reposar unos 20 minutos y desmoldéelo sobre una fuente de servicio grande.

3 **Precocer las frutas.** Escalfe pasas de Esmirna y de Corinto en un almíbar medio *(p. 1326)* de 10 a 20 minutos, hasta que se hinchen. Mientras, escalfe las frutas frescas de carne firme (aquí peras y melocotones) en un almíbar medio hasta que estén tiernas. Vierta el almíbar en otra cacerola y agregue albaricoques y nectarinas, así como las pasas escalfadas.

4 **Aromatizar el almíbar.** Para extraer el aroma de las pieles de las frutas, cuézalas en uno de los almíbares del escalfado, aquí el utilizado para escalfar las pasas y melocotones. Al cabo de 10 minutos, vierta este almíbar sobre el de las pasas a través de un colador *(arriba, izquierda)* y tire las pieles de las frutas. Hierva la mezcla de almíbares hasta reducirla a una tercera parte. Añada al almíbar reducido un tercio de su volumen de leche de almendras *(p. 1331)*. Siga hirviendo el almíbar hasta que éste pueda recubrir las frutas.

5 **Cocer las frutas.** Vierta el almíbar sobre las frutas. Póngalas de nuevo sobre el fuego y cuézalas lentamente unos 10 minutos, hasta que estén muy blandas pero aún intactas. No tape, para que el almíbar se reduzca un poco más.

6 **Añadir la mantequilla.** Retire la cacerola del fuego. Añada unos trocitos de mantequilla y sacuda suavemente la cacerola para incorporar la mantequilla al almíbar caliente sin romper la fruta.

7 **Componer la suprema.** Coloque las frutas escalfadas formando un dibujo sobre la fuente. Aquí, las nectarinas y las pasas rodean la corona de manzanas; el centro de ésta se ha rellenado con melocotones, peras y albaricoques. Decore la corona de manzanas con tiras de frutas crudas, aquí de ciruela y melocotón, sumergidas en almíbar *(arriba)*. Vierta el almíbar sobre el conjunto y añada unas almendras fileteadas *(derecha)*. Sirva la suprema tibia.☐

Una cestita de merengue llena con frutas

Encerrando un helado o frutas dentro de un merengue *(p. 1372)*, pueden obtenerse postres espectaculares. En el «Alaska» horneado *(recuadro, p. siguiente)*, un merengue blando encierra un bloque de helado; en el postre de la derecha, se ha obtenido una cestita rígida de merengue a base de coronas de merengue horneado, que se rellena con helado y frutas. Para obtener una mezcla suficientemente estable que soporte una preparación laboriosa, bata el merengue sobre agua por debajo del punto de ebullición *(receta, p. 1439)*; el fuego ayudará a darle consistencia.

Para preparar una cestita de 10 cm de profundidad, necesitará una base circular y 6 anillos. Si su horno no es lo bastante grande para acomodar tantas placas, cueza los anillos por tandas.

Cuando junte la base y los anillos, necesitará más merengue fresco para unirlos y para decorarlos. Para que la cestita quede lo suficientemente consistente para poderla manipular, cuézala en el horno muy lento 1 ½ horas. Luego, puede almacenarla vacía 1 semana en un recipiente que cierre herméticamente.

1 **Trazar la base de la cestita.** Recubra 7 placas de hornear con papel sulfurizado o de aluminio. Invierta sobre cada papel un plato de 20 a 22 cm de diámetro y trace un círculo a su alrededor con un lápiz *(arriba)*. Necesitará un círculo para la base de la cestita y otro para cada uno de los anillos que formarán las paredes de la misma.

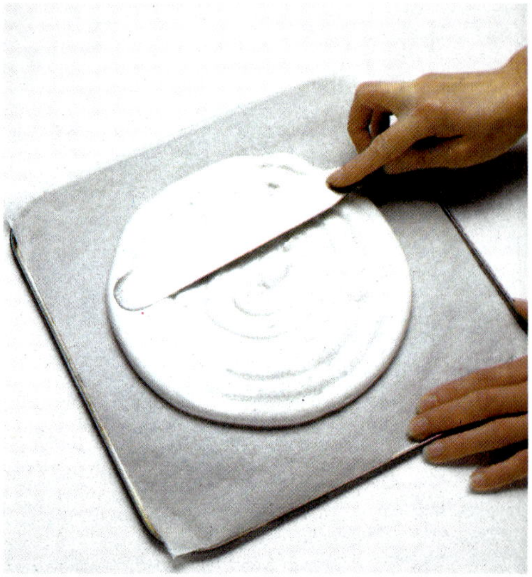

2 **Preparar la base.** Prepare una mezcla de merengue. Inserte una boquilla de 1 cm de diámetro en una manga pastelera y llénela con la mezcla. Tome una de las placas y empezando por el exterior del trazo marcado a lápiz, trabaje hacia dentro, haciendo círculos concéntricos para formar la base. Alísela con una espátula.

3 **Preparar los anillos de merengue.** Forme un anillo de merengue por el exterior de cada uno de los círculos dibujados sobre el papel sulfurizado *(arriba)*. Ponga todas las placas en el horno precalentado lo más bajo posible y hornee el merengue de 4 a 5 horas. Retire las placas del horno.

4 **Retirar el papel.** Levante los papeles, con los merengues todavía pegados, de cada placa y déjelos enfriar sobre rejillas metálicas. Para separar cada anillo, ponga el papel sobre una tabla, de forma que un extremo del merengue se proyecte hacia el exterior. Desprenda suavemente el papel *(arriba)*, dando la vuelta al anillo hasta que quede libre.

5 **Formar la cestita.** Mientras los anillos y la base se enfrían, prepare más merengue. Ponga la base enfriada sobre una placa cubierta con papel nuevo. Coloque los anillos sobre la base, uno encima de otro *(arriba)*. Esparza un poco de merengue fresco con la ayuda de una paleta en el exterior de la cestita, rellenando los espacios vacíos entre los anillos.

6 **Decorar la cestita.** Inserte una boquilla estrellada en una manga y llénela con mezcla de merengue. Trabajando desde la base hacia arriba, trace líneas verticales de merengue alrededor de la cestita *(arriba)*, y dibujos o rosetas en el borde. Cueza 1 ½ horas a horno muy bajo. Enfríe y retire el papel *(fase 4)*.

7 **Llenar la cestita.** Espolvoree trozos de piña fresca con azúcar y macérelos unos 30 minutos en kirsch. Antes de servir, llene la cestita con helado ayudándose de una cuchara. Escurra los trozos de piña y póngalos sobre el helado.

8 **Servir la cestita.** Reduzca a puré frutas blandas, aquí frambuesas, a través de un tamiz de nilón. Endulce el puré de frambuesas al gusto y viértalo luego sobre la piña y el helado. Decore la cestita con algunas frambuesas enteras *(arriba)*. Sirva inmediatamente y corte en porciones.□

Una envoltura caliente para el helado

Servido directamente del horno, el Alaska *(receta, p. 1438)*, es una capa de merengue caliente que encierra un helado frío, dispuesto sobre una base de bizcocho. No hay ninguna magia: el aire atrapado en el merengue aísla el helado y evita que se derrita durante su breve estancia en el horno. Prepare el helado en un molde encamisado con papel. El helado debe estar muy duro en el momento de entrar al horno.

1 **Extender el merengue.** Desmoldee un bloque de helado, sobre una base de bizcocho algo mayor que el helado dispuesto sobre una fuente refractaria. Extienda el merengue sobre el helado con la manga *(arriba)*, encerrándolo por completo.

2 **Cocer y servir.** Cueza en el horno precalentado a 230° unos 5 minutos, hasta que el merengue esté ligeramente dorado. Retire el Alaska del horno y sírvalo inmediatamente cortado en porciones *(arriba)*.

Recetas inglesas tradicionales

La palabra inglesa *trifle* sugiere algo ligero, pero el postre conocido con este nombre es una magnífica creación formada por capas de crema inglesa, confitura, bizcocho, fruta, frutos secos y crema de leche dispuestas sobre una base de bizcocho remojado con vino y servida en un recipiente de cristal *(derecha; receta, p. 1440)*.

Los ingredientes de este postre dependen en gran manera del contenido de la despensa y de su imaginación. Los únicos esenciales son una crema inglesa, una guarnición de frutas, algún pastel que absorba el vino generoso o coñac que aromatiza el postre. Los bizcochos de soletilla *(p. 1424)* pueden sustituir el pastel, y cualquier tipo de pasta dulce puede sustituir a los almendrados aquí utilizados. Puede añadir cualquier tipo de fruta, cortada o reducida a puré, o incluso omitirla e incluir una confitura o gelatina *(p.1346)* en su lugar. Finalmente el postre se corona con el clásico *syllabub (recuadro, p. siguiente)* o con crema de leche batida.

1 **Preparar el postre.** Prepare una crema inglesa *(p. 1364)* y resérvela. Cubra el fondo de un cuenco grande y hondo de cristal con trozos de bizcocho. Rocíelo con jerez u otro vino generoso, como marsala o madeira y recubra con una capa espesa de confitura. Añada una capa de frutos secos, 1 ó 2 cucharones de crema inglesa y puré de frutas; aquí de frambuesas y grosellas. Recubra la fruta con más bizcocho o, como aquí, con almendrados remojados en jerez.

2 **Coronar con el «syllabub».** Añada más confitura y luego más frutos secos y siga procediendo de esta manera, hasta terminar con una capa de crema inglesa a unos 8 cm del borde del recipiente. Corone el postre con una capa espesa de *syllabub (recuadro, p. siguiente)*. Deje reposar el *trifle* en la nevera unas cuantas horas para que quede consistente. Antes de servirlo, decórelo con frutas confitadas.☐

El «syllabub»

El *syllabub* es un ponche cremoso, una combinación de crema de leche con un vino edulcorado y, a veces, coñac. Antaño, el *syllabub* se preparaba ordeñando directamente la vaca en un cuenco con vino; al cabo de unos instantes, la acidez del vino separaba la leche templada, no pasteurizada, en grumos sólidos y suero claro. El *syllabub* que aquí presentamos *(receta, p. 1438)* lleva el calificativo de «eterno», porque no se separa. Aquí, la crema de leche espesa se vierte en el vino aromatizado: al mezclar lentamente y remover sin cesar, la crema de leche se mezcla con el vino en lugar de cuajarse. Luego, se bate la mezcla hasta obtener una crema espumosa.

Las proporciones normales son de 2 a 3 partes de crema de leche por litro de vino; puede variar la proporción siempre que la crema de leche constituya la mitad del volumen como mínimo. Si pone menos crema de leche, la mezcla no espesará. El *syllabub* se ha de batir sólo hasta que forme picos blandos que apenas mantengan su forma.

1 **Aromatizar el vino.** Pele finamente la cáscara de 1 ó 2 limones. Ponga las cáscaras en un cuenco y cúbralas con vino blanco y un poco de coñac. Corte los limones por la mitad, exprima su zumo y viértalo en el cuenco *(arriba).* Tape y macere toda la noche. Al día siguiente, cuele el líquido a través de un tamiz de nilón *(recuadro)* y tire las cáscaras. Añada azúcar y remueva hasta que el azúcar se haya disuelto.

2 **Incorporar la crema de leche.** Vierta la crema de leche lentamente sobre el líquido, removiendo sin cesar. Ralle 1 nuez moscada pequeña. Bata el *syllabub* lentamente con una batidora de varillas o una formada con unas ramitas, en este último caso sujete las ramitas entre las palmas de las manos y accione el instrumento frotándose las manos. Al principio no apreciará cambio alguno, pero el cabo de unos minutos el *syllabub* espesará rápidamente. Cese de batir tan pronto como mantenga su forma *(derecha);* su consistencia ha de ser la de una crema ligeramente batida.

3 **Servir el «syllabub».** Enfríe el *syllabub* en la nevera. Utilícelo para recubrir un *trifle (p. anterior),* o sírvalo sólo como postre en unas copas de cristal que llenará hasta el borde. Si lo desea, puede decorar el *syllabub* con una ramita de romero y una rodaja de limón.

El arte de utilizar las sobras

Puede preparar un postre ingenioso y económico con sobras de pastel y galletas mezclados con helado derretido. El pastel y las galletas se desmenuzan sobre el helado y la mezcla se hornea destapada en un molde colocado al baño María, hasta que esté dorada *(receta, p. 1439)*.

Dado que la mayoría de los helados contienen huevo, el postre se solidificará como una crema *(p. 1366)* y podrá servirse con una cuchara desde la fuente. Añada unos huevos antes de hornear, si prefiere obtener un postre más consistente.

Cualquier tipo de ingredientes puede servir para este postre. Puede utilizar diferentes helados, los de café, chocolate y praliné armonizan con casi todas las frutas con éxito. Para variar la textura del postre, agregue almendrados, bizcocho e incluso pan. Caramelizando la fuente *(p. 1368)* realzará el sabor del postre, ya que mientras se cuece el caramelo se derrite formando una salsa.

1 **Ligar con huevo.** Derrita restos de helado de crema en un cuenco grande. Utilice varios sabores, en la medida en que sean complementarios; aquí, vainilla. Si lo desea puede batir 1 ó 2 huevos adicionales con el helado *(arriba)*.

2 **Agregar el pastel y las galletas.** Desmenuce pastel duro y galletas sobre la mezcla; cuente dos veces más pastel y galletas que helado. Utilice todo lo que disponga; aquí, pastas secas, almendrados, lenguas de gato y bizcochos de soletillla.

3 **Rellenar el molde.** Revista el fondo y las paredes de un molde con caramelo *(p. 1368)*. Bata el pastel y el helado hasta que los ingredientes estén mezclados a fondo. Cuando el caramelo esté consistente, vierta la mezcla en la fuente.

4 **Cocer el budín.** Ponga la fuente en un recipiente grande y vierta agua caliente hasta alcanzar dos tercios de la altura de la fuente. Ponga al baño María en el horno precalentado a 180°, hasta que la superficie se haya dorado ligeramente *(arriba)*.

5 **Servir el budín.** Sirva el postre caliente o déjelo enfriar toda la noche a temperatura ambiente o 3 horas en la nevera. Sirva el budín con su salsa de caramelo directamente del molde *(arriba)*.□

Recetas

Bizcochos de soletilla

Los bizcochos de soletilla se guardan de 2 a 3 semanas en un recipiente hermético. Para aromatizarlos con chocolate, tamice 1 cucharada de cacao con la harina. Para aromatizarlos con naranja, añada 1 cucharada de cáscara de naranja finamente rallada a la mezcla de yema y azúcar, junto con la harina.

Para unos 30 bizcochos	
Huevos grandes, yemas separadas de las claras	3
Azúcar refinado	90 g
Harina, tamizada con una pizca de sal	75 g

Enmanteque tres placas para hornear, recúbralas con papel sulfurizado enmantecado y espolvoree con harina. Precaliente el horno a 220°.

Ponga las yemas y el azúcar en un cuenco y bátalos hasta que la mezcla esté muy espesa; precisará unos 5 minutos utilizando una batidora eléctrica manual. Agregue cuidadosamente la harina tamizada. Bata las claras a punto de nieve. Agregue una cuarta parte de las claras a la mezcla de yemas, y luego, muy cuidadosamente, las claras restantes.

Inserte en una manga pastelera grande una boquilla lisa de 1 cm. Llene la manga con la preparación, y trace tiras largas sobre las placas preparadas, dejando unos 5 cm de espacio entre cada tira. Espolvoréelas ligeramente con azúcar refinado y cueza en el horno de 8 a 10 minutos, hasta que los bizcochos de soletilla estén ligeramente dorados. Despréndalos cuidadosamente del papel y enfríelos sobre una rejilla.

«Vacherin» helado

Le vacherin glacé

Para montar el vacherin, *un postre típico de Alsacia, los helados deben estar bastante blandos. Pero póngalo de nuevo en el congelador para que conserve su forma, si fuese necesario. Para preparar los fondos de merengue, consulte las explicaciones de la p. 1430.*

Para preparar el helado de fresa o frambuesa, reduzca a puré 125 g de fresas o frambuesas a través de un tamiz de nilón, y endúlcelas al gusto con unos 60 g de azúcar refinado o lustre. Bata 15 cl de crema de leche hasta que forme picos blandos, agregue ésta al puré de frutas y congele durante unas 2 horas.

Para 6 a 8 personas	
Fondos de merengue poco profundos, de 20 cm de diámetro	2
Helado de vainilla *(p. 1419)*	60 cl
Kirsch	2 cucharadas
Fresas confitadas o confitura de fresas enteras	60 g
Piña fresca cortada en dados pequeños	60 g
Almendrados desmenuzados	6
Helado de fresas o frambuesas	30 cl
Fresas o frambuesas	125 g
Crema de leche espesa, fría	30 cl
Azúcar vainillado	2 cucharadas

Ablande suficientemente el helado de vainilla para mezclarlo con el kirsch, las fresas confitadas o la confitura, la piña y los almendrados. Una los fondos de merengue con esta mezcla y reserve en el congelador durante 30 minutos. Luego cubra las paredes del *vacherin* con el helado de fresas o frambuesas, y decore con el mismo tipo de frutas utilizadas en el helado. Reserve de nuevo en el congelador.

Bata la crema de leche hasta que esté firme, añadiéndole el azúcar vainillado al final. Decore la superficie del *vacherin* con la crema, de forma que el conjunto sea rosa por los lados y blanco por encima.

AUSTIN DE CROZE
LES PLATS RÉGIONAUX DE FRANCE

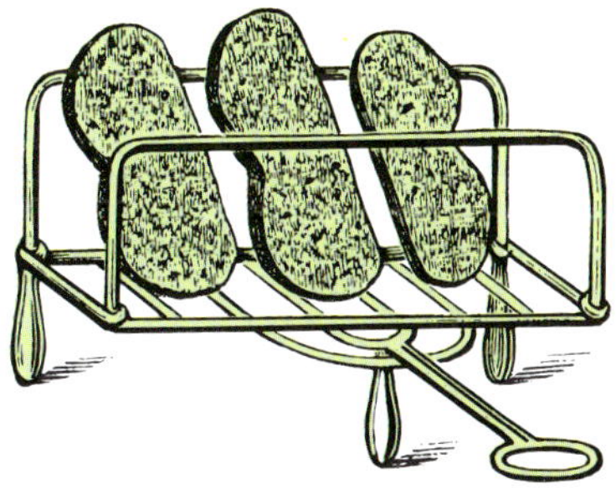

Pastel de requesón a la rusa

Paskha

Un *paskha* tradicional se prepara en un molde de madera de cuatro lados, que tiene una pequeña abertura en el extremo más estrecho para que se escurra el líquido. En su lugar, puede utilizar una maceta de arcilla grande, de unos 18 cm de alto y 19 cm de diámetro. La maceta se ha de recubrir uniformemente con 2 ó 3 capas de muselina, dejando que cuelgue con holgura a fin de que pueda doblarse por encima.

Para 15 a 20 personas

Requesón, o queso blanco fresco	1,5 kg
Almendras peladas	125 g
Cerezas confitadas	125 g
Pasas	175 g
Mantequilla ablandada	250 g
Agua de rosas o extracto de vainilla	1 cucharadita
Pieles de agrios confitadas	125 g
Huevos	3
Azúcar refinado	200 g
Crema de leche agria o crema de leche espesa	10 cl

El queso fresco ha de estar absolutamente seco antes de utilizarlo. Cuélguelo en una bolsa de muselina durante 12 horas, o colóquelo en un colador y recúbralo con un buen peso. Una vez seco, tamícelo sobre un cuenco. Deje aparte unas cuantas almendras y cerezas confitadas para la decoración, y pique el resto para mezclarlas con el queso, junto con las pasas, la mantequilla ablandada, el agua de rosas o el extracto de vainilla y las pieles de agrios. Bata los huevos y el azúcar y añádalos a la mezcla de queso. Bata a fondo hasta que no queden grumos. Incorpore luego la crema de leche, y bata la mezcla con una cuchara de madera hasta que quede completamente homogénea.

Vierta la mezcla en un molde de 3 l de capacidad recubierto con una muselina. Doble los extremos de la tela sobre la preparación y cubra con un plato pequeño para distribuir el peso, ponga encima del plato algún objeto pesado. Coloque el molde, con la parte más pequeña hacia abajo en una fuente honda y póngalo en la nevera 12 horas. Cuando lo retire de la nevera, el pastel habrá soltado gran cantidad de líquido que se habrá escurrido en la fuente. Desdoble la muselina, coloque una fuente plana encima del molde y déle la vuelta con cuidado. Decore el *paskha* con las almendras reservadas y las cerezas confitadas y sírvalo con *koulitch* (un bollo ruso ligeramente dulce).

SOFKA SKIPWITH
EAT RUSSIAN

«Paskha» sencillo

Paskha obiknovennaya

Paskha *significa Pascua en ruso y es también el nombre que se da a un postre tradicional. Una vez decorado con la cruz ortodoxa y las iniciales XB,* Khristos voskryesye *(Cristo ha resucitado), se lleva a la iglesia para bendecirlo. Más tarde se vuelve a llevar a casa y se consume el domingo de Pascua.*

Para 20 personas

Requesón, o queso blanco fresco	3 kg
Crema de leche agria	25 cl
Mantequilla	200 g
Sal	2 cucharaditas
Azúcar	unos 125 g

Ponga el queso en un colador; cúbralo con una muselina o una estameña y coloque un buen peso encima. Déjelo reposar a temperatura ambiente unas 24 horas. Presione el queso escurrido a través de un tamiz dispuesto sobre un cuenco grande. Añada la crema de leche agria, la mantequilla, la sal y el azúcar; mezcle de forma que no queden grumos. Si lo desea, puede añadir más azúcar al gusto. Transfiera la mezcla a un molde de 3,5 l de capacidad recubierta con una muselina. Cubra con un peso y enfríe en la nevera unas 24 horas. Luego, desmoldee cuidadosamente el *paskha* sobre una fuente.

ELENA MOLOKHOVETS
PODAROK MOLODŶM KHOZYAĬKAM

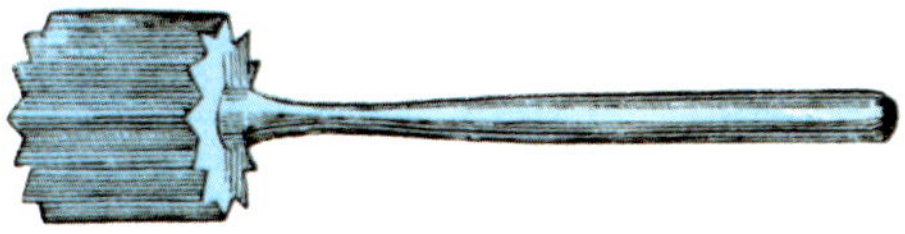

Carlota rusa

Charlotte à la russe

Para preparar una carlota rusa de frambuesas, añada 10 cl de puré de frambuesas a la crema inglesa, antes de incorporar la crema batida. Rodee la carlota una vez desmoldeada con frambuesas maceradas en kirsch muy azucaradas.

Para 6 personas	
Bizcochos de soletilla *(p. 1435)* con los lados y extremos recortados, recortes desmenuzados	20
Leche, o mitad leche y mitad crema de leche espesa	20 cl
Vaina de vainilla	1
Azúcar refinado	100 g
Yemas de huevo	4
Hojas de gelatina ablandadas con un poco de agua fría	7 g
Crema de leche espesa batida, aromatizada con 2 cucharadas de azúcar y ½ cucharadita de azúcar vainillado	30 cl

Cubra el fondo y las paredes de un molde para carlota de 1,5 l de capacidad con papel sulfurizado, colocando un redondel en el fondo y una tira larga en las paredes. Cubra el papel del fondo del molde con algunos bizcochos de soletilla cortados en forma de triángulos, formando una roseta. Revista las paredes del molde con bizcochos de 1 a 2 cm más altos que éste, todos de la misma longitud, de forma que la carlota se asiente bien al desmoldearla. Los bizcochos han de ponerse uno al lado del otro, muy juntos, con los lados curvos contra el molde para que puedan verse al desmoldearlos.

Prepare una crema inglesa; lleve la leche o la leche y la crema de leche a ebullición, retire la cacerola del fuego, añada la vainilla y deje reposar con el recipiente tapado. Mezcle en un cuenco el azúcar y las yemas de huevo; bata esta mezcla con una cuchara de madera hasta que esté espumosa y espesa y blanquee. Retire luego la vainilla de la leche y vierta ésta lentamente a la mezcla de huevo. Vierta de nuevo la mezcla de huevo y leche en la cacerola, y cueza a fuego lento; remueva continuamente con una cuchara de madera, deslizándola alrededor del fondo de la cacerola, para evitar que las yemas de huevo cuajen formando partículas pequeñas. A medida que la salsa se calienta, las yemas de huevo espesarán la preparación. Tan pronto como la salsa empiece a recubrir la cuchara, retire la cacerola del fuego y añada la gelatina ablandada. Remueva hasta que se haya disuelto. Cuele la salsa sobre un cuenco a través de un tamiz de malla fina.

Deje enfriar la crema inglesa sobre hielo o en la nevera, removiéndola con frecuencia. Tan pronto como empiece a cuajar, incorpórele cuidadosamente la crema batida. Viértala en el molde recubierto, llenándolo hasta el borde. Alise la superficie con un cuchillo y espolvoree con los bizcochos desmenuzados; reserve en la nevera 2 horas como mínimo.

Para servir, desmoldee sobre una fuente redonda cubierta con papel blonda.

PAUL BOCUSE
LA COCINA DEL MERCADO

Pastel de manzanas

Gâteau de pommes

Para 6 personas	
Manzanas medianas peladas, sin el corazón y cortadas en rodajas, colocadas en un cuenco con agua y el zumo de ½ limón para evitar que se ennegrezcan, y escurridas	12
Azúcar	unos 500 g
Canela en rama	5 cm
Limón, zumo colado	1
Harina de patata	1 cucharada
Mantequilla	30 g
Huevos	6
Pan rallado	3 ó 4 cucharadas

Ponga las manzanas en una cacerola con el azúcar, la canela y el zumo de limón. Tape y cueza a fuego medio hasta que las manzanas empiecen a ablandarse; baje el fuego y remueva hasta que se hayan reducido a puré. Haga pasar las manzanas a otra cacerola a través de un tamiz. Añada la harina de patata y la mantequilla. Reduzca el puré a fuego lento, removiendo constantemente hasta que esté firme. Resérvelo para que se enfríe.

Bata los huevos con el puré. Prepare un molde de 1,5 l de capacidad del modo siguiente: enmantéquelo y espolvoréelo con pan rallado, déle luego la vuelta y deje caer el pan que no se haya pegado. Vierta la mezcla en el molde hasta 2,5 cm del borde. Cueza al baño María en el horno precalentado a 180° unos 45 minutos, hasta que el pastel esté firme al tacto. Entíbielo unos 15 minutos antes de desmoldearlo.

MICHEL BARBEROUSSE
CUISINE NORMANDE

Alaska

Baked Alaska

Para la base del Alaska, puede utilizar cualquier bizcocho esponjoso, pero el que aquí le proponemos es muy fácil y rápido.

Para 6 a 8 personas	
Harina tamizada	150 g
Azúcar	125 g
Levadura en polvo	1 ½ cucharaditas
Sal	½ cucharadita
Grasa vegetal	60 g
Leche	10 cl
Huevo	1
Extracto de vainilla	1 cucharadita
Barra de helado de vainilla *(p. 1419)*	1 litro
Claras de huevo	3
Azúcar granulado	100 g

Enmanteque y enharine un molde cuadrado de 22 cm de lado. Tamice la harina con el azúcar, la levadura y la sal, sobre un cuenco. Añada la grasa vegetal y la leche. Bata durante 1 ½ minutos con la batidora eléctrica a baja velocidad, o con una cuchara, hasta que todo quede mezclado a fondo y espeso. Añada el huevo y la vainilla. Bata 1 ½ minutos más. Vierta la preparación en el molde y cueza en el horno precalentado a 180° de 20 a 25 minutos, hasta que el bizcocho esté elástico al tocarlo ligeramente en el centro. Enfríelo.

Ponga el bizcocho sobre una tabla; corte tiras de 5 cm de ancho de cada lado y apártelas. Prepare un merengue batiendo las claras hasta que formen picos blandos, agrégueles luego el azúcar, cucharada a cucharada, hasta que las claras estén espesas y satinadas. Ponga la barra de helado sobre el bizcocho. Cúbrala por completo, así como el bizcocho, con el merengue. Cueza en el horno a 230° unos 5 minutos, hasta que la superficie esté ligeramente dorada. Sirva inmediatamente.

JAMES BEARD
JAMES BEARD'S AMERICAN COOKERY

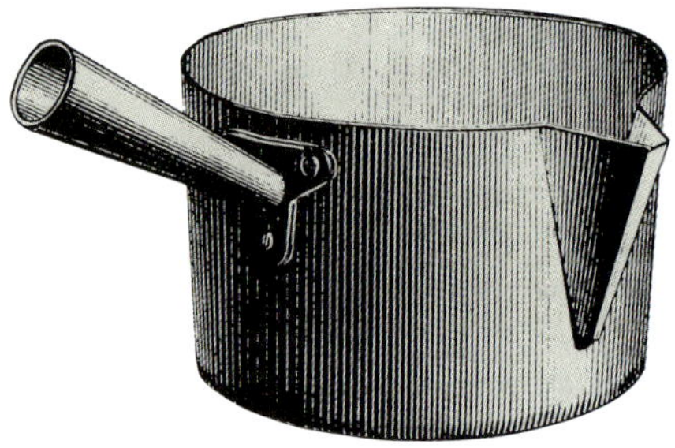

«Syllabub» eterno

Everlasting syllabub

En su época de apogeo, los *syllabubs* se consideraban más como refrescos, que se ofrecían en las partidas de cartas, en los bailes y en los festejos públicos, que como postres. Estos *syllabubs* pueden prepararse por lo menos con 2 días de antelación; se conservarán bien en un sitio fresco.

Para 4 a 6 personas	
Limón, cáscara finamente pelada, y zumo colado	1
Vino blanco o jerez	10 cl
Coñac	2 cucharadas
Azúcar	60 g
Crema de leche espesa	30 cl
Nuez moscada rallada	

El día antes de preparar el *syllabub*, ponga la cáscara de limón y su zumo en un cuenco con el vino y el coñac; déjelos toda la noche. Al día siguiente, cuele el vino y el limón en un cuenco grande y profundo. Añada el azúcar y remueva, hasta que se haya disuelto. Vierta la crema de leche lentamente, removiendo todo el rato. Ralle un poco de nuez moscada dentro. Bata la mezcla hasta que se espese y sostenga un pico blando en la batidora. El proceso puede llevar de 5 a 15 minutos, dependiendo de la crema de leche, la temperatura y la manera de batir. A no ser que tenga una gran cantidad de crema de leche, la batidora eléctrica puede ser peligrosa. Un par de segundos más, y la crema queda arruinada formando una masa grumosa. Para una cantidad pequeña, es mejor una batidora metálica de varillas. El punto importante consiste en reconocer el momento en que hay que cesar de batir.

Cuando la crema está lista, viértala en 10 flaneras, o copas de jerez de muy pequeña capacidad, de 5 a 7 cl, pero llenas hasta el borde. Una vez en los recipientes, la crema no se estropeará. Encima de cada recipiente lleno, puede colocar una pequeña ramita de romero o un trocito de cáscara de limón. Guarde el *syllabub* en un lugar fresco, pero no en la nevera, hasta el momento de servirlo.

ELIZABETH DAVID
SYLLABUBS AND FRUIT FOOLS

Cestitas de merengue

Meringue baskets

Enmanteque y enharine un papel sulfurizado en lugar del papel de arroz, si no dispone de éste.

Para 4 ó 5 cestitas, o 1 cesta grande	
Claras de huevo	4
Azúcar lustre tamizado	250 g
Extracto de vainilla	1 cucharadita

Ponga las claras de huevo en un cuenco refractario, colocado sobre una cacerola con agua apenas agitándose, y bátalas, incorporando el azúcar gradualmente, hasta que la mezcla de merengue esté muy espesa. Aromatícela con extracto de vainilla.

Con una manga pastelera provista de una boquilla en forma de roseta extienda el merengue sobre papel de arroz colocado sobre una placa de hornear formando 4 ó 5 cestitas, o 1 grande. Ponga la placa en el horno precalentado a 130° durante 1 ½ horas, hasta que el merengue esté firme y seco al tacto.

CONSTANCE SPRY Y ROSEMARY HUME
THE CONSTANCE SPRY COOKERY BOOK

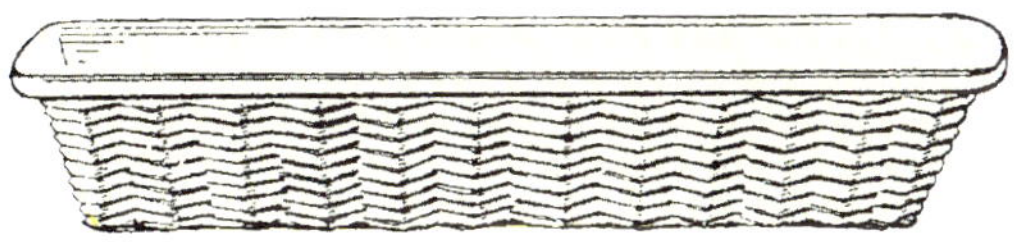

Budín de helado

Pudding mère Brazier

Para caramelizar el azúcar, consulte la p. 1327. Ver p. 1434.

Para 6 a 8 personas	
Helado *(p. 1419)*	1 litro
Pastas duras y rotas de cualquier tipo	500 g
Caramelo	
Azúcar	250 g
Agua	2 cucharadas

Hierva el azúcar y el agua en un molde de carlota de 1,5 l de capacidad, a fuego medio, removiéndolo a menudo hasta que el almíbar caramelice. Sumerja el molde inmediatamente en agua fría para enfriarlo ligeramente, y luego inclínelo en todas direcciones para que la base y las paredes queden revestidas con el caramelo.

Mezcle el helado con las pastas desmenuzadas y rellene el molde de carlota. Ponga el molde en una cacerola refractaria poco profunda medio llena con agua caliente y cueza en el horno precalentado a 180° durante 45 minutos. Deje enfriar y guarde en la nevera toda la noche antes de servir.

EUGÉNIE BRAZIER
LES SECRETS DE LA MÈRE BRAZIER

Isla flotante

Floating island

Este postre solía servirse con frecuencia como acompañamiento en las grandes cenas del siglo XVII, e incluso en las grandes fiestas de la época victoriana, aunque en la actualidad ha desaparecido prácticamente. Es una especie de *trifle* flotante. Existen muchas variantes; la mayoría de recetas construyen una gran isla flotante en un lago de crema, pero algunos sugieren pequeñas islas flotantes. En cualquier caso, la fuente que se utiliza ha de ser grande y muy plana. Puede utilizar una crema *(p. 1374)* en lugar del puré de frutas.

Para 4 personas	
Puré de frambuesas o fresas	40 cl
Crema de leche espesa	60 cl
Bizcocho redondo cortado en 3 capas finas	500 g
Confitura de albaricoques	125 g
Almendras peladas y finamente picadas	90 g
Jerez	2 cucharadas
Azúcar refinado	125 g
Extracto de vainilla	½ cucharadita

Mezcle el puré de frutas con la mitad de la crema de leche, bata con la batidora de varillas o mezcle con la cuchara y vierta en una fuente grande bastante plana. Esparza sobre cada una de las tres capas de bizcocho un poco de confitura de albaricoques y espolvoree con las almendras. Ponga la primera capa suavemente en el centro del puré. Ponga encima las otras capas, siempre suavemente, una encima de la otra. Han de quedar flotando, apoyadas sobre el puré. Vierta sobre el pastel un poco de jerez. Bata la crema de leche restante con el azúcar y la vainilla, y póngala sobre la isla.

Enfríe en la nevera 1 hora como mínimo y sirva. Si la isla no flota, el pastel sigue siendo delicioso, pero de todas formas ha de moverse libremente sobre el puré.

ELISABETH AYRTON
THE COOKERY OF ENGLAND

Un «trifle» excelente

An excellent trifle

A ser posible, el syllabub *ha de prepararse con un día de antelación. Puede remplazar el vino del* trifle *por 25 cl de jerez o madeira, y en este caso utilice sólo 10 cl de coñac.*

Para 8 personas	
Vino	15 a 20 cl
Coñac	15 a 20 cl
Bizcochos de soletilla *(p. 1435)*	8
Almendrados y pastas aromatizados con ratafía	250 g
Crema de leche espesa batida, aromatizada con 2 cucharadas de vino	25 cl

«Syllabub» batido	
Limones grandes	2
Azúcar refinado	200 g
Jerez	35 cl
Coñac	35 cl
Crema de leche espesa	60 cl

Crema de acompañamiento	
Limón, sólo la corteza, finamente pelada	½
Leche	20 a 25 cl
Azúcar refinado	40 g
Yemas de huevo bien batidas	6
Crema de leche	20 a 25 cl
Coñac (opcional)	8 cl
Almendras peladas y fileteadas (opcional)	30 g

Para preparar el *syllabub,* pele finamente la cáscara de 1 limón y póngala en infusión varias horas en el zumo de los limones. Ponga el azúcar en un cuenco con el zumo de limón colado, el jerez y el coñac; cuando el azúcar se haya disuelto, añada la crema de leche y bata a fondo; cuando tenga la apariencia de una espuma sólida, transfiera la mezcla a un tamiz cubierto con una muselina, para que se escurra.

Para preparar la crema, añada la cáscara de limón a la leche y déjela en infusión 30 minutos, luego cuézala a fuego lento unos minutos y añada el azúcar refinado. Mezcle los huevos batidos con la crema de leche, vierta rápidamente la leche removiendo y saque la cáscara de limón, transfiera la crema a una jarra grande que pueda ir al fuego y póngala dentro de una cacerola con agua hirviendo; siga removiendo la crema suavemente, pero sin cesar, hasta que empiece a espesarse; luego mueva la cuchara un poco más de prisa, tocando siempre el fondo de la jarra, hasta que la crema alcance el punto de ebullición, momento en que ha de sacarse inmediatamente del fuego, si no cuajaría en un momento. Eche la crema en un cuenco, y sígala removiendo hasta que casi esté fría. Luego añada paulatinamente el coñac y las almendras u omítalas.

Para preparar el *trifle,* mezcle el vino y el coñac y remoje en la mezcla los bizcochos, los almendrados y las pastas; cubra el fondo de una fuente con la mitad de ella, vierta la crema por encima, ponga las restantes galletas remojadas sobre la crema y disponga encima todo el *syllabub.* Bata ahora la crema aromatizada con vino hasta que quede una espuma lo más ligera posible, y recubra con ello el postre.

ELIZABETH RAY (REDACTORA)
THE BEST OF ELIZA ACTON

«Trifle»

Para preparar el syllabub, *consulte la p. 1433.*

Para 4 personas	
Bizcochos de soletilla *(p. 1435)*	3
Almendrados cortados por la mitad	90 g
Pastas aromatizadas con ratafía	90 g
Jerez	10 cl
Crema inglesa *(p. 1374)*	40 cl
Syllabub	40 cl

Cubra el fondo de una fuente o cuenco con los bizcochos de soletilla, los almendrados partidos por la mitad y las pastas. Remójelos a fondo con el jerez y luego vierta encima la crema. Vierta encima el *syllabub.*

THE ART OF COOKERY, MADE PLAIN AND EASY

Índice de técnicas/Glosario

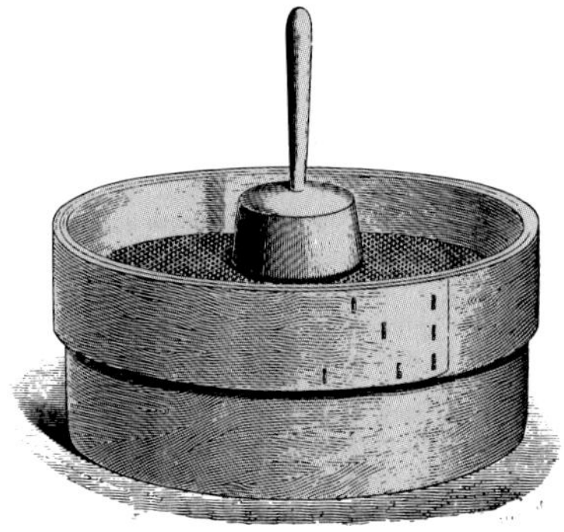

Índice de recetas

Procedencia de las recetas

Albright, Nancy, *Rodale's Naturally Great Foods Cookbook.* Copyright © 1977 Rodale Press, Inc. Publicado por Rodale Press, Inc., Emmaus. Traducido con permiso de Rodale Press, Inc. *(p. 1312).*

Aragonés Subero, Antonio, *Gastronomía de Guadalajara.* Publicado por Institución de Cultura "Marqués de Santillana"., Excma. Diputación Provincial de Guadalajara, 1973. Con permiso del autor, Madrid *(p. 1314).*

Art of Cookery, Made Plain and Easy, The. Por una dama. Sexta edición, 1758 *(pp. 1336 y 1340).*

Ayrton, Elisabeth, *The Cookery of England.* Copyright © Elisabeth Ayrton, 1974. Publicado por Penguin Books Ltd., Londres. Traducido con permiso de Elisabeth Ayrton *(p. 1439).*

Barberousse, Michel, *Cuisine Normande.* Publicado por Éditions Barberousse, París. Traducido con permiso de Michel Barberousse *(p. 1437).*

Beard, James, *James Beard's American Cookery.* Copyright © 1972 James A. Beard. Publicado por Hart-Davis, MacGibbon Ltd. Granada Publishing Ltd., Hertfordshire, y Little, Brown and Co., Boston. Traducido con permiso de Little, Brown and Co. *(p. 1438).*

Beeton, Mrs., *Mrs. Beeton's All About Cookery.* © Ward Lock Limited, 1961. Publicado por Ward Lock Limited, Londres. Traducido con permiso de Ward Lock Limited *(p. 1287).*

Besson, Joséphine, *La Mère Besson "Ma Cuisine Provençale".* © Éditions Albin Michel, 1977. Publicado por Éditions Albin Michel, París. Trad. con permiso de Éditions Albin Michel *(p. 1407).*

Bettonica, Luis (redactor), *Cocina Regional Española.* © 1981 Ediciones Hymsa (Barcelona) y Arnoldo Mondadori Editore S.p.A. (Milán). Publicado por Ediciones Hymsa. Con permiso del autor *(pp. 1282, 1312 y 1316).*

Blakeston, Oswell, *Cooking with Nuts.* © Oswell Blakeston. Publicado por Pierrot Publishing Limited, Londres, 1979. Traducido con permiso del autor, Londres *(p. 1286).*

Bobinet, Adrien-Jean, *Gastronomie.* Copyright Adrien-Jean Bobinet, Lyon, 1949. Publicado por Éditions Adrien-Jean Bobinet *(pp. 1361 y 1391).*

Bocuse, Paul, *La Cocina del Mercado.* © 1976 Flammarion. © 1979 Editorial Argos-Vergara, S.A. Publicado por Editoral Argos-Vergara, S.A., Barcelona. Con permiso de Editorial Argos Vergara, S.A. *(pp. 1393 y 1437).*

Boulestin, X. Marcel, *The Finer Cooking.* Publicado por Cassell & Company Limited, Londres, 1937. Traducido con permiso de A. D. Peters and Co., Ltd., agentes literarios, Londres *(p. 1360).*

Brazier, Eugénie, *Les Secrets de la Mère Brazier.* © Solar, 1977. Publicado por Solar, París. Traducido con permiso de Solar *(pp. 1375, 1395 y 1439).*

Bugialli, Giuliano, *The Fine Art of Italian Cooking.* Copyright © 1977 Giuliano Bugialli, Publicado por Times Books, División de Quadrangle / The New York Times Book Co., Inc., Nueva York. Traducido con permiso de Times Books, División de Quadrangle / The New York Times Book Co., Inc. *(p. 1313).*

Byron, May, *May Byrons Puddings, Pastries and Sweet Dishes.* Publicado por Hodder and Stoughton Limited, Londres, 1929. Traducido con permiso de Hodder and Stoughton Limited *(p. 1419).*

Cabané, Juan, y Doménech, Alejandro, Nuestra Mejor Cocina. © Juan Cabané y Alejandro Doménech, 1969. Publicado por Editorial Bruguera, S.A., Barcelona. Con permiso de Editorial Bruguera, S.A. *(p. 1282).*

Calera, Ana María, *Cocina Castellana.* © Ana María Calera, 1974. Publicado por Editorial Bruguera, S.A., Barcelona. Con permiso de Editorial Bruguera, S.A. *(pp. 1317 y 1318).*

Calera, Ana María, *365 Recetas de Cocina Catalana.* © Ana María Calera. © Editorial Everest. Publicado por Editorial Everest, León. Con permiso de Editorial Everest *(p. 1314).*

Campbell, Susan, *The Times* (periódico), 5 de

julio de 1978. Traducido con permiso de Susan Campbell *(p. 1421).*
Carnacina, Luigi, y Veronelli, Luigi, *La Buona Vera Cucina Italiana.* © 1966 Rizzoli Editore. Publicado por Rizzoli Editore, Milán. Traducido con permiso de Rizzoli Editore *(p. 1406).*
Castillo, José, *Manual de Cocina Económica Vasca.* Copyright © José Castillo, 6.ª edición. Con permiso del autor, Guipúzcoa *(p. 1315).*
Costa, Margaret, *Margaret Costa's Four Season Cookery Book.* Copyright © Margaret Costa. Publicado por Sphere Books Limited, Londres, 1976. Traducido con permiso de la autora, Londres *(p. 1246).*
Couffignal, Huguette, *J'aime les Noix.* Publicado por Robert Morel Éditeur, Apt. Traducido con permiso de Robert Morel Éditeur *(p. 1405).*
Cox, J. Stevens (redactor), *Dorset Dishes of the Seventeenth Century.* © J. Stevens Cox, 1967. Publicado por The Toucan Press, Guernsey. Traducido con permiso de J. Stevens Cox, The Toucan Press *(p. 1358).*
Croze, Austin de, *Les Plats Régionaux de France.* Publicado por Éditions Daniel Morcrette; B. P. 26, 95270 Luzarches. Traducido con permiso de Éditions Daniel Morcrette *(p. 1435).*
Daguin, André, *Le Nouveau Cuisinier Gascon.* © 1981 Éditions Stock. Publicado por Éditions Stock, París. Traducido con permiso de Éditions Stock *(p. 1286).*
David, Elizabeth, *Spices, Salt and Aromatics in the English Kitchen.* Copyright © Elizabeth David, 1970. Publicado por Penguin Books Ltd., Londres. Traducido con permiso de la autora *(p. 1245).*
David, Elizabeth, *Summer Cooking.* Copyright © Elizabeth David, 1955 y 1965. Publicado por Penguin Books Ltd., Londres. Traducido con permiso de Elizabeth David *(p. 1420).*
David, Elizabeth, *Syllabubs and Fruit Fools.* Copyright © Elizabeth David, 1969. Traducido con permiso de Elizabeth David *(pp. 1359 y 1438).*
David, Josephine, *Every-Day Cookery for Families of Moderate Income.* Publicado por Frederick Warne and Co. Ltd., Londres. Traducido con permiso de Frederick Warne and Co. Ltd. *(p. 1359).*
Derys, Gaston, *L'Art d'Être Gourmand.* Copyright Albin Michel, 1929. Publicado por Éditions Albin Michel, París. Traducido con permiso de Éditions Albin Michel *(p. 1404).*
Dinnage, Paul, *The Book of Fruit and Fruit Cookery.* Copyright © 1981 Paul Dinnage. Publicado por Sidgwick and Jackson Limited, Londres. Traducido con permiso de Sidgwick and Jackson Limited *(pp. 1310 y 1313).*
Dubois, Urbain, *Nouvelle Cuisine Bourgeoise.* Publicado por Paul Bernardin, Librairie-Éditeur, París, 1888 *(p. 1407).*
Dumont, Émile, *La Bonne Cuisine.* Publicado por Degorce-Cadot, París, 1873 *(p. 1358).*
D'Ermo, Dominique, *The Chefs Dessert Cookbook.* © 1976 Dominique D'Ermo. Publicado por Atheneum Publishers, Nueva York. Traducido con permiso de Atheneum Publishers *(p. 1337).*
Favre, Joseph, *Dictionnaire Universel de Cuisine Pratique.* Publicado por Laffitte Reprints, Marsella, 1978. Traducido con permiso de Laffitte Reprints *(p. 1418).*
Francatelli, Charles Elmé, *The Modern Cook.* Publicado por Richard Bentley, Londres, 1862 *(p. 1360).*
Gilbert, Philéas, *La Cuisine de Tous les Mois.* Publicado por Abel Goubaud, Éditeur, París, 1893 *(p. 1394).*
Gili, Elizabeth, *Apple Recipes from A to Z.* Copyright © Elizabeth Gili, 1975. Publicado por Kaye & Ward Ltd., Londres. Traducido con permiso de Kaye & Ward Ltd. *(p. 1290).*
Grigson, Jane, *Jane Grigson's Fruit Book.* © 1982 Jane Grigson. Publicado por Michael Joseph Limited, Londres. Traducido con permiso de David Higham Associates Ltd., Londres *(p. 1246).*
Grigson, Jane, *English Food.* Copyright © Jane Grigson, 1974. Primera edición, Macmillan, 1974. Publicado por Penguin Books Ltd., Londres, 1977. Traducido con permiso de David Higham Associates Ltd., Londres *(p. 1374).*
Grüninger, Ursula, *Cooking with Fruit* © George Allen & Unwin Ltd., 1971. Publicado por Mayflower Books Ltd., 1974. Traducido con permiso de Mary Hahns Kochbuchverlag, Munich *(p. 1310).*
Gutiérrez Tascón, José, *La Cocina Leonesa.* © Editorial Everest, S.A., León. Publicado por Editorial Everest, S.A. Con permiso de Editorial Everest, S.A. *(p. 1245).*
Hazelton, Nika, *The Continental Flavour.* Copyright © Nika Hazelton, 1961. Publicado por Penguin Books Ltd., Londres. Traducido con permiso de la autora *(p. 1281).*
Hewitt, Jean, *The New York Times Weekend Cookbook.* Copyright © 1975 Jean Hewitt. Publicado por Times Books, División de Quadrangle / The New York Times Book Co. Traducido con permiso de Times Books, División de Quadrangle / The New York Times Book Co. *(p. 1359).*
Hume, Rosemary, y Downes, Muriel, *Cordon Bleu Desserts and Puddings.* Copyright © Rosemary Hume y Muriel Downes, 1975. Publicado por Penguin Books Ltd., Londres. Traducido con permiso de Penguin Books Ltd. *(p. 1285).*
Jack, Florence B., *Cookery for Every Household.* Publicado por Thomas Nelson and Sons, Ltd., Londres, 1934. Traducido con permiso de Thomas Nelson and Sons, Ltd. *(p. 1376).*
Jans, Hugh, *Vrij Nederland* (revista). Publicado por Vrij Nederland, Amsterdam. Diciembre de 1970 *(pp. 1358 y 1407).*
Jarrin, G. A., *The Italian Confectioner.* Publicado por E. S. Ebers and Co., Londres, 1841 *(p. 1360).*
Kenney-Hebert, Cor. A. F. (Wyvern), *Fifty Dinners.* Publicado por Edward Arnold, Londres, 1895 *(p. 1337).*
Lemnis, Maria, y Vitry, Henryk, *Old Polish Traditions in the Kitchen and at the Table.* © Interpress Publ., Varsovia, 1979. Publicado por Interpress Publ. Traducido con permiso de Agencia Autorska, Varsovia, por los autores *(p. 1288).*
Lenôtre, Gaston, *Faîtes votre Pâtisserie comme Lenôtre.* © Flammarion, 1981. Publicado por Flammarion, París. Traducido con permiso de Librairie Ernest Flammarion *(p. 1291).*
Levy, Faye, *La Varenne Tour Book.* © 1979 La Varenne U.S.A., Inc. Publicado por Peanut Butter Publishing, Seattle. Traducido con permiso de Latoque International Limited, Gladwyne *(p. 1285).*
King, Susan, *Susan King's Cook Book.* © Copyright Woman's Realm, 1967. Publicado por Paul Hamlyn Limited, Londres. Traducido con permiso de Woman's Realm *(p. 1361).*
King, Susan, *Woman's Realm* (revista). Traducido con permiso de Woman's Realm, Londres *(p. 1392).*
Lowinsky, Ruth, *More Lovely Food.* Publicado por Nonesuch Press, Londres, 1935 *(p. 1421).*
Lladonosa i Giró, Josep, *La Cuina Que Torna.* © Josep Lladonosa i Giró. © Editorial Laia, S.A., 1979. Publicado por Editorial Laia, Barcelona. Traducido con permiso de Editorial Laia, S.A. *(p. 1320).*
Macnicol, Fred, *Hungarian Cookery.* Copyright © Fred Macnicol, 1978. Publicado por Penguin Books Ltd., Londres. Traducido con permiso de Penguin Books Ltd. *(p. 1283).*
Marković, Spasenija-Pata (redac.), *Veliki Narodni Kuvar.* Copyright S.-P. Marković. Primera edición "Politika", Belgrado, 1938. Publicado por Narodna Knjiga, Belgrado, 1979. Traducido con permiso de Jugoslovenska Autorska Agencija, Belgrado, por el heredero de S.-P. Marković *(p. 1282).*
Martin, Faye, *Rodale's Naturally Delicious Desserts and Snacks.* Copyright © 1978 Rodale Press, Inc. Publicado por Rodale Press, Inc., Emmaus. Traducido con permiso de Rodale Press, Inc. *(p. 1281).*
Masson, Madeleine, *The International Wine and Food Society's Guide to Jewish Cookery.* © Madeleine Masson, 1971. Publicado por David & Charles, Newton Abbot. Traducido con permiso de David & Charles *(p. 1288).*
Menon, *Les Soupers de la Cour.* Publicado en 1746 *(p. 1406).*
Ministry of Agriculture, Fisheries and Food, *Domestic Preservation of Fruit and Vegetables.* Boletín n.º 21, 1966. Publicado por Her Majesty's Stationery Office, Londres. Traducido con permiso de Her Majesty's Stationery Office *(p. 1290).*
Molokhovets, Elena, *Podarok Molodŷm Khozyaĭkam.* Publicado en San Petersburgo, 1892 *(p. 1436).*

Montagné, Prosper, *Nouveau Larousse Gastronomique.* © 1967 Augé, Gillon, Hollier-Larousse, Moreau et Cie. Publicado por Librairie Larousse, París. Traducido con permiso de Société Encyclopédique Universelle, París *(pp. 1377 y 1395).*
Montagné, Prosper, y Gottschalk, A., *Mon Menu: Guide d'Hygiène Alimèntaire.* Publicado por Société d'Applications Scientifiques, París *(p. 1390).*
Nignon, Édouard, *Les Plaisirs de la Table.* Publicado por el autor, h. 1920. Reeditado por Éditions Daniel Morcrette, B.P. 26, 95270 Luzarches, 1979. Traducido con permiso de Éditions Daniel Morcrette *(p. 1338).*
Oliver, Raymond, *La Cocina: su Técnica, sus Secretos.* Publicado por Ediciones Omega, S.A., Barcelona, 1968. Con permiso de Ediciones Omega, S. A. *(p. 1377).*
Olney, Richard, *French Menu Cookbook.* © 1975 Richard Olney, Glasgow. Publicado por William Collins Sons & Co. Ltd., Glasgow y Londres. Traducido con permiso del autor, Sollies-Pont *(pp. 1247, 1284, 1287, 1289 y 1392).*
Olney, Richard, *Simple French Food.* Copyright © 1974 Richard Olney. Publicado por Atheneum Publishers, Nueva York. Traducido con permiso de A. M. Heath & Company ltd., agentes literarios, Londres *(pp. 1359, 1390 y 1420).*
Ortega, Simone, *Mil Ochenta Recetas de Cocina.* © Simone K. de Ortega, 1972. © Alianza Editorial, S.A., Madrid, 1972, 1974, 1975, 1977, 1978, 1979 y 1980. Publicado por Alianza Editorial, S.A. Con permiso de Alianza Editorial, S.A. *(p. 1314).*
Ortiz, Elisabeth Lambert, *Caribbean Cooking.* Copyright © Elisabeth Lambert Ortiz, 1973 y 1975. Publicado por Penguin Books Ltd., Londres. Traducido con permiso de John Farquharson Ltd., Londres, agentes de la autora *(p. 1319).*
Ortiz, Elisabeth Lambert, *The Complete Book of Mexican Cooking.* Copyright © 1967 Elisabeth Lambert Ortiz. Publicado por M. Evans and Company, Inc., Nueva York. Traducido con permiso de Paul R. Reynolds, Inc., agentes literarios, Nueva York *(p. 1316).*
Petits Plats et Les Grands, Les. © 1977 Éditions Denoël, París. Publicado por Éditions Denoël Sarl, París. Traducido con permiso de Éditions Denoël Sarl *(p. 1405).*
Pomiane, Édouard de, *Le Code de la Bonne Chère.* Publicado por Éditions Albin Michel, París. Traducido con permiso de Éditions Albin Michel *(p. 1361).*
Princes de la Gastronomie, Les. © 1-2-1975 Les Éditions Mondiales. Publicado por Modes de Paris. Traducido con permiso de Les Éditions Mondiales *(pp. 1405 y 1421).*
Puck, Wolfgang, *Wolfgang Puck's Modern French Cooking for the American Kitchen.* Copyright © Wolfgang Puck. Publicado por Houghton Mifflin Company, Boston. Traducido con permiso de Houghton Mifflin Company *(p. 1247).*
Ratto, G.B., *La Cuciniera Genovese.* Publicado por Tipografía Pagano, Génova. Traducido con permiso de Industrie Grafiche Editoriali Fratelli Pagano S.p.A. *(p. 1311).*
Ray, Elizabeth (redactora), *The Best of Eliza Acton.* Copyright © Longmans, Greens & Co., Ltd., 1968. Introducción Copyright © Elizabeth David, 1968. Publicado por Penguin Books Ltd., Londres. Traducido con permiso de Penguin Books Ltd. *(p. 1440).*
Reboul J. B., *La Cuisinière Provençale.* Publicado por Tacussel, Marsella. Traducido con permiso de Tacussel, Éditeur *(p. 1376).*
Rubinstein, Helge, y Bush, Sheila, *Ices Galore.* Copyright © 1977 Helge Rubinstein y Sheila Bush. Publicado por André Deutsch Limited, Londres. Traducido con permiso de A. P. Watt Ltd., agentes literarios, Londres *(p. 1418).*
Saint-Ange, Madame, *La Cuisine de Madame Saint-Ange.* © Éditions Chaix. Publicado por Éditions Chaix, Grenoble. Traducido con permiso de Éditions Chaix *(p. 1375).*
Seranne, Ann, *The Complete Book of Desserts.* © 1952 y 1963, Ann Seranne. Publicado por Faber and Faber Limited, Londres, 1964. Publicado también por Faber and Faber Limited y The Cookery Book Club, Londres, 1967. Traducido con permiso de Doubleday & Company, Inc., Nueva York *(p. 1286).*
Serra Suñol, Victoria, *Sabores: Cocina del Hogar.* © Victoria Serra Suñol. Publicado por Editorial Luis Gili, Barcelona, 1975. Con permiso de John J. Gili, por los herederos de Victoria Serra *(p. 1315).*
Singh, Dharamjit, *Indian Cookery.* Copyright © Dharamjit Singh, 1970. Publicado por Penguin Books Ltd., Londres. Traducido con permiso de Penguin Books Ltd. *(p. 1394).*
Skipwith, Sofka, *Eat Russian.* © Sofka Skipwith, 1973. Publicado por David & Charles (Holdings) Ltd., Newton Abbot. Traducido con permiso de David & Charles (Holdings) Ltd. *(p. 1436).*
Smith, Michael, *Fine English Cookery.* © Michael Smith, 1973. Publicado por Faber and Faber, Londres. Traducido con permiso de David Higham Associated Limited, Londres, agentes literarios *(p. 1338).*
Sotirov, Natsko, *Sovremenna Kouhnya.* © Natsko Sotirov. Publicado por "Tehnika", Sofía, 1959. Traducido con permiso de Jusautor. Copyright Ag., Sofía *(p. 1312).*
Spry, Constance, y Hume, Rosemary, *The Constance Spry Cookery Book.* Primera edición, 1956, J. M. Dent & Sons Ltd. Publicado por Pan Books Ltd., Londres, 1972. Traducido con permiso de J. M. Dent & Sons Ltd., Londres *(p. 1439).*
Supercook. Semanario. Volumen 1, n.° 9. © Marshall Cavendish Limited, 1973. Volumen 7, n.° 89. © Marshall Cavendish Limited, 1974. Publicado por Marshall Cavendish Limited, Londres. Traducido con permiso de Marshall Cavendish Limited *(p. 1320).*
Toklas, Alice B., *The Alice B. Toklas Cook Book.* Copyright 1954 Alice B. Toklas. Publicado por Harper & Row, Publishers, Inc., Nueva York. Traducido con permiso de Edward M. Burns, agente representante de los bienes de Alice B. Toklas *(pp. 1339 y 1420).*
Wason, Betty, *The Art of German Cooking.* © Elizabeth Wason Hall, 1967. Primera edición en Gran Bretaña, Allen & Unwin, 1971. Traducido con permiso de George Allen & Unwin (Publishers) Ltd., Hemel Hempstead *(p. 1395).*
Westland, Pamela, *A Taste of the Country.* Copyright © Pamela Westland, 1974. Publicado por Penguin Books Ltd., Londres. Traducido con permiso de Hamish Hamilton Ltd., Londres *(p. 1283).*
Wilson, José (redactor), *House and Garden's New Cookbook.* Copyright © 1967 The Condé Nast Publications Inc. Publicado por Simon and Schuster, Nueva York. Traducido con permiso de The Condé Nast Publications Inc. *(p. 1339).*
Willan, Anne, y l'École de Cuisine La Varenne, París, *French Regional Cooking.* © 1981 Marshall Editions Ltd., © 1981 Anne Willan & l'École de Cuisine La Varenne. Publicado por Hutchinson & Co. (Publishers) Ltd., Londres. Traducido con permiso de Marshall Editions Ltd., Londres *(pp. 1317 y 1319).*
Willan, Anne, *Great Cooks and their Recipes from Taillevent to Escoffier.* Copyright © 1977 McGraw-Hill Book Company (UK) Limited, Maidenhead. Primera edición en Gran Bretaña, 1977, Elm Tree Books/ Hamish Hamilton Ltd., Londres. Traducido con permiso de McGraw-Hill Book Company, Nueva York *(p. 1391).*
Willinsky, Grete, *Kochbuch der Büchergilde.* © Büchergilde Gutenberg, Frankfurt am Main, 1958. Publicado por Büchergilde Gutenberg. Traducido con permiso de Büchergilde Gutenberg *(p. 1337).*

Agradecimientos y procedencia de las ilustraciones

Los editores quedan particularmente agradecidos a: Pat Alburey, Royston; Gail Duff, Maidstone; A. R. Huelin, Wetsminster College, Londres; Ann O'Sullivan, Deyá; Elisabeth Williams, Londres, y Alice Wooledge Salmon, Londres.

También desean dar las gracias a: Skeffington Ardron, Londres; Alison Attenborough, Chelmsford; Mrs. J. Baum, Londres; Nicola Blount, Londres; Mike Brown, Londres; Robert Bruce, Londres; Sarah Bunney, Londres; Nora Carey, París; Lesley Coates, Ilford; R. C. Coates, Londres; Emma Codrington, Richmond; Chelmer Institute of Higher Education, Chelmsford; Josephine Christian, Stoke St. Michael; Jennifer Davidson, Londres; Pamela Davidson, Londres, June Dowding, Ilford; Fiona Duncan, Londres; Mimi Errington, Screveton; Sarah Jane Evans, Londres; Nayla Freeman, Londres; Fresh Fruit Vegetable Information Bureau, Londres; Diana Grant, Londres; Fayal Greene, Londres; Mary Harron, Londres; Maggi Heinz, Londres; Hilary Hockman, Londres; Marion Hunter, Sutton; Brenda Jayes, Londres; Maria Johnson, Sevenoak; Lotte Keeble, Twickenham; Wanda Kemp-Welch, Nottingham; Shirley King, Londres; John Leslie, Londres; Margot Levy, Londres; Alan Lothian, Londres; Katie Lloyd, Londres; Pippa Millard, Londres; Elizabeth Moreau, Langley Park; Wendy Morris, Londres; Maria Mosby, Londres; Dilys Naylor, Kingston-upon-Thames; Rosemary Oates, Londres; Winona O'Connor, North Fambridge; Jo Oxley, Morden; Neil Philip, Oxford; Joanna Roberts, Londres; Sylvia Robertson, Surbiton; Vicky Robinson, Londres; Nicole Segre, Londres; David Simpson, Londres; Anne Stephenson, Londres; Stephanie Thompson, Hampton Court; Fiona Tillett, Londres; Tropical Products Institute, Londres; J. M. Turnell & Co., Londres; Eileen Turner, Brighton; Tina Walker, Londres, y Rita Walters, Ilford.

Las fotografías de la primera parte son de Bob Komar, a excepción de:

Tom Belshaw: pp. 1220-abajo centro, 1231-arriba, 1252, 1253-abajo, 1294-abajo, 1295-abajo, 1306 y 1307.
John Cook: pp. 1218-arriba izquierda, 1220-arriba izquierda, 1222-arriba, 1223-arriba, 1248, 1258, 1259, 1264-abajo izquierda y centro, 1268, 1269, 1270-abajo, 1294-arriba, 1295-arriba, 1296, 1297-arriba centro y derecha, abajo, 1298-arriba, 1299, 1300 y 1301-arriba, abajo izquierda y centro.
Alan Duns: pp. 1218-arriba derecha, abajo derecha, 1219-arriba centro, abajo centro y derecha, 1220-abajo derecha y 1221-abajo.
John Elliott: pp. 1223-abajo izquierda, 1232-abajo, 1234-abajo, 1235-abajo, 1243-abajo izquierda, 1272-arriba, 1273-arriba, 1275-arriba izquierda, 1292, 1297-arriba izquierda, 1298-abajo, 1304-arriba, abajo izquierda, 1305 y 1308.
Aldo Tutino: pp. 1218-abajo izquierda, 1220-arriba centro y 1253-arriba.

Las fotografías de la segunda parte son de Tom Belshaw, a excepción de:

Alan Duns: pp. 1327, 1328-abajo, 1340, 1342 a 1353, 1355, 1357, 1362, 1364, 1365-arriba, 1368, 1369, 1372-arriba, 1386, 1387, 1399-abajo, 1402, 1403, 1411-arriba, 1428 a 1430, 1431-arriba y abajo y 1434.
Gina Harris: pp. 1334-arriba, 1335-arriba y abajo izquierda, 1370-arriba, 1371-arriba, 1378, 1380, 1381-arriba, 1383-abajo, 1422 y 1432.
David Levin: pp. 1330-izquierda y centro, 1331-arriba izquierda y centro, 1384 y 1385.
R. Manchón / Archivo Salvat: portadas.

Los dibujos de las pp. 1206, 1207, 1212 y 1213 han sido realizados por Josephine Martin (The Garden Studio); los de las pp. 1210, 1211, 1216 y 1217, por Anna Pugh, y los de las pp. 1205, 1208, 1209, 1219 y 1215, por Andrew Riley (The Garden Studio).

Los dibujos de línea proceden de Mary Evans Picture Library y de fuentes privadas.